知識ゼロからの

A Guide to Economic Indicators

経済指標

第一生命経済研究所 主席エコノミスト
永濱利廣 著
古谷三敏 画

●大口電力使用量
●長短金利差
●東証株価指数（TOPIX）
●完全失業率
●日銀短観
●四半期実質国内総生産（GDP）
●日経平均株価
●消費者物価指数
●景気ウォッチャー調査
●米国雇用統計

幻冬舎

はじめに

「経済指標」がビジネスの世界でよく扱われていますが、「経済指標」のことをよく理解している一般の人は、そう多くはないでしょう。しかし、これからの経済状況を考えたら、もうそんなことは言っていられないと思います。なぜなら、これからは経済動向にうまく対応した人が得をする世の中になるからです。

いままで日本はデフレに苦しんでいましたが、ようやく脱却に向けて進んでいます。デフレを脱却してモノの値段が上がり始めると、お金の価値が下がることになるため、経済活動をできるだけ活発にする人が得をする世の中になります。つまり、経済動向をまったく無視して貯蓄をし、節約生活をする人は損をする世の中になるのです。

これからは、「現預金ではお金は増えにくい」という理由で、日本の金融資産がいままで以上にリスク資産に向かい、円安・株高はもっと進む可能性が高くなります。こうなれば、雇用や投資への機会もより増えることになりそうです。

ただ、そうした経済動向を把握するためには、経済指標の知識が必要になります。しかし、独学で経済指標の勉強をしようとして専門書を見ても、内容が理解できないということになりかねません。つまり、多くの経済指標の解説書は、一般の人にとっては難しい内容になっています。このため、せっかく経済指標に興味を持って勉強しようとしても、内容が充分理解できずに、結局あきらめてしまう人も多いと思います。

そこで、このような問題をなくすために、経済指標について、経済の知識がまったくない人でも十分に理解できるように解説したのが本書です。本書が、これからの経済活動の一助となれば幸いです。

永濱　利廣

Contents

知識ゼロからの
経済指標

はじめに…1

序章 経済指標の基礎…7

経済指標から何が見えてくるの？ 経済指標は景気を判断する重要なツール…8
内閣府から発表される統計に注目！ 幅広い分野を網羅したGDP…10
経済指標が示す「景気」とは？ 総合的に判断する景気動向指数…12
経済指標はこうしてつくられる！ 調査方法による分け方…14
経済指標を読むときのポイント① 季節要因を取り除く「季節調整値」…16
経済指標を読むときのポイント② 前期比と前年比の違いに注意！…18
経済指標を読むときのポイント③ 加重平均と標準偏差の意味を理解しよう…20
Column 新聞の経済面の読み方…22

第1章 職業別 押さえておくべき経済指標…23

さまざまな指標をどうすれば活用できるのか？ 経済指標を活用するポイント…24
海外との取引を包括的に知る 「国際派ビジネスパーソン」のための経済指標…26
指標で取引先の需要を推し量る 「外回り営業担当」のための経済指標…27
物価が上がると金利も上がる!? 「主婦」が気になる経済指標…28
経営サイドのマインドを知る 「就活学生」が押さえておくべき経済指標…29
消費者のナマの声から現況を知る 「小売・サービス業の店長、売場責任者」のための経済指標…30
為替や株価を左右する数字 「個人投資家」がチェックすべき経済指標…31
Column 経済指標の入手方法…32

第2章 景気の動向に一致する経済指標…33

「ものづくり」で景気の動きを先読み　**鉱工業生産指数**…34
川上（部品を製造する業種）の生産需要面を示す重要な指標　**鉱工業生産財出荷指数**…36
電力量は産業の活力のバロメーター　**大口電力使用量**…38
耐久消費財の出荷の伸びで景気を推し量る　**耐久消費財出荷指数**…40
景気の動向に敏感に反応　**所定外労働時間指数**…42
企業の設備投資の動向から景気を占う　**投資財出荷指数（除く輸送機械）**…44
販売業種別の消費動向がわかる　**商業販売額（小売業）**…46
卸売業の毎月の販売動向を把握する　**商業販売額（卸売業）**…48
本業の利益から景気の動向を把握する　**営業利益（全産業）**…50
中小企業の動向から景気を占う　**中小企業出荷指数（製造業）**…52
雇用情勢から景気の実態を知る　**有効求人倍率（学卒を除く）**…54
Column　**速報値の数字はあてにならない!?**…56

第3章 景気の動向に先行する経済指標…57

在庫は景気の動向に敏感に反応する　**最終需要財在庫率指数**…58
部品の出荷に対する在庫の割合　**鉱工業生産財在庫率指数**…60
求人数で景気の先行きを読む　**新規求人数（学卒を除く）**…62
設備投資から景気の先行きを読む　**実質機械受注**…64
住宅投資の動向から景気の先を見る　**新設住宅着工床面積**…66

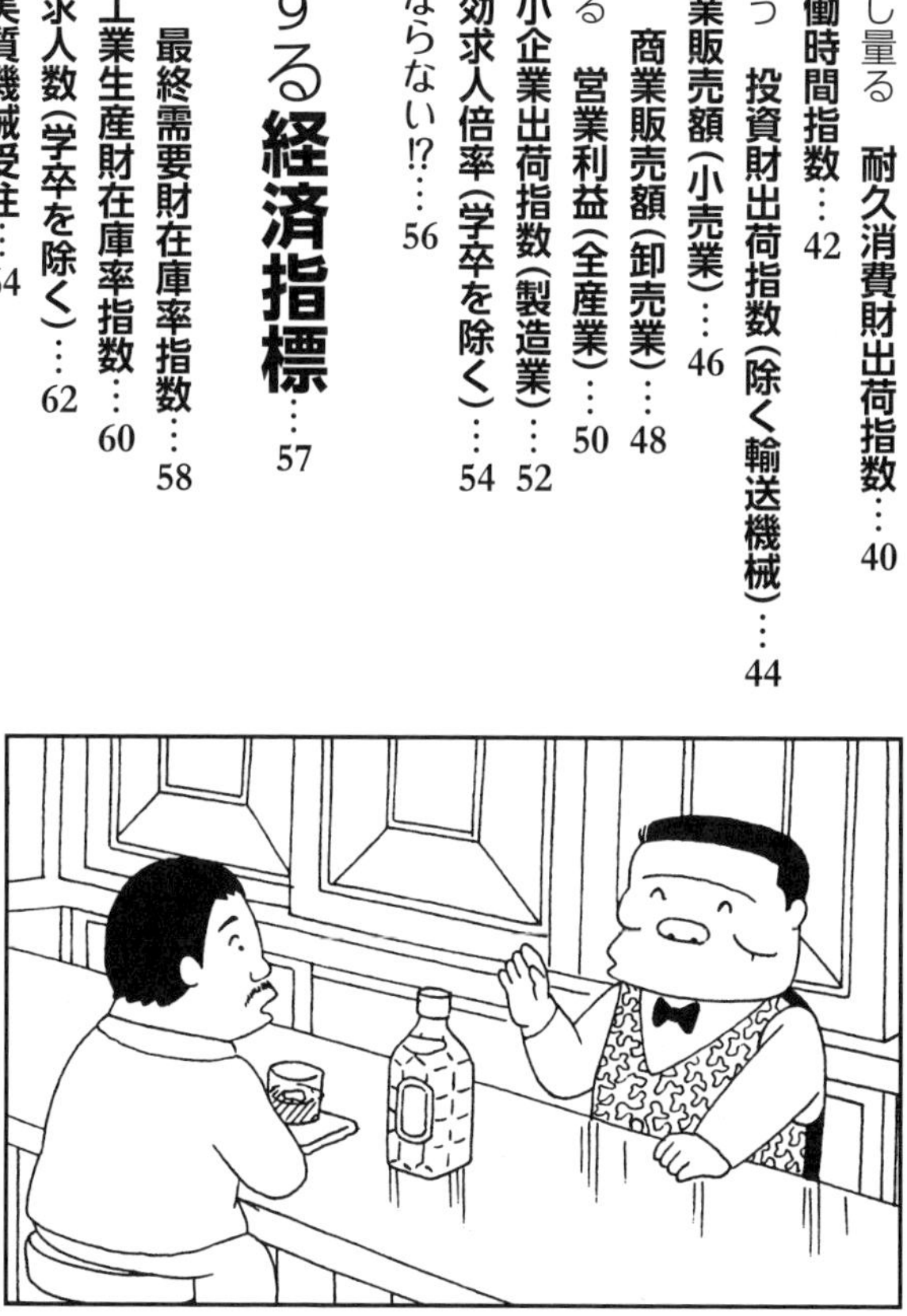

今後の見通しを消費者心理から読む　**消費者態度指数**…68
日本経済新聞が発表する速報性の高い指標　**日経商品指数**…70
長短金利差は景気判断に不可欠　**長短金利差**…72
株価を包括的にとらえた重要指数　**東証株価指数（TOPIX）**…74
資本の利益率と長期金利から景気の先行きを知る　**投資環境指数（製造業）**…76
中小企業の売上げ見通しから先行き予測　**中小企業売上げ見通しDI**…78
Column　**路線価と公示地価の違い**…80

第4章　景気の動向に遅行する経済指標…81

サービス業の生産活動を指数化　**第3次産業活動指数（対事業所サービス業）**…82
雇用情勢の実態を示す指標　**常用雇用指数（調査産業計）**…84
設備投資は先行きを見込んだ企業の動き　**実質法人企業設備投資**…86
家計簿から所得や支出の調査を行う　**家計消費支出（全国勤労者世帯、名目）**…88
企業の業績によって国の税収入が増減　**法人税収入**…90
雇用関連でもっとも有名な指標　**完全失業率**…92
Column　アベノミクスの数字をよく見てみると……94

第5章　金融関係の経済指標…95

企業マインドの変化を知る　**日銀短観**…96
日本政府が示す景気に関する公式見解　**月例経済報告**…98
海外とのあらゆる取引を記録　**国際収支**…100

資金取引の面から経済をとらえる　**マネーストック（M2）**…102
日銀が民間に供給するお金の総量　**マネタリーベース**…104
日本の景気に大きな影響を及ぼす数字　**為替（ドル円・ユーロ円）の仕組み**…106
経済全体の動きがわかる指標　**四半期実質国内総生産（GDP）**…108
短期金融市場での代表的な取引　**無担保コール翌日物（旧政策金利）**…110
「新発10年国債利回り」が代表格　**長期金利**…112
もっとも身近な株価の指標　**日経平均株価**…114
Column　米国経済と連動する日本経済…116

第6章 生活に身近な経済指標…117

重要度の高い物価統計　**消費者物価指数**…118
消費動向を見る上で欠かせない指標　**家計調査（二人以上の世帯・消費支出）**…120
肌で感じる景気の良し悪しを指数化　**景気ウォッチャー調査**…122
分譲マンションの動向から経済を読む　**マンション市場動向**…124
個人消費の最前線から経済の動向を読み解く　**全国スーパー売上高、コンビニエンスストア売上高、全国百貨店売上高**…126
生活に身近な気になる指標　**毎月勤労統計調査・全国新車販売台数・携帯電話契約数**…128
Column　日本のバブル崩壊で世界が学んだこと…130

第7章 米国の経済指標…131

米国経済全体の産出量の全容を示す統計　**四半期実質国内総生産（GDP）**…132
米国の雇用情勢を表す4つの指標　**米国雇用統計**…134

企業の購買担当者が答える景気の先行き　ＩＳＭ製造業景況指数・ＩＳＭ非製造業景況指数…138
米国の景気動向を読む重要指標　鉱工業生産指数…140
米国の設備投資の動向を占う指標　耐久財受注…142
家計の側面から景気動向を見る　消費者物価指数・個人消費支出…144
生産過程の製造・生産における販売価格の平均的変化を示す　生産者物価指数（ＰＰＩ）…146
米国内で販売されている商品の売上高を合計　小売売上高…148
消費者の動きや心理から景気の先行きを知る　新車販売台数・ミシガン大学消費者信頼感指数…150
新築住宅の需給状況から景気の動向を占う　住宅着工件数・新築住宅販売件数（商務省）…152
中古住宅の販売状況から景気を予測する　S&Pケース・シラー住宅価格指数・中古住宅販売件数…154
Column　米国の雇用統計が注目される理由…156

第8章　その他の国の経済指標

…157
最大規模のEU、日本を引き離す中国　各国の国内総生産（ＧＤＰ）…158
景気転換の先行指標として注目が集まる　各国の製造業購買担当者景気指数（ＰＭＩ）…160
ユーロ圏のサービス業の景況感を把握する　ユーロ圏サービス部門購買担当者景気指数（ＰＭＩ）…162
欧州版「経済の体温計」　各国の消費者物価指数（ＣＰＩ）…164
ユーロ圏のインフレ動向を見る先行指標　生産者物価指数（ＰＰＩ）…166
中国の大企業の景況感を推し量る　製造業購買担当者景気指数（中国）…168
中国の経済成長の先行きを占う重要な指標　鉱工業生産（中国）…170

索引…175

この章では、
経済指標の基礎を解説しています。
経済指標をチェックすることによって、
何がわかるのかを
まず理解しましょう。

序章

経済指標の基礎

経済指標から何が見えてくるの?

経済指標は景気を判断する重要なツール

国全体のお金や財産の動きを表す目印

「経済指標」の「経済」とは〝お金や財産の動き〟で、「指標」とは〝物事を判断するための目印〟。つまり、**「経済指標」とは、世の中のお金や財産の動きを表した〝目印〟のこと**をいう。たとえば、あなた個人が持っているお金や財産の動きを考えてみよう。まず思い浮かぶのは、財布の中身の増減や銀行口座の預け入れや引き出しだろう。所有している家や土地、マンションやクルマの価格変動も〝お金や財産の動き〟の一つ。また、食品や衣料といったモノの購入や週末のレジャーへの出費などももちろん含まれる。このように、個人に関するものだけでも、お金や財産の動きはさまざま。「経済指標」の場合、国全体のお金や財産の動きを表すのが目的なので、〝目印〟となる統計や数値は広い範囲にわたっている。

一般に、お金や財産の動きが活発なときは「景気が良い」「好況」、動きが鈍いときは「景気が悪い」「不況」といわれる。経済指標が示すさまざまな目印から、この景気の良し悪《あ》しが判断できる。つまり、経済指標は景気の良し悪しを判断するためのツールなのだ。

マンションでも買おうと女房に言われてるんだけど住宅ローンを払う身にもなってほしいよ
でもいまは低金利だよ
景気が良くなりゃ金利も上がるしいま買っておくのも悪くないかもな

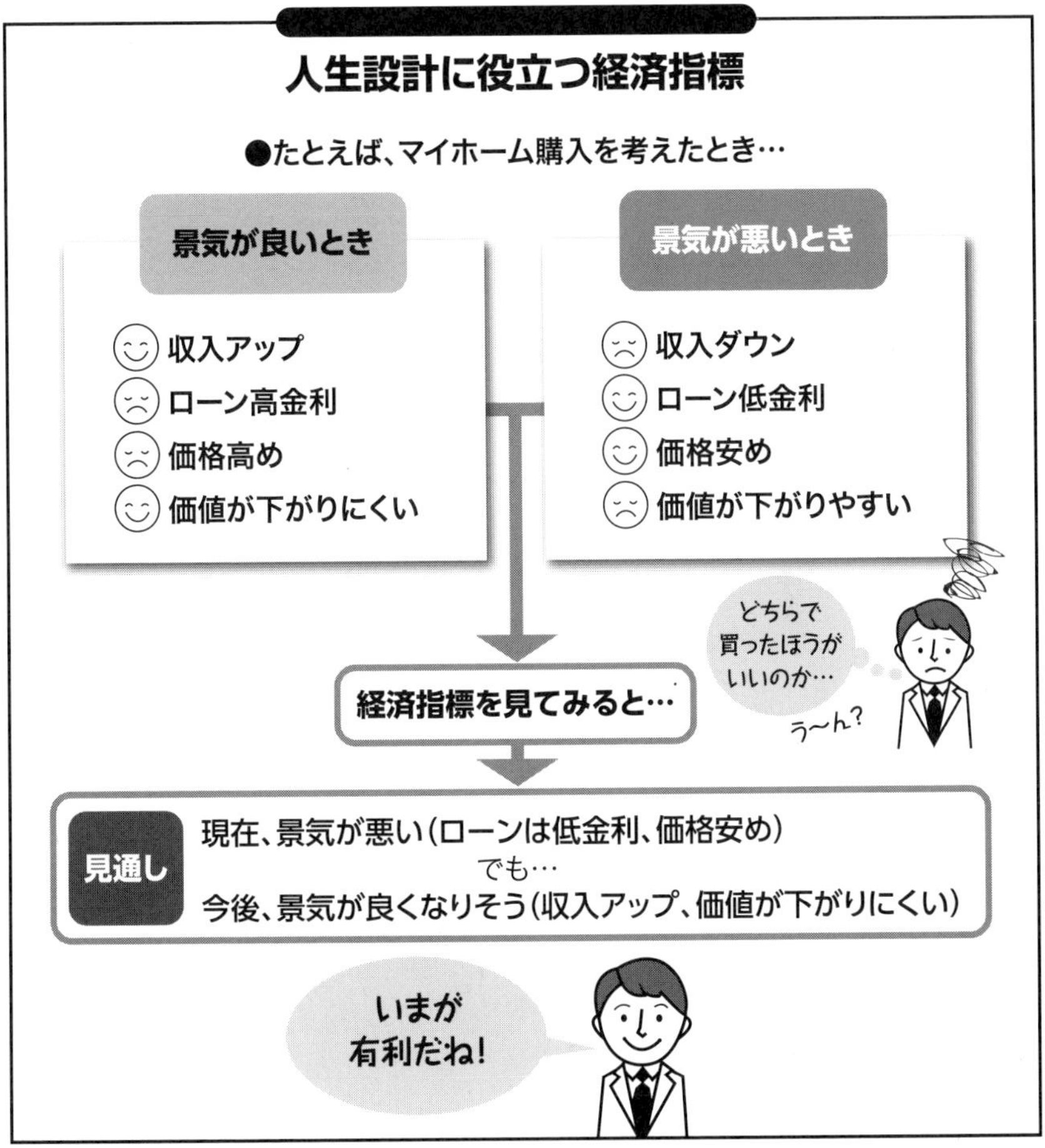
人生設計に役立つ経済指標
●たとえば、マイホーム購入を考えたとき…
景気が良いとき
収入アップ
ローン高金利
価格高め
価値が下がりにくい
景気が悪いとき
収入ダウン
ローン低金利
価格安め
価値が下がりやすい
どちらで買ったほうがいいのか…
う〜ん？
経済指標を見てみると…
見通し
現在、景気が悪い（ローンは低金利、価格安め）
でも…
今後、景気が良くなりそう（収入アップ、価値が下がりにくい）
いまが有利だね！

指標を見るときのポイント

経済指標は誰にでも有用！

バブル崩壊後、リーマンショック後を見れば明らかなように、景気の良し悪しは、たとえば、マイホームを購入するタイミングやお金の貯《た》め方、運用方法など、私たちの人生を左右する重要な問題と切り離せない。さまざまな経済指標を読み解き、景気の動向を知ることで、私たち個人のお金や財産をどう使い、守るかの判断に役立てることができる。

内閣府から発表される統計に注目！

幅広い分野を網羅したＧＤＰ

データはウェブサイトから自由に閲覧可能

Ｐ８でも触れたように、ひと口に経済指標といってもさまざまなものが存在する。株価や為替レート、金利や物価、失業率なども経済指標の一つ。「この指標だけを見れば景気の動向が完全にわかる」というものはなく、さまざまな指標を総合的に見て、自分で判断することが重要だ。そこでまず、内閣府から公表される統計情報に注目したい。内閣府からは、経済に関わるさまざまな数字が公表され、それらがウェブサイトで自由に閲覧できるようになっている。

中でも欠かせないのが**ＧＤＰ（Gross Domestic Product：国内総生産）**だ。ＧＤＰはさまざまな分野の経済データを網羅した包括的な指標なので、これを見ておけば経済全体の流れがつかみやすくなる。内閣府のホームページでは「国民経済計算」の中でＧＤＰ統計が掲載されている。ＧＤＰでもっとも注目されるのは変化率だ。よく耳にする「経済成長率」というのは、このＧＤＰの変化率のこと。加えてＧＤＰは、ある程度統一された基準で各国が計算しているので、国際比較が可能。これもＧＤＰが注目される理由の一つだ。

経済指標の勉強？ ＧＤＰは知っているか？
経済データが網羅されている指標だぞ 内閣府の「国民経済計算」を読んだほうがいいぞ
わかりました

経済予測は天気予報に似ている?

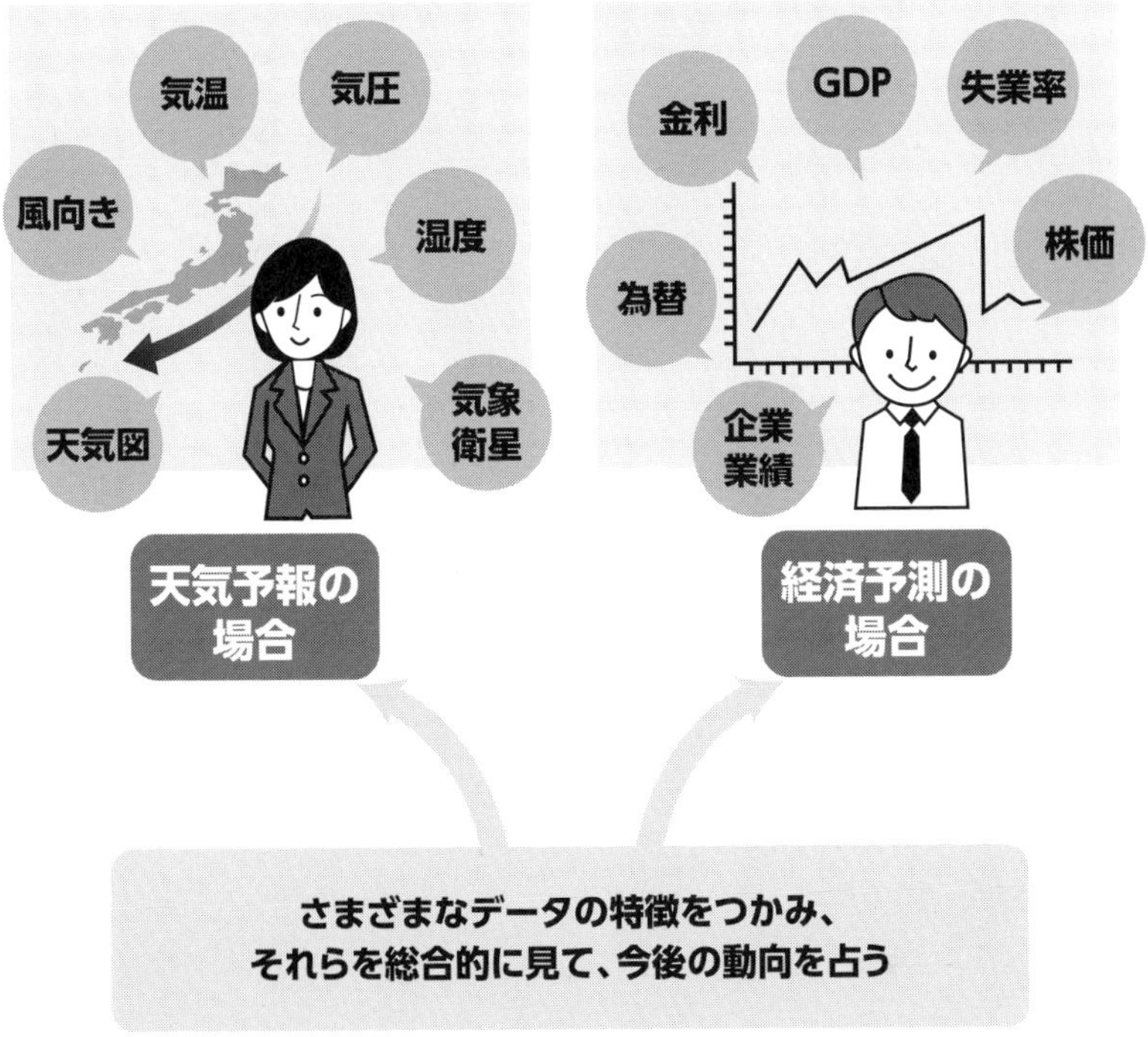
気温
気圧
風向き
湿度
天気図
気象衛星
天気予報の場合
金利
GDP
失業率
株価
為替
企業業績
経済予測の場合
さまざまなデータの特徴をつかみ、
それらを総合的に見て、今後の動向を占う

指標を見るときのポイント

経済指標の見方が重要な理由とは?

さまざまなデータを把握し、考え合わせた上で予測を立てる…。経済の予測は、天気予報と近いものがある。ただし、天気予報は自然科学なので、ほぼ法則通り合理的に動くのに対し、経済の場合は人間の心理が加わるため、予測のつかない動きをすることも多い。特にマーケットはそれが顕著だ。実体経済の場合、正しく経済指標を見ることができれば、ある程度は予測できる。

経済指標が示す「景気」とは？

総合的に判断する景気動向指数

景気の良し悪しを判断するには？

そもそも「景気が良い」「景気が悪い」とはどういうことなのか。各指標を見ていく前に、まずこの点について考えてみよう。

一般に「景気」は経済活動の状態を表す言葉で、**「景気が良い」とは経済活動が活発な状態、「景気が悪い」とは経済活動が停滞している状態**のこと。〝経済活動が活発な状態〟とは、消費者の購買意欲が高く、モノやサービスに対する消費活動が活発に行われ、世の中をお金が激しく行き交う様子をいう。逆に、消費者が財布のひもを締め、モノやサービスを買わなくなると、世の中のお金の動きが鈍くなり、〝経済活動が停滞している状態〟になってしまうわけだ。

では、「景気が良い」「景気が悪い」をどうやって判断しているのだろう。判断には一定の基準が必要であり、その代表的なものが、内閣府が公表する**「景気動向指数（CI）」**だ。景気の動きを先取りする11の指標（先行系列）と、景気の動きと一致する11の指標（一致系列）、景気の動きを確認するための6つの指標（遅行系列）の計28の指標をある計算式に当てはめ、景気の動向を総合的に判断している。

景気の良し悪しを判断するのに景気動向指数が役に立つってこと？
うん、判断の基準になるね景気動向指数は先行、一致、遅行系列の28の指標を指しているんだ

指標を見るときのポイント

覚えておきたい 景気の「山」と「谷」

景気動向指数の見方は決して難しくない。概ね一致CI（景気動向指数）が低下から上昇に転じると「景気の谷」、一致CIが上昇から低下に転じると「景気の山」を越えたことになる。簡便的には3カ月連続で一致CIが上昇すると「景気好転」、3カ月連続で一致CIが低下すると「景気後退」と一般的には判断される。また、一致CIが上昇している時期が「景気拡大期」、低下している時期が「景気後退期」と概ね一致するので覚えておこう。

景気を総合的に判断する景気動向指数

景気動向指数

先行系列（11指標・第3章で解説）

景気の動きに数カ月先行。
景気の動向を予測するための指標

＋

一致系列（11指標・第2章で解説）

景気の動きと一致。
景気の山と谷を判断するための指標

＋

遅行系列（6指標・第4章で解説）

景気の動きに半年〜1年遅れる。
景気の動向を確認するための指標

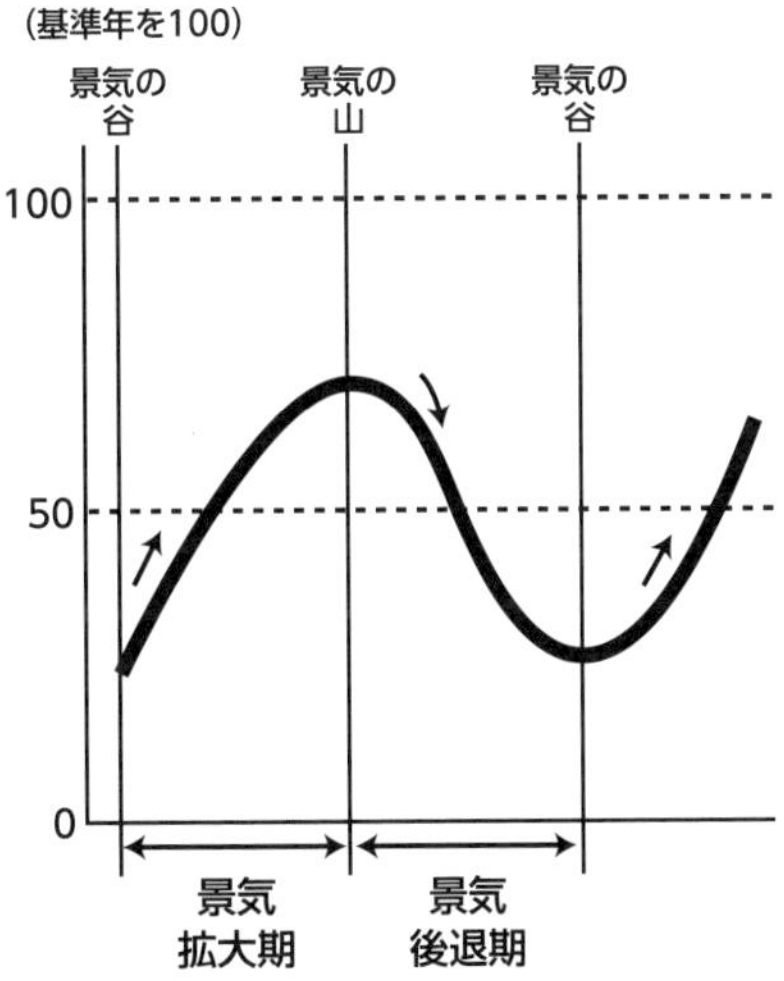
(基準年を100)
景気の谷
景気の山
景気の谷
100
50
0
景気拡大期
景気後退期

一致CIの反転が景気の分岐点

経済指標はこうしてつくられる！

調査方法による分け方

数値やアンケートなどさまざまな角度から調査

経済指標は、その調査方法によって分類することもできる。調査方法による分け方は大きく2つ。まず**「実測データ」**と**「アンケート調査」**のどちらによるものかを見る方法だ。「実測データ」は、生産量や売上高といった客観的な数値をまとめたもの。GDPの速報値や鉱工業生産指数、物価指数などがそれに当たる。一方、「アンケート調査」は企業経営者や商店主、消費者など、実際に現場で活動している人たちから、業況感や景況感といった〝マインド〟を聞くもの。

実際の数字を基にした「実測データ」に説得力があるのはもちろんだが、人々の心理が経済に及ぼす影響は少なくないため、「アンケート調査」も景気の先行きを占う上で重要な意味を持っている。

もう一つの分け方は、**「サンプル調査」**と**「全数調査」**だ。指標を作成するための統計調査は、対象となるものすべてを調べる「全数調査」が理想だが、それには膨大な費用や時間、労力が必要。そこで用いられるのが「サンプル調査」だ。「サンプル調査」は、抽出するサンプルが対象全体の姿とできるだけ類似したものになることが重要だ。

実測データは客観的な数値をまとめたものですよGDPの速報値もこれに当たります
でも業況感や景況感など人々のマインドを調べるアンケート調査も重要です

経済指標はこうしてつくられる

実測データを基にしたもの（例）

- GDP速報値
- 鉱工業生産指数
- 物価指数

主なアンケート調査（意向統計）（例）

- 日銀短観
- 法人企業統計調査
- 景気ウォッチャー調査
- 消費動向調査

調査方法も
いろいろなのね！

サンプル調査（例）

- **家計調査**
  →約9,000世帯を無作為に抽出。サンプル数が少ないため、ブレが大きいという批判もあるので注意
- **完全失業率（労働力調査）**
  →全国約4万世帯の世帯員が対象。就業状態はこの中の15歳以上の約10万人を調査

全数調査（例）

- 貿易統計
- 住宅着工統計（届出義務のあるもの）
- 東証株価指数（東証1部上場の全銘柄）
- マネーストック（流通通貨と要求払預金等）

指標を見るときのポイント

一次統計を組み合わせてつくる指数もある

P12で取り上げた景気動向指数は、いくつもの経済指標を組み合わせてつくられた指標だ。このようなものを「二次統計」と呼ぶ。景気動向指数のほかに主だったものとしては、消費の動向を占う「消費総合指数」、代表的な販売統計の動きを合成した「販売統計合成指数」などがある。

経済指標を読むときのポイント①

季節要因を取り除く「季節調整値」

夏場に売れるビールの「本来の値」とは?

経済指標の統計データは、**「傾向変動(トレンド)」「循環変動(サイクル)」「季節変動」「不規則変動」の4つの要因から変動する**とされている。経済指標から景気の動向を探るのは、トレンドとサイクルを読み解くことにほかならない。

そのためには、統計データから季節変動と不規則変動の要因を差し引いて考える必要がある。ただし、不規則変動は突発的な事故や事件が原因となるため、予測できない。

そこで重要となるのが、季節変動要因の除去だ。

季節変動とはその名の通り、季節が変わることによって起こる統計データのブレをいう。主な要因としては、気温や天候、ゴールデンウィークなどの連休、お盆や年末・年始、夏と冬のボーナスシーズンなど。季節調整値は、統計データから前述の季節変動の要因を取り除いた値のこと。たとえば、毎年8月はビールの売上げが2倍になるとした場合、8月の値の2分の1を「本来の値」と考えると、他の月との比較が可能になる。これが、季節調整の考え方だ。これにより、前月よりも売上げが伸びているか否かがわかるようになる。

先月よりも売上げは増えてるよ
でも季節変動要因を取り除いた季節調整値ってのがあってさ それを計算すると売上げ20%ダウンなわけよ

GDP統計に見る原指数と季節調整値の違い

原指数と季節調整値の比較（実質GDP）

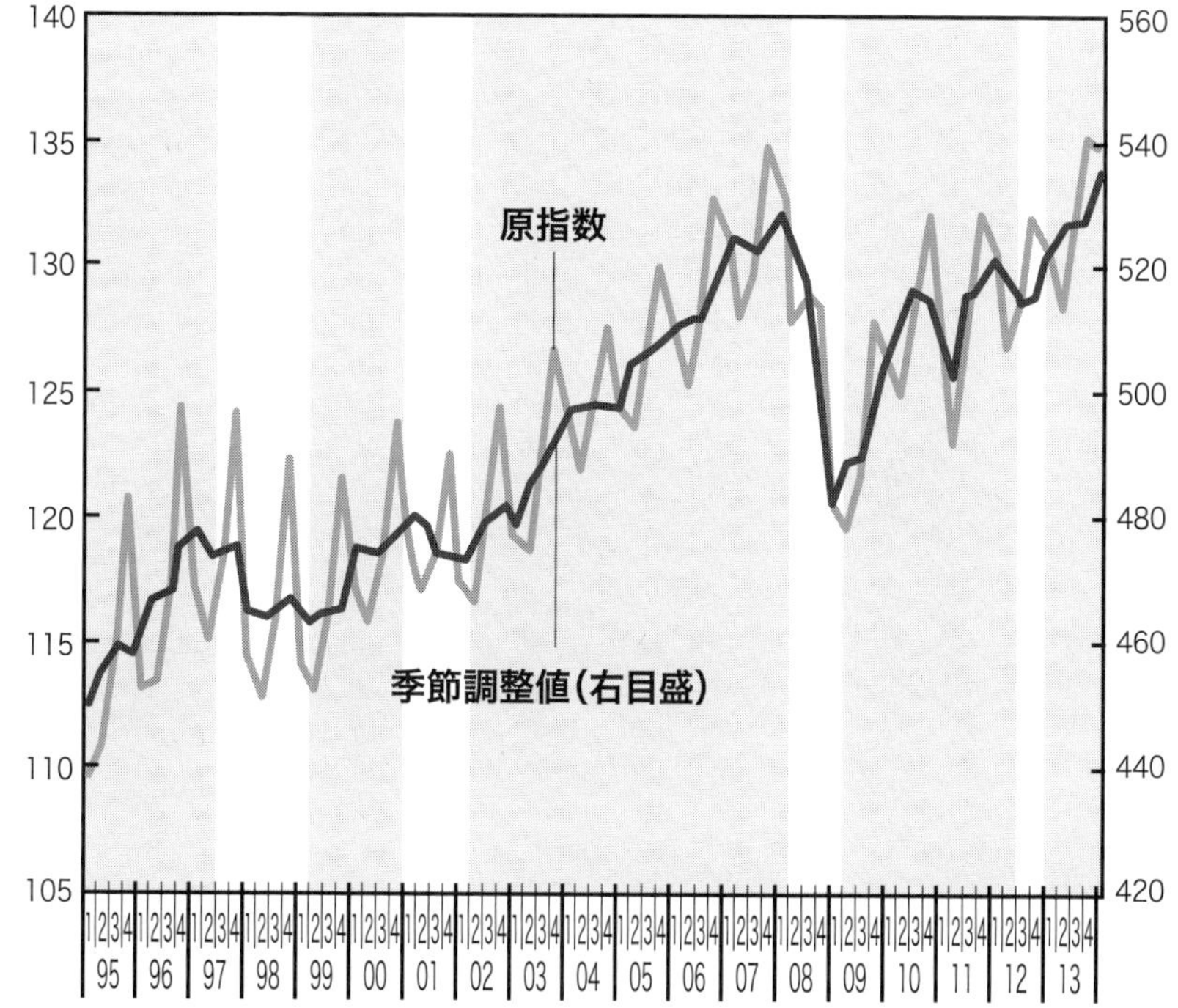
（兆円）
（兆円）
140
135
130
125
120
115
110
105
560
540
520
500
480
460
440
420
原指数
季節調整値（右目盛）
95
96
97
98
99
00
01
02
03
04
05
06
07
08
09
10
11
12
13

出所:内閣府「国民経済計算」　※□部分は景気後退期

指標を見るときのポイント

まずは前年同時期と比較してみる

季節調整は、まず季節指数を求め、その上で原指数（季節調整する前の指数）を季節指数で割るのが基本的な仕組みだ。現在、世界の統計機関の多くは、米国商務省センサス局開発の移動平均型季節調整法に基づいた計算方法を採用している。また、前年の同じ時期の計数と比較することは、前月や前期などとの比較はできないが、もっとも簡単な方法といえるだろう。

経済指標を読むときのポイント②

前期比と前年比の違いに注意!

動きをつかむには
まず伸び率をチェック

指標から景気の動向を判断するには、生産や消費の実額よりも、どれくらい増加、上昇しているのか、もしくは減少、下降しているのかといった〝変化〟を見るのが重要だ。このため、ある基準の時点と比較することになる。そこで一般的によく使われるのが「前期比」と「前年比」で、その違いを理解する必要がある。

「前年比」は、前年の同じ時期と比べる方法だ。季節的な要因を考える必要がないため、季節調整が不要で、原指数のまま比較できる利点がある。しかし、転換点などの把握が遅れがちになることに注意が必要だ。

一方、**季節調整値の前の期からの変化を見る方法が「前期比」**となる。動きが激しく基調判断がしにくいが、転換点などを素早く把握できる利点がある。したがって、変化の方向をいち早く判断するには、季節調整済みの「前期比」や「前月比」など、直前のデータと比較する指標と併せて見る必要がある。

なお、GDPでは、前期比の数字を年率に換算した上で比較する「前期比年率」を使用することが多い。

前期比は原指数のままでは比較できないんですよ
この点を忘れないで
それは要注意だね

実質GDPに見る前期比と前年比の違い

前年比と前期比年率の比較（実質GDP）

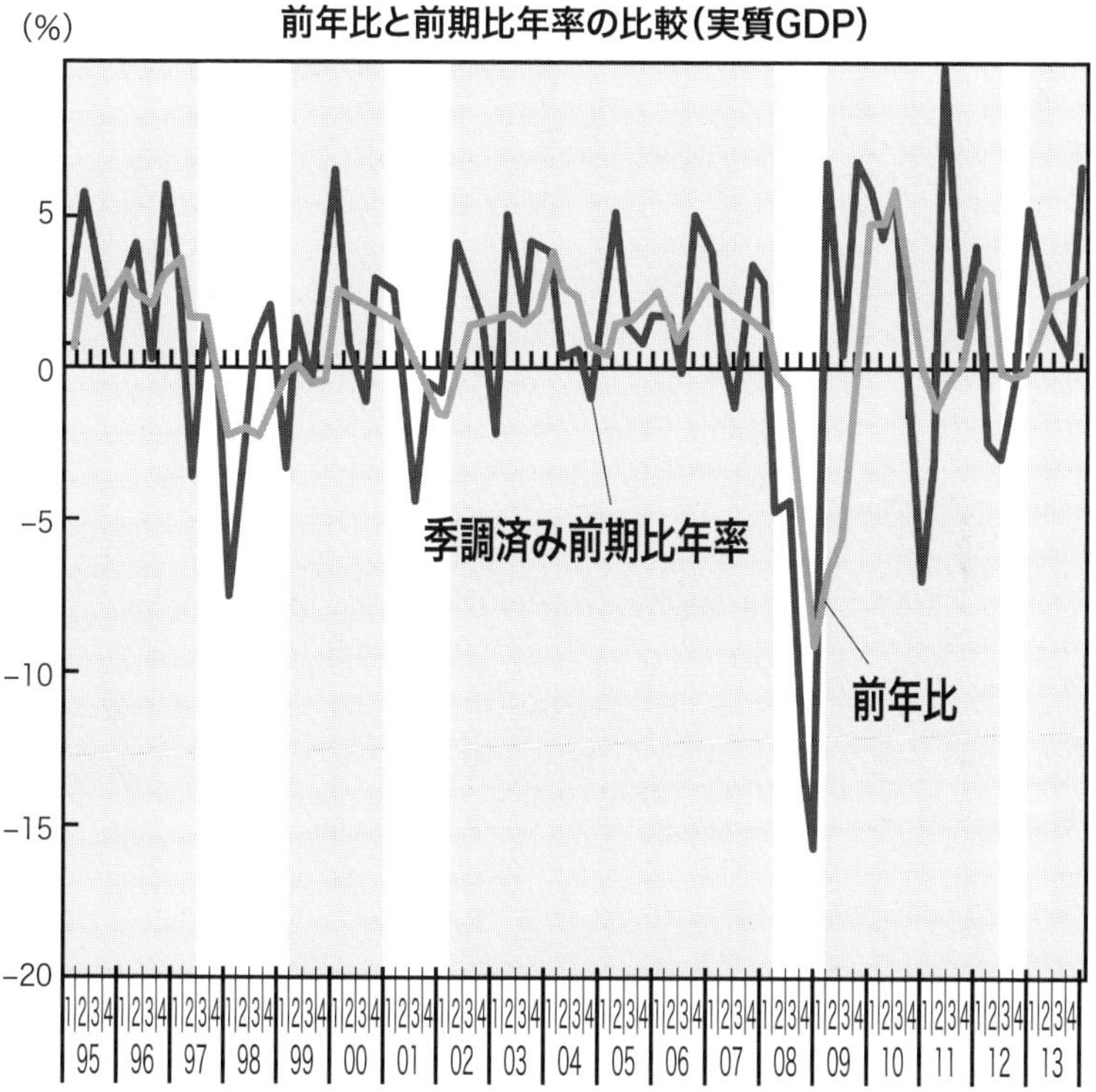
(%)
5
0
−5
−10
−15
−20
季調済み前期比年率
前年比
95 96 97 98 99 00 01 02 03 04 05 06 07 08 09 10 11 12 13

出所:内閣府「国民経済計算」　※□部分は景気後退期

指標を見るときのポイント

伸び率だけでなく、水準にも注目!

指標によっては、データの伸び率だけでなく、「水準」も景気の判断には重要な要素となる場合がある。たとえば、失業率は、低下していても水準が高ければ問題といえる。また、円レートが円安傾向に向かっていても、企業が想定するレートよりも円高水準にあれば収益の悪化要因となる場合もあるため、注意が必要だ。

経済指標を読むときのポイント③

加重平均と標準偏差の意味を理解しよう

データから実態を読み解くための手法

経済指標はさまざまな計算方法によって算出される。その中でも気をつけておきたいのが、**「加重平均」と「標準偏差」**だ。

「加重平均」は平均するデータそれぞれの条件の違いを考慮し、対応するウエイト（重み）をつけてから平均値を算出する。たとえば、A社の株を株価500円のときに1000株、600円のときに2000株、700円のときに3000株購入したとする。株価の平均は（500＋600＋700）÷3＝600円。これに対して実際に購入した株価の平均は｛（500×1000）＋（600×2000）＋（700×3000）｝÷6000＝633円（四捨五入。手数料等含めず）となる。前者が単純平均、後者が加重平均の考え方を表している。また、平均値だけではデータの分布状態がわからなくなるため、**散らばり度合い（バラツキ）を計測する手法としてよく用いられるのが「標準偏差」**で、通常**σ（シグマ）**で表示される。標準偏差の値が小さいほど、平均値のまわりの散らばり度合いも小さい。平均値と標準偏差の値で、データ分布の割合がある程度明らかになる。

東証株価指数のようにデータにウエイトをつけるのが加重平均です　単純平均との違いは重要ですよ
また　バラツキを測る手法としてよく用いられる標準偏差もいっしょに理解してね

加重平均と標準偏差

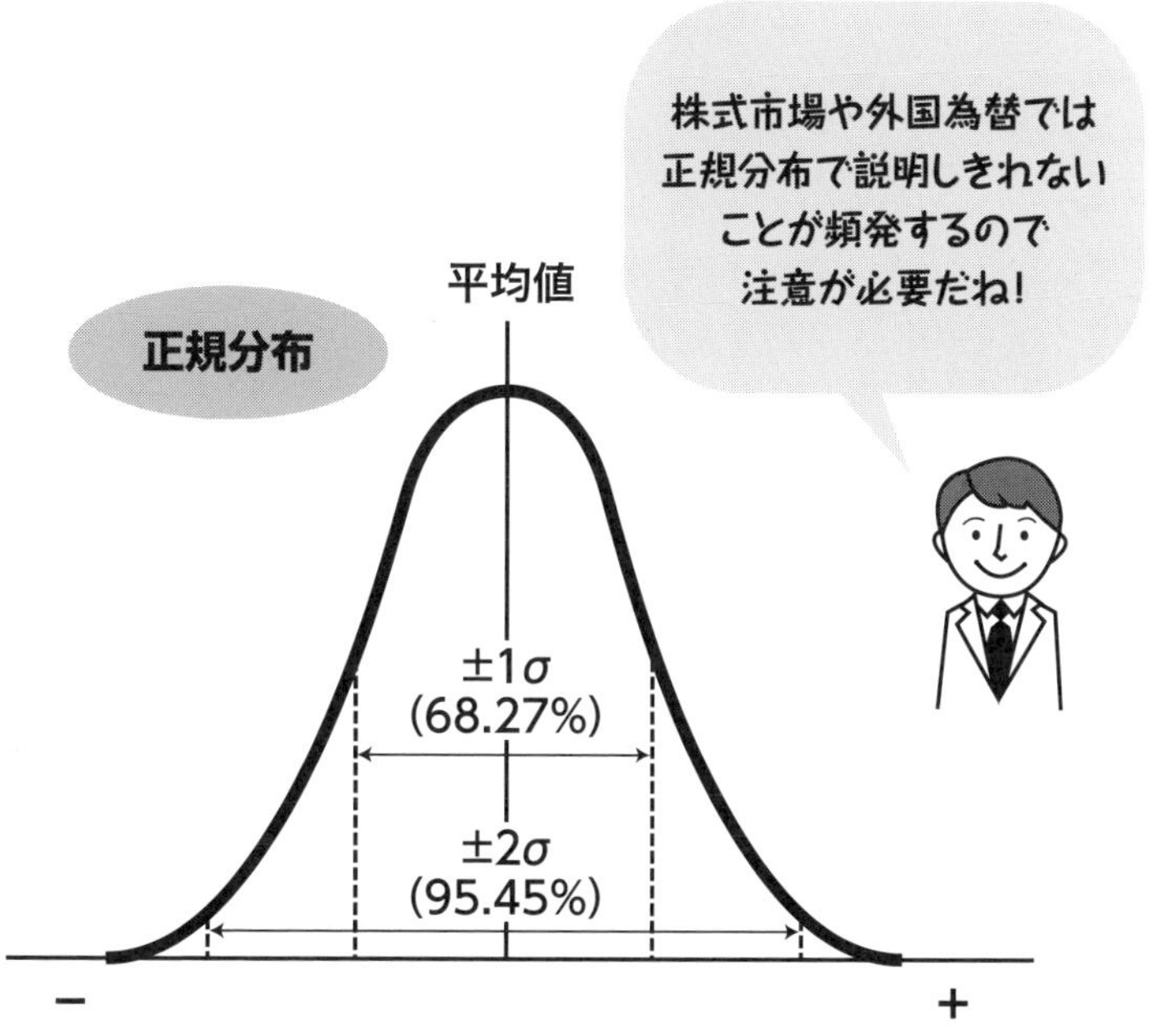
株式市場や外国為替では
正規分布で説明しきれない
ことが頻発するので
注意が必要だね！
正規分布
平均値
±1σ
(68.27%)
±2σ
(95.45%)
－
＋

標準偏差はデータの分布の散らばり度合い(バラツキ) を測る一つの尺度だ。上記の図（正規分布）は、平均値±標準偏差の範囲に全データの68.27%が、±標準偏差の2倍の範囲内に全データの95.45%が分布するという意味。

指標を見るときのポイント

2つの手法は投資に直接役立つ!?

加重平均が用いられている代表的な指標が「東証株価指数（TOPIX）」だ。時価総額を加味した加重平均で算出され、単純な株価の平均で構成された「日経平均株価」より、相場全体の実態を表しているといわれる。また、標準偏差は、金融商品のリスクを数値化する際に用いられることがある。目安として参考にしたい。

Column

新聞の経済面の読み方

「新聞は苦手」という人は少なくない。その理由として挙げられるのが「記事が多過ぎて、読むのに時間がかかる」というもの。たしかに、朝刊は40ページで約25万字の文字量があり、新書2冊分のボリュームに匹敵する。これを毎朝読み切るのは大変な作業に違いない。

そこでおすすめなのが、「全部の記事を読もうとしない」読み方。つまり、拾い読みだ。ここで覚えておくと便利なのが、ニュース記事独特の文章形式。記事の**重要な情報は、見出しとリード（前文のこと。リードがない記事の場合は、本文の最初の段落）に集約されている**。このため、ニュース記事のほとんどは、前半だけ読めば、だいたいの内容がつかめるわけだ（解説記事やコラムは起承転結があり、最後の結論が重要になる）。

ニュース記事の前半からは、「事実」と「背景」、「今後」を読み取ることができる。経済の動向を知る上で重要なのは、事実を覚えることではなく、**背景を大まかに把握しておくこと**。ニュースには続きや他のニュースとの関連性があるため、その後の展開を知ることで、より一層経済が身近に感じられるようになる。

テレビやインターネットなどで手軽に知ることができるニュースだが、情報量や分析の深さには、新聞に一日の長がある。特に経済関連の出来事はさまざまな事柄が複雑に絡み合っているので、読み進めるうちにわかってくることが多い。

わからないからといってすぐ投げ出さず、まずは、ポイントを押さえながら目を通していくことを続けよう。

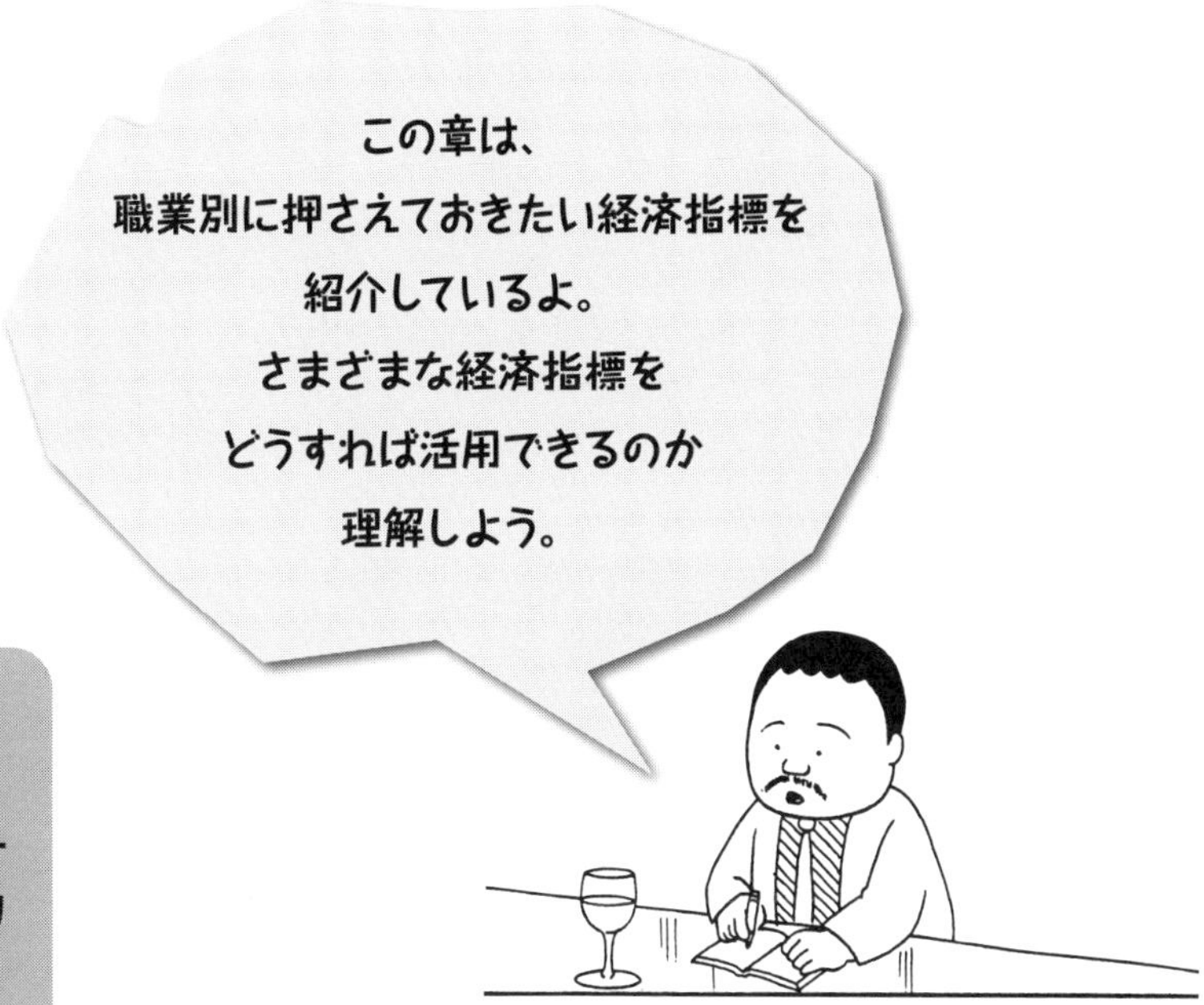
この章は、
職業別に押さえておきたい経済指標を
紹介しているよ。
さまざまな経済指標を
どうすれば活用できるのか
理解しよう。

第1章

職業別 押さえておくべき経済指標

経済指標を活用するポイント

さまざまな指標をどうすれば活用できるのか?

経済事象の相関関係

経済はさまざまな事象がお互い密接にからみ合っている。各々の活動状況を示した経済指標を活用するためには、経済全体の仕組みに対する理解が欠かせない。実体経済はもとより、為替や金利、株価といった経済の構成要素の相関関係と動き方を、まずは大まかにつかんでおくことが重要だ。その上で、それぞれの指標に対する理解を深めれば、正しい判断や有効活用をすることができるだろう。

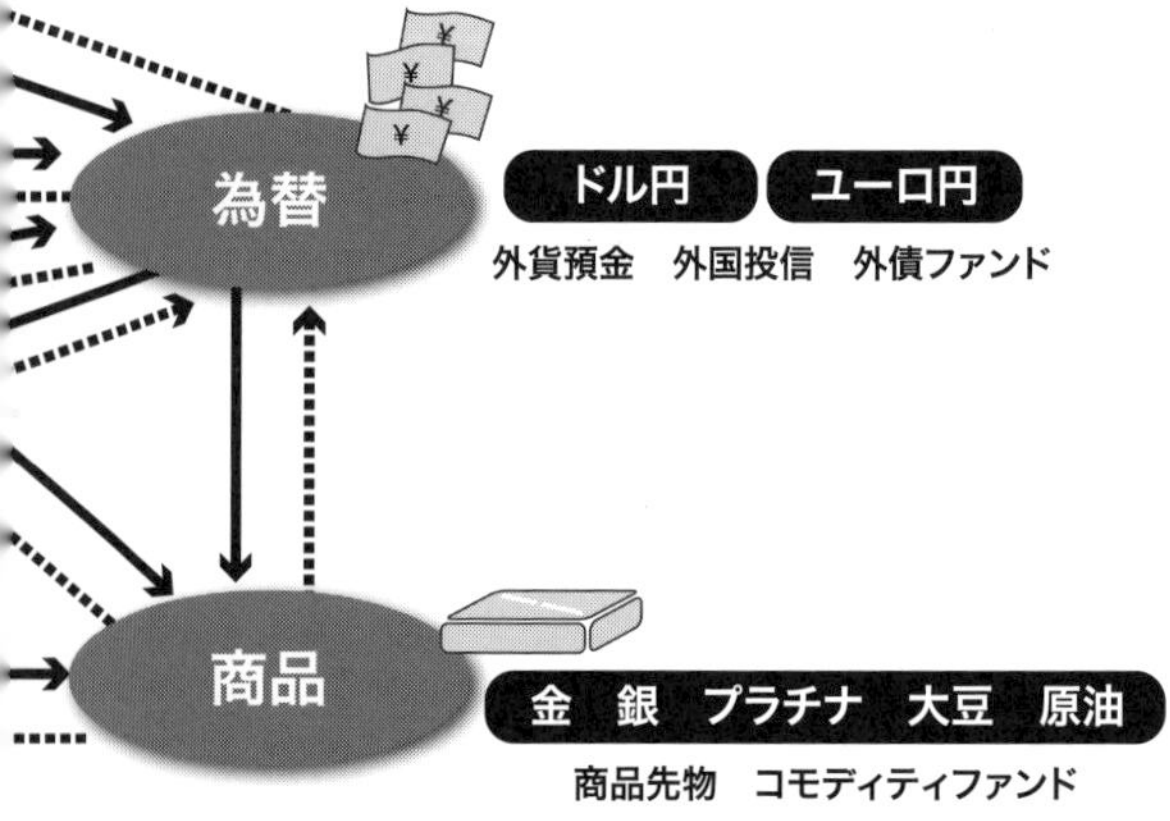

為替
ドル円
ユーロ円
外貨預金　外国投信　外債ファンド
商品
金　銀　プラチナ　大豆　原油
商品先物　コモディティファンド

自分の目的に合った指標を選び、定点観測する。他の指標の動きとの関連性を考えてみよう。

経済動向の本質に迫る指標の見方とは?

新聞やテレビ、インターネットなどで得られる経済に関する情報は、公表された数値そのものと、経済事象間の関係を扱ったものがほとんど。「AだったのでB」「CになるとDになる可能性が高まる」といった具合で、各々の数値の意味やそれぞれの関係性についてはいちいち解説してくれない。つまり、経済の情報は、字面だけ

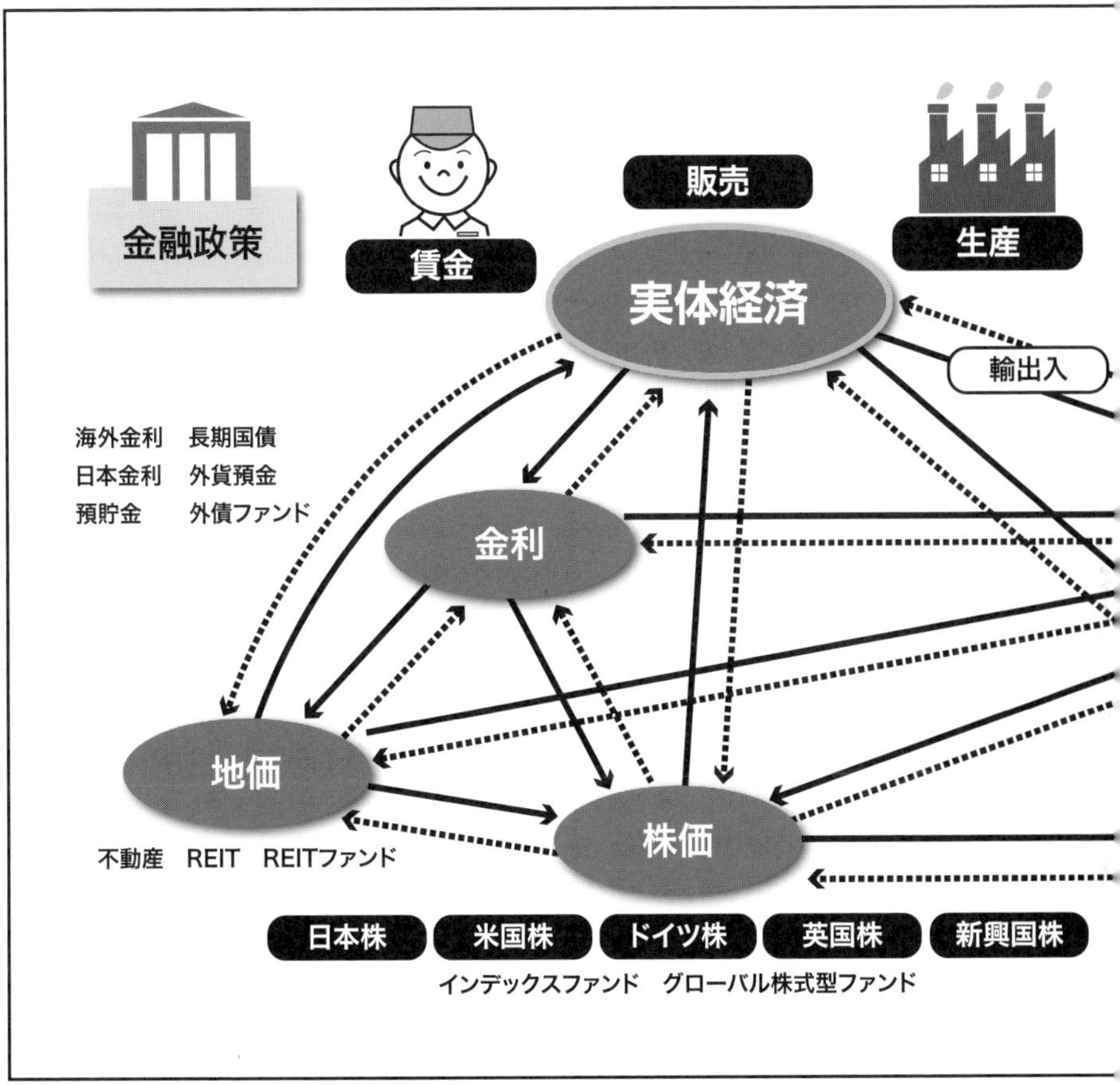
金融政策
賃金
販売
生産
実体経済
輸出入
海外金利　長期国債
日本金利　外貨預金
預貯金　外債ファンド
金利
地価
不動産　REIT　REITファンド
株価
日本株
米国株
ドイツ株
英国株
新興国株
インデックスファンド　グローバル株式型ファンド

を眺めていてもわかったつもりになるだけで、その本質はつかめない。

そこで、おすすめしたいのが、次の2つの方法だ。まず一つ目の方法は、**ある数値が別の事象に及ぼす影響を考えてみること**。たとえば、政策金利が上がると、銀行の預貯金の金利やローン金利、国債の金利など、さまざまな金利も上昇する。すると、これらに呼応するように数値が変動する指標が見つかるだろう。これらを俯瞰《ふかん》し、関連性を考えることで、経済全体の動向もつかめるようになる。もう一つの方法は、**指標の定点観測**。自分の目的に合う指標をピックアップし、発表される数値を毎回チェックすること。指標の数値をきちんと把握することで、経済の動きが実感できるようになる。

海外との取引を包括的に知る

「国際派ビジネスパーソン」のための経済指標

海外との取引が多いと大変ですか？
そうですね
為替はもちろん
貿易統計のチェックは
欠かせないですよ

「国際派ビジネスパーソン」のための要注目指標は…
「貿易統計」「国際収支統計」「国際商品市況」。

海外との経済のやりとりを包括的に把握

世界を相手にするビジネスパーソンなら、ドル円やユーロ円といった外国為替に着目するのは常識。海外との取引について、さらに広い視点を持っておきたい。

海外とのモノやサービス、お金のやりとりの動きをとらえる指標は、大きく2つに分けることができる。一つは、海外とのモノのやりとりを詳細にとらえた指標で、その代表といえるのが**「貿易統計」**だ。貿易統計は、税関を荷物が通過する際に提出される申告書を調査したもの。我が国の輸出入の動向を地域別、商品別にまとめ、財務省が毎月公表している。速報性があり、GDP速報値などの統計にも使われるため、重視する専門家も多い。もう一つが、モノ、サービス、お金の対外取引を記録する指標で、代表的なものに財務省が毎月公表する**「国際収支統計」**がある。これは、IMF（国際通貨基金）の定めた基準に従って作成された対外取引の統計で、海外との経済取引の全体像が把握できる。また、原油や金、大豆といった世界で取引される原材料の価格動向を示した**「国際商品市況」**に注目しておくのもよいだろう。

指標で取引先の需要を推し量る

「外回り営業担当」のための経済指標

営業担当はな取引先の需要を見つけて掘り起こすことも大事な仕事だぞ
内閣府や国土交通省が公表する指標もチェックして
取引先のニーズを探ります

「外回り営業担当」のための要注目指標は…
BtoB（企業間取引）の営業担当なら「設備投資関連」などの企業に関する指標。BtoCの営業担当なら「消費関連」などの家計に関する指標を見ておこう！

需要の強さを見るための指標

営業担当の仕事とは、「自社の製品をどれだけ買ってもらうか」。つまり、いかにして需要を見つけ、掘り起こすかにかかっている。そこで重要なのが、〝需要の強さを見る〟ための指標だ。

需要に関する指標は、**「消費関連」「設備投資関連」「住宅投資関連」「公共投資関連」**に大きく分けられる。消費関連の指標では、内閣府が毎月公表する「消費動向調査」（→第3章P68「消費者態度指数」）と総務省が毎月公表する「家計調査」（→第4章P88「家計消費支出」）は押さえておきたい。

設備投資関連の指標としては、内閣府が毎月公表する「実質機械受注」（→第3章P64）と財務省が四半期ごとに公表する「実質法人企業設備投資」（→第4章P86）が欠かせない。住宅投資関連の指標では国土交通省が毎月公表する「新設住宅着工床面積」（→第3章P66）や、不動産経済研究所が公表する「マンション市場動向」（→第6章P124）が参考になる。

また、建設工事などの公共投資に関する指標は、国土交通省が公表する「公共機関からの受注工事」が基礎統計とされている。

物価が上がると金利も上がる⁉

「主婦」が気になる経済指標

2万円の小遣い減額はかなり厳しいよ…
貯金だってないしローンの支払いもあるのよ
もしこれで物価まで上昇したら生活はどうするのよ！

「主婦」のための要注目指標は…
「物価・金利ウォッチ」で家計をコントロールするべし！

財布のひもを締めるべき？ それとも緩めるべき？

本章の冒頭（P24）でも述べたように、景気や物価、株価や為替、金利といった経済の主要な要素は、互いに強く関連している。これらの要素の中で、家計を預かる主婦の人たちがもっとも気になるのは物価だろう。物価そのものを推し量る指標は多数存在するが、少し視点を転じ、他の指標との関連性を見てみることで経済への理解が深まる。

たとえば、**物価と金利**について見てみよう。一見あまり関係がなさそうだが、実はとても関係が深い。物価が上昇する局面（インフレ）になると、消費者は「高くなる前に買っておこう」という気持ちになり、モノがどんどん売れるようになる。すると、「お金を借りてでも買っておきたい」という人も増加。需要が増えるので銀行も強気になり、ローンなどの金利を引き上げるようになる。

また、消費が増える一方で預金が減少するため、銀行は預金金利の引き上げも余儀なくされる。加えて中央銀行（日銀）も、過度の物価上昇を抑えるため政策金利の引き上げに動く。このようにして、さまざまな金利が上昇するわけだ。

経営サイドのマインドを知る「就活学生」が押さえておくべき経済指標

就活の時期だけど最近の学生はどう？
企業の景況感や経営計画を理解している優秀な学生も
けっこう多いよ日銀短観とか読んでるのかね

就活学生のための要注目指標は…「日銀短観」で経営面から見た景況感を自身の就活に活かすべし！

「新卒者採用状況」が掲載される6月と12月の公表に注目

内定獲得を目指す就活学生がもっとも知りたいのは「企業はいま、どんな環境に置かれ、何を考えているのか」ということだろう。経営環境の現状や、将来に対する予測、判断は、業種・業態はもとより、各々の企業によって異なっている。

これらを包括的に見ることができる指標が、日本銀行が四半期ごとに公表している**「日銀短観」**（↓第5章P96）だ。

「日銀短観」は、全国から抽出した約1万社の企業を対象に実施するアンケート調査をとりまとめたもの。企業の経営サイドのマインドを示した指標として、市場関係者から注目を集めている。

同指標の調査項目の中で、就活学生にぜひ参考にしてもらいたいのが**「新卒者採用状況」**だ。これは、企業の新卒採用者の前年度中の入社実績人数と当年度中・翌年度中の入社（予定）人数を調査したもので、年2回（6月と12月の調査のみ）公表される。

企業の景況感や経営計画が読み取れる「日銀短観」は、学生各々の就職活動計画の策定にも大いに活用できる指標といえる。

消費者のナマの声から現況を知る

「小売・サービス業の店長、売場責任者」のための経済指標

景気？
最近はウチの店も ラクじゃない からね
何も言わなくても その厳しさは わかってるつもりだぜ

「店長・売場責任者」のための要注目指標は…「消費動向調査」と「景気ウォッチャー調査」でナマの声を聞くべし！

アンケート調査を基にした他に類を見ない指標

販売（＝消費）の最前線に立つ小売・サービス業の店長や売場責任者にとって、もっとも気になるのは消費者の動向だろう。そこでまずチェックすべきは、消費者自身の〝ナマの声〟。そして、常日頃から消費者と接する機会の多い人たちの〝現場の声〟は、業種を問わず、役に立つはずだ。

見ておきたい代表的な指標は2つ。一つは一般の経済統計では観測できない消費者の心理を調査した**「消費動向調査」**で、内閣府が毎月公表している。この指標の特徴は、旅行や外食といった各種サービス業への支出予定の調査が四半期ごとに実施されることだ。もう一つは、消費の現場の声を集めた**「景気ウォッチャー調査」**（↓第6章P122）で、こちらも内閣府が毎月公表している。同調査の特徴は、調査対象が〝現場の個人〟であること。商店主やタクシードライバーなど、地域の景気を敏感に感じている人々の実感が、数値だけでなくコメントと併せて公表される。また、調査から間を置かず、早いタイミングで公表されるため、利用価値の高い指標といえる。

為替や株価を左右する数字

「個人投資家」がチェックすべき経済指標

今夜は米国雇用統計が発表される重要な日なんだよ
飲んでる場合じゃないんだよ

「個人投資家」のための要注目指標は…
「米国雇用統計」と「各国PMI」で
世界経済の潮流を知るべし！

毎月第1金曜日は世界中の市場関係者が熱くなる!?

世界中の金融市場関係者が注目する指標が**「米国雇用統計」**（↓第7章P134）だ。

米国経済は世界に絶大な影響を及ぼしている。その需要項目の中でもっとも大きなウエイトを占めているのが個人消費だ。つまり、米国人の消費行動が世界経済を左右しているわけだ。その個人消費は、米国人の家計の収入や雇用状況に大きく影響される。米国雇用統計が注目される理由は、そこにある。

米国雇用統計の中で特に注目を集めるのが、**「失業率」**と**「非農業部門雇用者数」**で、毎月第1金曜日に公表される。前月との比較で「失業率が何％上がった（下がった）のか」「雇用者が何万人増えた（減った）のか」を表したものだが、市場が重要視するのは公表される数値そのものより、予想との開きだ。この結果によって、為替や株価が大きく変動する。

また、米国に次いで関係が深いユーロ圏や中国の動きにも注意が必要。景気動向を探るには**「各国の製造業購買担当者景気指数（PMI）」**（↓第8章P160）にも注目していきたい。

Column

経済指標の入手方法

景気の動向を把握するためには、経済指標をチェックしていくのがいちばんだ。では、その経済指標を入手するには、どんな方法があるのだろうか。

まず真っ先に思い浮かぶのが、新聞とテレビだろう。テレビは、スイッチを入れて番組を流しておけば、黙っていてもニュースを放送してくれるから便利なことこの上ない。「毎日、定時のニュース番組を必ず見る」、これだけでも、見ない人との差は大きく広がる。ただし、難点もある。テレビのニュース番組は、こちらの都合はお構いなしに次から次へと話題が進んでいくため、不明な点など、内容の確認ができない。

新聞は、受動的な態度になりがちなテレビに比べて、**〝読む〟という能動的な姿勢となるため記憶に残りやすく、細かい数字の確認ができる**こともあり、勉強になる部分が大きい。ただし、新聞にも難点がある。スペースに限りがあるため、新聞は経済指標の重要度に応じて紙面を割き、重要な指標ほど扱いが大きくなる。逆に、「あまり重要ではない」と新聞社側で判断した場合、紙面での扱いが小さかったり、取り上げられなかったりすることもある。何より、細部まで新聞を毎日チェックするのはかなり骨の折れる作業といえるだろう。

そこでおすすめしたいのが、日本経済新聞の月曜版だ。この中の「景気指標」欄には、主だった指標のデータが毎週掲載されている。ここに**網羅されたデータから数値の動きをつかみ**、その上で新聞記事やテレビのニュースに当たれば、効率よく理解が深まるはずだ。

この章は、
景気の動向に一致する
経済指標（一致系列）を解説します。
一致系列は、景気の現状に
ほぼ連動しているので、
景気の現状把握に便利ですよ。

第2章 景気の動向に一致する経済指標

Economic indicators

鉱工業生産指数

「ものづくり」で景気の動きを先読み

町工場の社長さん元気がなかったね
景気動向に敏感な人だからね鉱工業生産指数は見た？
最近はどこも生産を抑えてるみたいよ

国内で生産された製品の量を指数化。毎月公表される速報性や景気全体と近い動きをする利便性などから専門家がもっとも重要視する経済統計の一つ。

利便性と速報性で景気変動の先を読む

国内で生産された製品の量が基準年と比較してどの程度の水準にあるのかを表すのが鉱工業生産指数だ。**鉄鋼や金属製品、電気機械、電子部品・デバイスなど、約500品目を調査し、指数化している。**

ただし、国民経済全体の動きを示すGDPのうち、鉱工業の占める割合は20％程度。つまり、鉱工業生産指数は経済活動全体の約5分の1の分野しかカバーしていない。それでも生産指数が景気の動向を見る上で非常に重要なのは、その動きが、運輸や卸・小売業など関連サービス業の需要と密接に関係しているからだ。

製造業が生産を増やすのは、景気が良く、出荷や販売が好調なため。逆に、出荷や販売が伸びないと判断すれば生産を抑える。このような理由から、生産指数は景気全体に極めて近い動きをする。したがって、生産指数の動きを見れば、景気の変化する方向を読み取ることが可能だ。また、生産指数は毎月下旬に前月の速報値が発表されるのに対し、GDP統計が出るのは3カ月ごと。このため、景気の動向をいち早く判断するのに鉱工業生産指数は非常に有効だ。

鉱工業にまつわる6つの指数

「ものづくり日本」の鉱工業には、景気動向を知る上で重要な6つの指数がある。まずはその流れを把握しておこう。

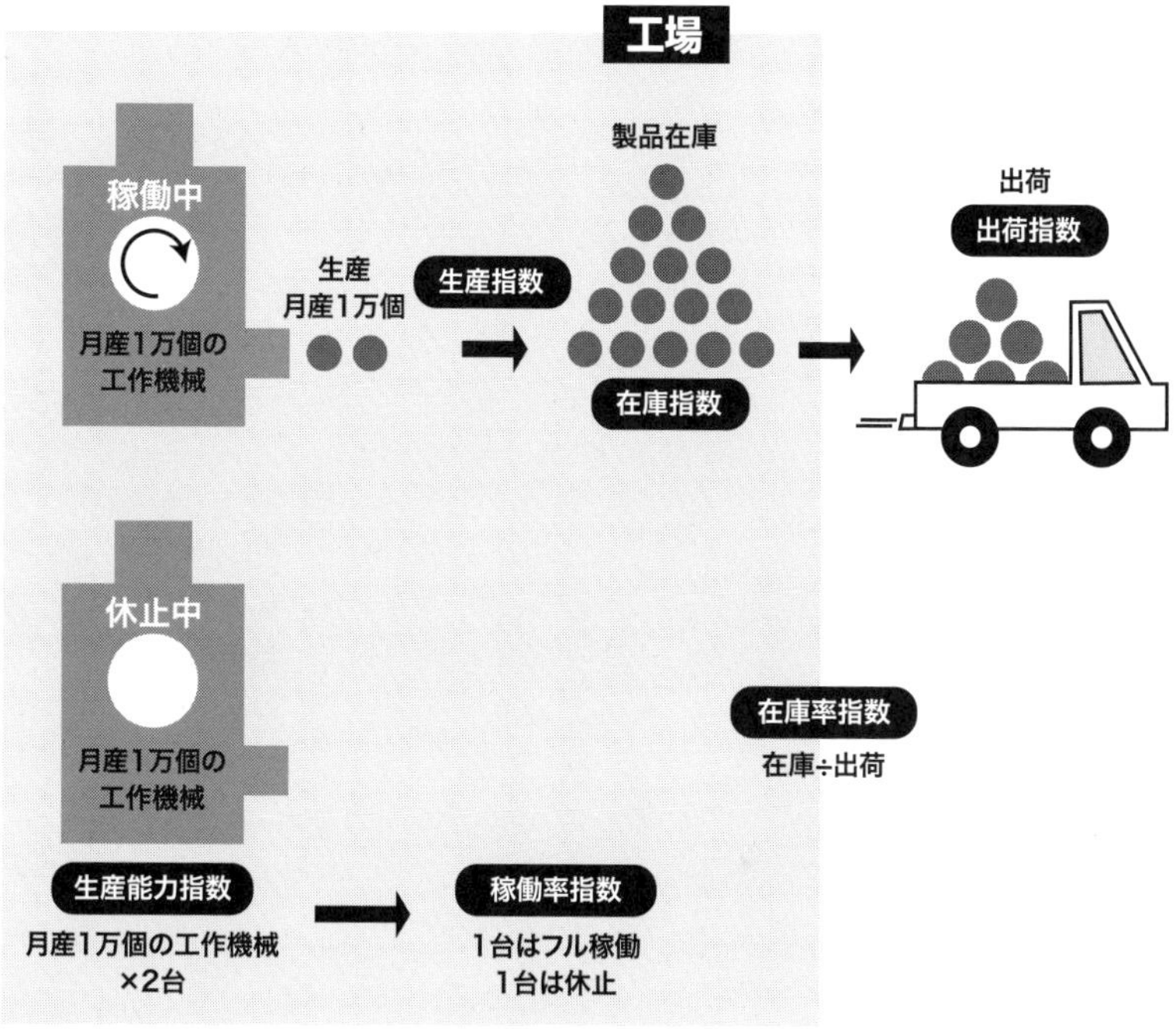
工場
稼働中
月産1万個の工作機械
生産
月産1万個
生産指数
製品在庫
在庫指数
出荷
出荷指数
休止中
月産1万個の工作機械
在庫率指数
在庫÷出荷
生産能力指数
月産1万個の工作機械×2台
稼働率指数
1台はフル稼働
1台は休止

指標でマーケットを読む!

注目は「電子部品・デバイス」

生産指数は業種別の動きも知ることができる。17項目に分けられた中で、もっとも注目すべき業種の一つは「電子部品・デバイス」。生産全体に占める割合は多くないが、その変動は「シリコンサイクル」と呼ばれ、生産活動の動向に大きな影響力を持っているからだ。ただし、生産指数全体にいえることだが、基本はあくまでモノの「数量」。技術革新などによる品質向上は反映されないので、注意が必要だ。

鉱工業生産財出荷指数

川上（部品を製造する業種）の生産需要面を示す重要な指標

Economic indicators

鉱工業生産財出荷指数って何？
それを理解するには生産財や最終需要財の
説明が必要かな

景気変動のきっかけとなる輸出に敏感に反応。
生産指数や在庫指数などと併せて確認しよう。

景気動向指数でも採用される重要な指標

生産財とは、最終需要財を生産するための財のこと。**鉱工業生産財出荷指数は、生産財が最終需要財を生産する企業にどれだけ出荷されたかを示す指標**だ。採用品目などは生産指数とほぼ変わらないが、出荷の増減が生産財を購入する企業の意思によって決まるため、需要面の動きを示したものとなる。

出荷指数の詳細は、業種別よりも財の種類別に分けた「特殊分類」によって見るのが一般的。ちなみに、最終需要財とは、企業の設備投資などに対応する「投資財」と、主に消費者の手に届く「消費財」に分類される最終製品を指す。

景気の動向を推し量る上で出荷指数が重要視される理由は、貿易依存度によるところが大きい。日本では輸出により景気変動が引き起こされることが多く、出荷は輸出に敏感に反応する。このため、景気動向指数でも生産財出荷指数が採用されている。

ただし、鉱工業指数全体にいえることだが、あくまでモノの「数量」が基本であり、技術革新などによる品質向上は反映されていない。このため、「実質ＧＤＰ」とは概念が異なるので注意が必要。

景気動向と鉱工業生産財出荷指数の関係

鉱工業生産財出荷指数は、生産財が最終需要財を生産する企業にどれだけ出荷されたかを示す指標。生産指数や出荷指数・在庫指数と併せて見ることが大切。

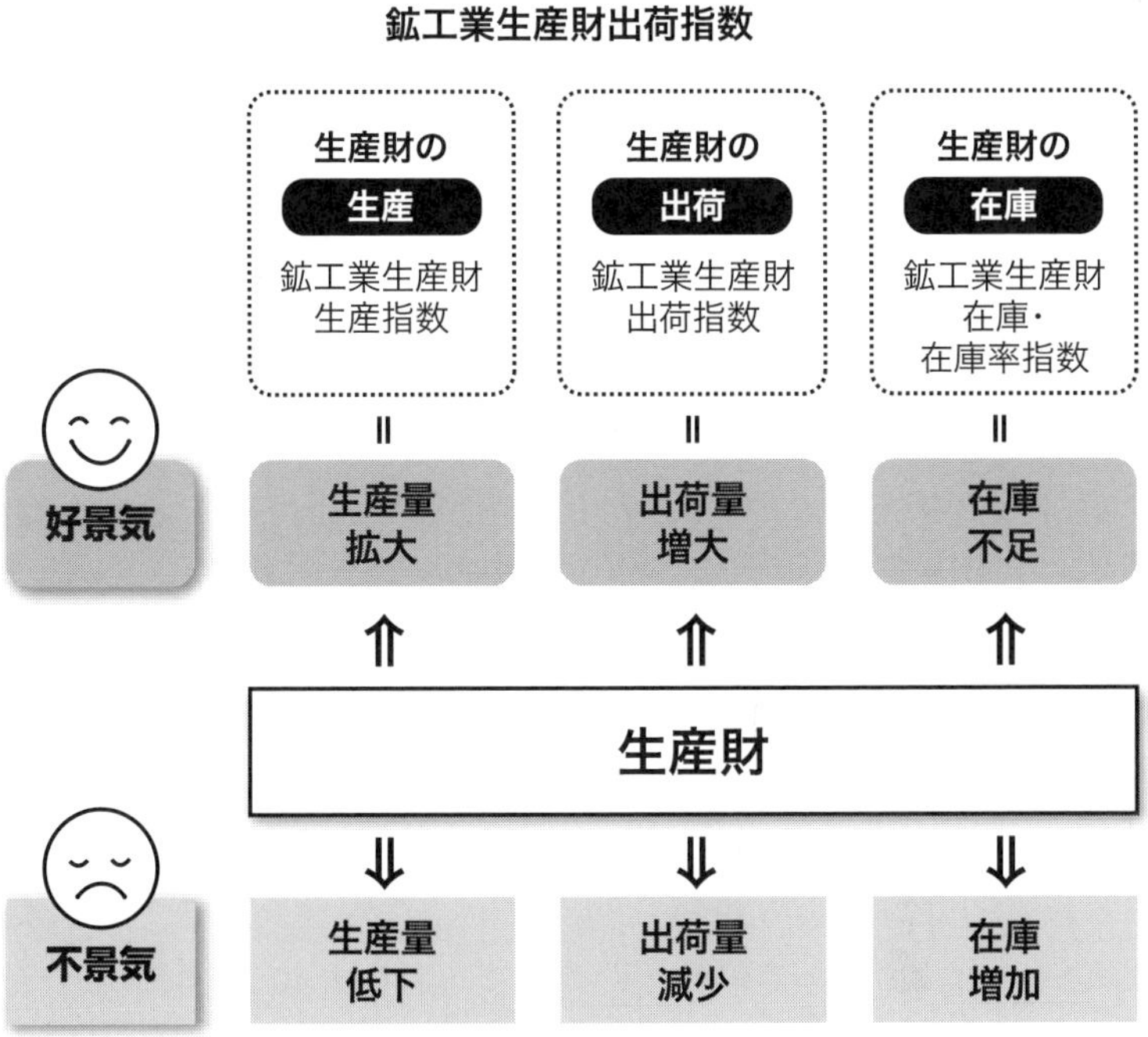

鉱工業生産財出荷指数
生産財の 生産
鉱工業生産財 生産指数
生産財の 出荷
鉱工業生産財 出荷指数
生産財の 在庫
鉱工業生産財 在庫・在庫率指数
好景気
生産量 拡大
出荷量 増大
在庫 不足
生産財
不景気
生産量 低下
出荷量 減少
在庫 増加

指標でマーケットを読む!

景気変動は出荷指数の「速報」に注目!

鉱工業生産指数と景気の動きは一致することが多い。しかし、生産財の場合、景気が下降を始める時期に、生産が伸びていても出荷が伸びない現象が起こる。その理由は、最終需要財メーカーへの出荷が伸び悩むと、生産財メーカーは新規生産を抑制しようとするが、生産工程が長かったり複雑だったりすると、急に生産を止めることが難しく、生産指数が伸びている場合があるから。経済の専門家はこの〝ズレ〟に注目する。

大口電力使用量

電力量は産業の活力のバロメーター

Economic indicators

電気の消えてる
店が多いなあ
取引先の工場も
稼働時間を
減らしてるし
景気が
悪いのかね
大口電力使用量
も減ってますよ

前年比の増減率で表示されることが多い。
調査結果は翌月発表されるため速報性が高い。

電気の消費量は景気によって変動する

大口電力は、契約電力が500キロワット以上の工場などで産業用に使われるもの。産業用の**大口電力使用量は、その産業や業種の活力を表す指標**として注目される。

どのような産業も生産活動に電力は欠かすことができない。その使用量は、製品を生産する機器の稼働率や、工場の稼働時間にともなって増減する。たとえば、景気が良ければ工場の稼働時間が長くなり、従業員の残業も増えるため、電力の使用量も多くなる。逆に、製品の生産を抑えると、残業が減り、平日の休止などが続く場合もあり、その結果、電力使用量も減少する。つまり、**産業や業種の電力使用量の推移を見れば、景気の良し悪しの判断に活かせる**わけだ。

企業が発表する事業報告より早く情報を得ることができるため、政府が発表する景気動向と併せて比較し、景気判断の材料とする向きも多い。また、地域ごとの電力使用量もわかるので、各地域の景気動向を見る上で参考になる。問題点としては、季節調整がされていないこと、一部の製造業で使用される自家発電が含まれないことなどが挙げられる。

電気使用量は景気によって変化する

大口電力使用量は、景気動向と併せて比較し、景気判断の材料とすることも多い。また、地域ごとの電力使用量もわかるので、各地区の景気動向を見る上で参考にできる。

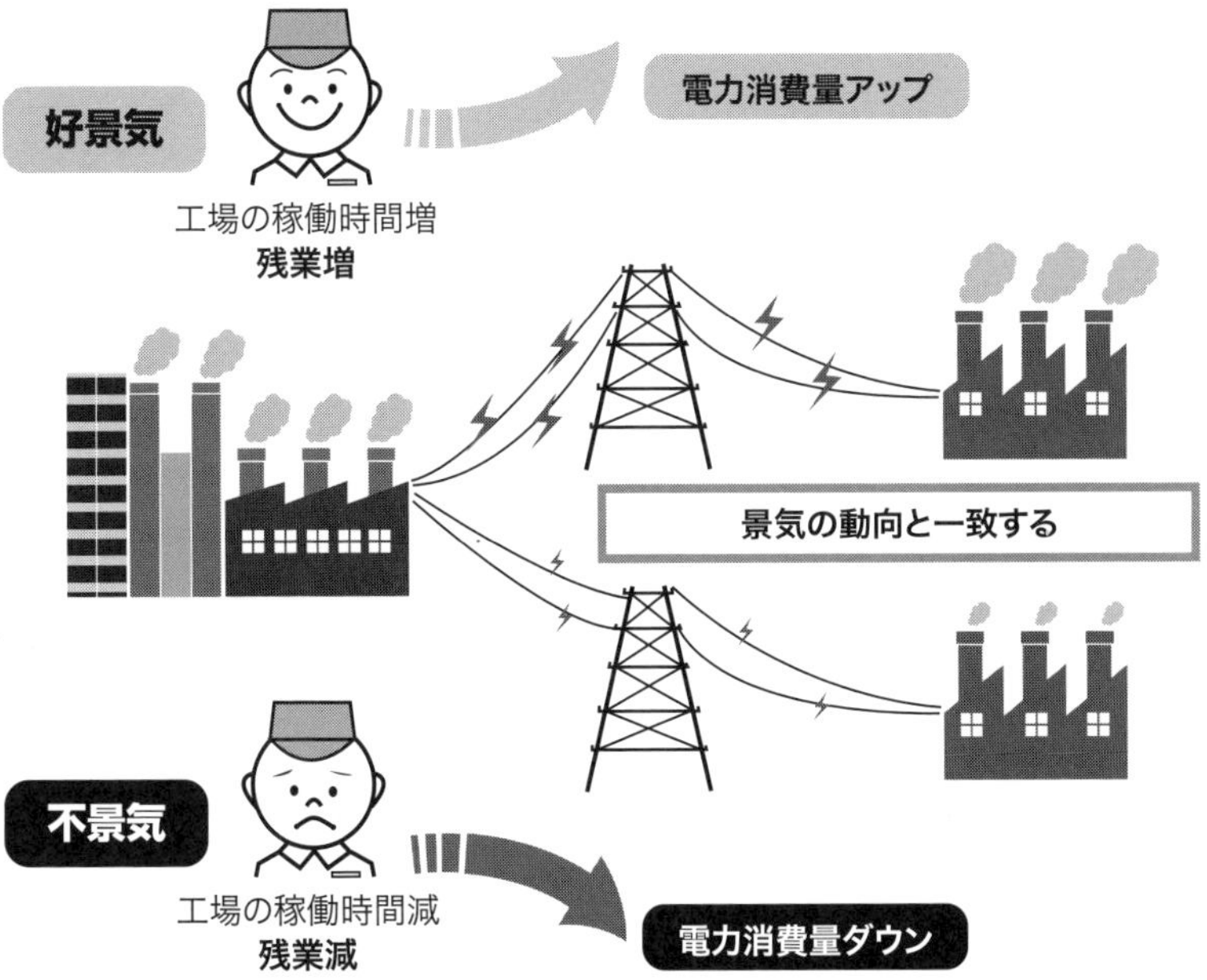
好景気
電力消費量アップ
工場の稼働時間増
残業増
景気の動向と一致する
不景気
工場の稼働時間減
残業減
電力消費量ダウン

指標でマーケットを読む!

別途公表の「契約電力量」にも要注目!

別途公表される「契約電力量」の増加率が大口電力使用量の増加率を上回ると景気の山が近く、逆の場合、景気の谷を脱するといわれている。「契約電力量」は、電力を使用する者と電力会社の間で結ぶ上限契約に基づく電力量のことで、電気事業連合会から毎月発表される。なお、公表される指標は夏場などの季節調整がされていないので注意が必要（内閣府は景気動向指数を作成する際、独自に季節調整を行っている）。

耐久消費財は1年以上使い続けられる消費財だと聞いたんだけど
具体的にはどんなもの？
たとえば自動車や家電、パソコン、家具やピアノだね

Economic indicators

耐久消費財出荷指数

耐久消費財の出荷の伸びで景気を推し量る

自動車や家電製品などの出荷状況を毎月発表。景気に連動する「一致系列」だ。

卸や小売店の判断から景気動向を知る

耐久消費財出荷指数は、消費者の消費行動から景気を推し量る指標。経済産業省が毎月発表している鉱工業指数の中に示される。内閣府が毎月発表する景気動向指数の基準となる指数の一つだ。

耐久消費財とは、1年以上の長期間にわたって使い続けられる消費財のこと。具体的には、自動車や家電製品、パソコン、携帯電話、家具やピアノなどの楽器などが挙げられる。日用品に比べて高価なため、景気が良いときは好調な売れ行きを示し、不況時には真っ先に買い控えられる傾向がある。

耐久消費財出荷指数は、製造メーカーが製品を卸や小売店に出荷する量の増減を表している。出荷が伸びているということは、卸や小売店が「売れる」と判断しているから。つまり、景気が拡大しているといえるわけだ。逆に出荷の伸び悩みは、卸や小売店の「売れないかも…」という消極的な判断を物語っている。

出荷指数は、卸や小売店などの、いわゆる販売のプロが、消費者の購買行動を先読みしたもの。そのため、景気に対して連動するのが特徴だ。

耐久消費財の出荷と景気

自動車や家電製品、パソコンといった耐久消費財を扱う卸・小売店などの販売のプロが、消費者の購買行動を先読み。出荷が伸びていれば、小売店は「商品が売れる」と判断していることがうかがえ、景気が拡大していると読み取ることができる。

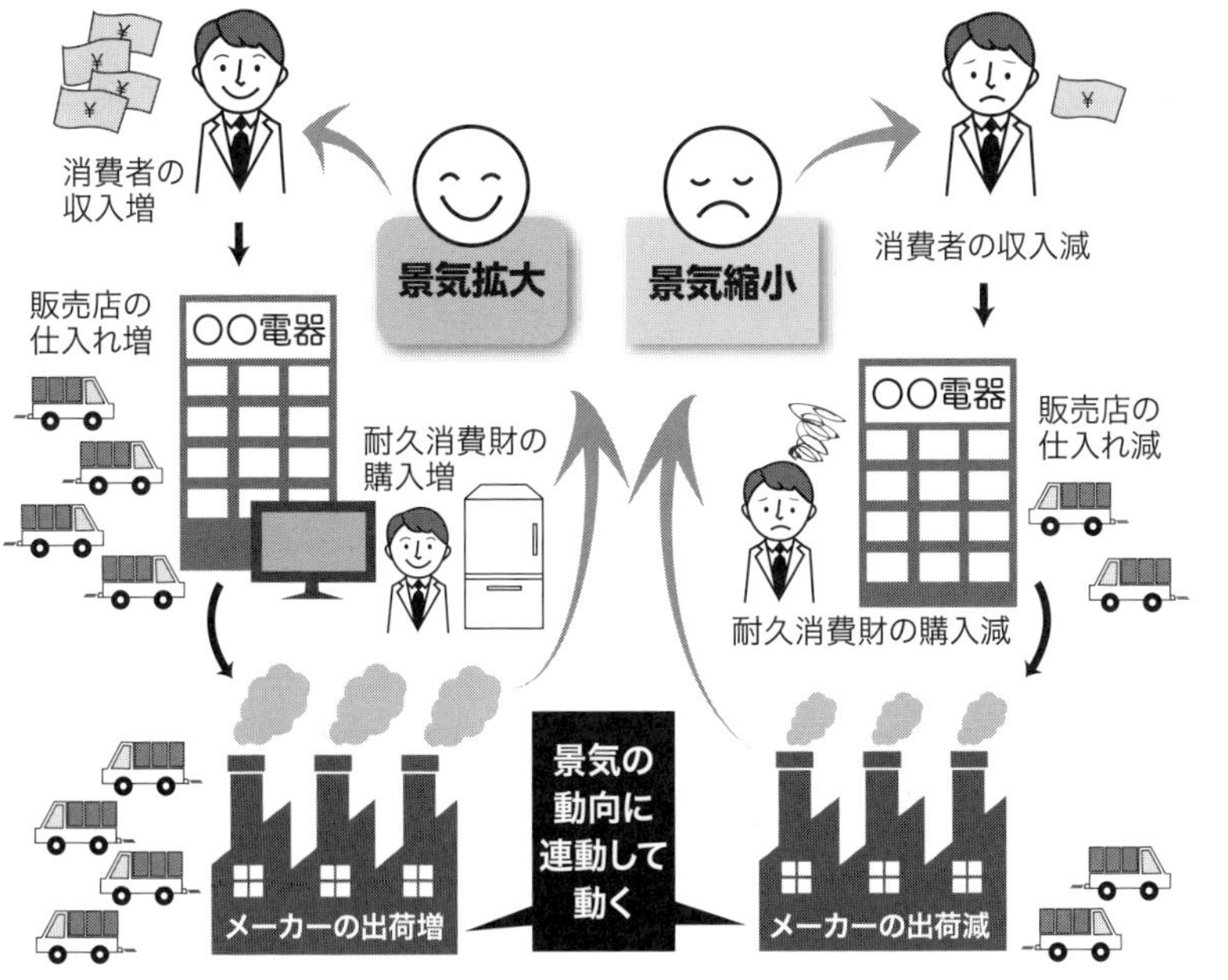

指標でマーケットを読む!

新規格への買い替え需要には注意が必要

耐久消費財出荷指数は、前月比が注目される。単位はパーセント。プラスは今後の景気拡大を、マイナスなら景気縮小や停滞を意味すると考えられる。耐久消費財出荷指数の問題としては、画期的な新製品が登場した際、信頼度が下がる点にある。地デジ放送など、新規格に対応する機器への買い替え需要で出荷指数が伸びて、一時的に景気全体が拡大する場合があるからだ。

景気の動向に敏感に反応

所定外労働時間指数

Economic Indicators

残業や早出続きだけど これも景気が良くなった 証拠だな
女房には 帰りが 遅いって グチられる けどさ
これで 残業代が もう少し つけば いいんだけどな

景気の動向に敏感に反応するため、内閣府がまとめる景気動向指数の一致系列として利用される。

景気による労働時間の変動が読み取れる指数

厚生労働省では月ごとに、常用労働者5人以上の約180万事業所から抽出した約3万3000事業所を対象に、「毎月勤労統計調査」を実施している。所定外労働時間指数は、この統計調査の中の一つで、従業員5人以上の事業所が調査対象となっている。

所定外労働とは、所定の勤務時間ではなく、就業時間前や後の時間帯での労働を指す。いわゆる**残業や早出、休日出勤などの時間外労働**のことだ。

景気が良くなり需要が増大すると、企業は生産性向上のため、まずは工場の稼働時間を増やして対応しようとする。必然的に従業員の労働時間も増えるわけだ。その後、さらに景気が上向き業績が伸びると、新規の労働力が雇用される。景気が悪くなる場合、企業はまず所定外労働時間を削減。それでも対応できないとなると、人員削減に乗り出す。

このように、企業が景気の動きに対応するとき、まず所定外労働時間の増減によって対処する場合が多い。所定外労働時間指数が景気の動向に敏感に反応する理由はそこにある。

所定外労働時間と景気の関係

所定外労働時間とは、残業や早出、休日出勤など、所定の勤務時間以外の時間外労働を指す。景気が良くなると企業は生産性向上のため労働時間を増やし、必要であれば新規の労働力を雇用する。逆に景気が悪くなると、所定外労働時間の削減や人員の削減を行う。

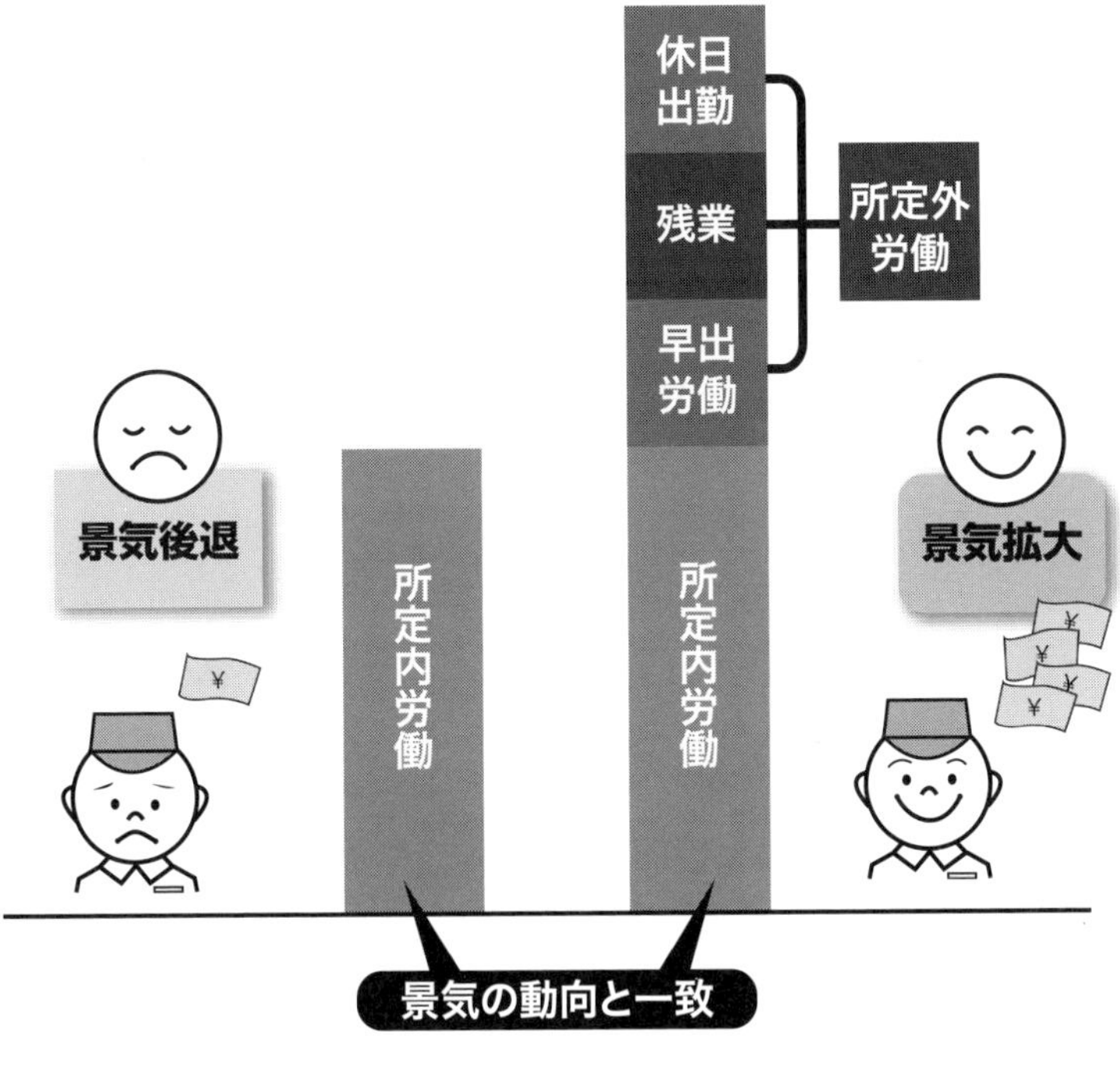
休日出勤
残業
早出労働
所定外労働
景気後退
所定内労働
所定内労働
景気拡大
景気の動向と一致

指標でマーケットを読む!

サービス残業は集計に入らないことに注意!

大口電力使用量などと同様に、製品そのものではなく、製品をつくるための労働力の増減を数値化しているため、企業の状況がストレートに反映される。ただし、労働者が時間外の労働を申告しない、いわゆる〝サービス残業〟は含まれない。よって、統計上の数字が所定外労働の実態を必ずしも正確にはとらえていない可能性がある点は考慮しておくべきだろう。

設備投資もしているけど工場の生産ラインが追いつかず大変ですよ
へー　そりゃ景気が良さそうで何より
工場の人たちは大変そうですね

企業の設備投資の動向から景気を占う

投資財出荷指数（除く輸送機械）

Economic indicators

内閣府が「景気動向指数」で発表する指標の一つ。経済産業省が「鉱工業指数」で発表する数値から算出。

民間の設備投資を出荷ベースで表す

景気が上昇を始めると、企業は生産を増やすため、工場などの生産設備の稼働率が上昇する。さらに景気が拡大すると、それまでの設備では生産が追いつかなくなるため、生産ラインの増設や工場の新設などの設備投資が始まる。

投資財は、この設備投資のように、**将来の収益が期待される設備に用いられる製品**のこと。投資財はさらに、機械設備投資に向けられる「資本財」と、建設活動に向けられる「建設財」に分けられる。資本財として典型的なものは、化学機械や金属工作機械といった耐久年数1年以上の高価な機械類が挙げられる。一方、建設財はセメントやアルミニウムといった土木・建築用資材をいう。

調査対象は、鉱工業生産指数と基本的には同様だ。表示方法は基準年を100とした数値で発表される。投資財出荷指数が上昇することで、景気が上向いており、設備投資に対する企業の意欲が高まっているのを確認できる。景気が後退している局面では、その逆。設備投資意欲が減退するため、投資財出荷指数に下落が見られるようになる。

投資財の出荷と景気の関係

景気が上昇を始めると、増産のため、工場などの生産設備の稼働率が上昇する。さらに景気が拡大すると、さらなる増産に向けて生産ラインの増設や工場の新設などの設備投資が始まる。

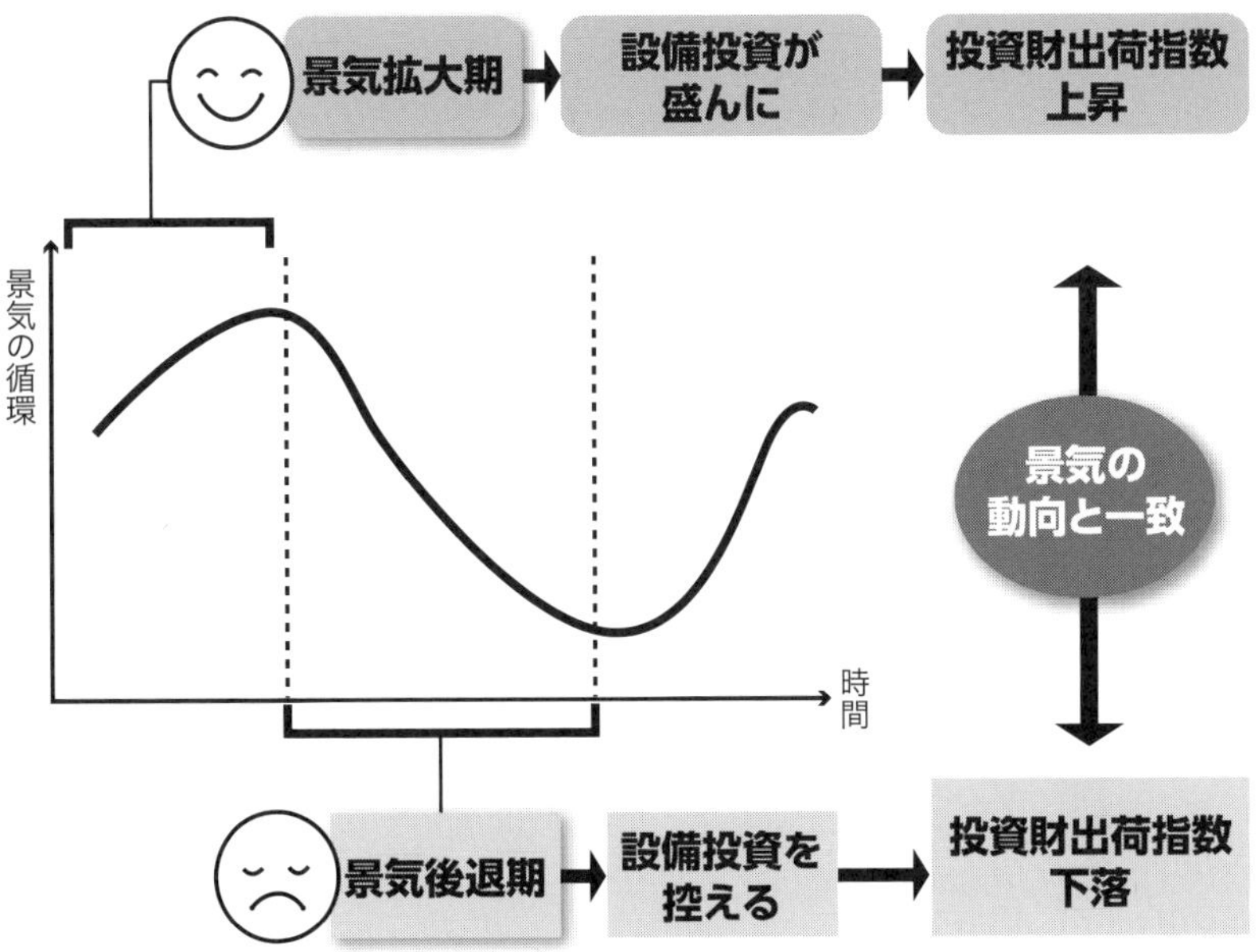
景気拡大期
設備投資が盛んに
投資財出荷指数上昇
景気の循環
時間
景気の動向と一致
景気後退期
設備投資を控える
投資財出荷指数下落

指標でマーケットを読む！

設備投資を占う有力な先行指標

投資財出荷指数（除く輸送機械）と実質民間設備投資の動きを比べてみると、投資財出荷指数が実質民間設備投資にわずかだが先行することが多い。これは、出荷指数が出荷ベースでとらえるのに対し、民間設備投資は進捗ベースでとらえるため。投資財出荷指数が設備投資を占う有力な先行指標である証《あかし》といえるだろう。

販売業種別の消費動向がわかる

商業販売額（小売業）

Economic indicators

小売業といっても百貨店やスーパー、飲食料品店とか
いろいろあるわけよ
スーパーと百貨店の違いは注意しないとね

経済産業省の「商業販売統計」の中の最重要指標。公表される時期が早く、サンプル数が多いため正確。

販売実績で個人消費の動向を読み取る

景気が良くなれば、小売業販売も増加しやすくなる。通常、家計所得の増加は景気に遅れるため、家計消費も景気にやや遅れて動くが、百貨店で扱う商品が比較的高価であることなどから、家計消費より敏感に景気の変動に反応する傾向がある。そこで注目される小売業の統計が、**経済産業省が公表する「商業販売統計」**だ。中でも百貨店とスーパーを合わせた**「大型小売店販売額」**が重要視されている。調査対象となる百貨店、スーパーは、従業員50人以上の大型小売店。商品別の販売額で調査され、調査の翌月に金額と指数の速報値が、その約2週間後に確報値が、前年同月比で公表される。

小売業販売額は、百貨店などの各種商品小売業をはじめ、織物・衣服・身の回り品小売業、自動車小売業、機械器具小売業、飲食料品小売業、燃料小売業、医薬品・化粧品小売業、その他小売業などの区分もされているので、業種別の消費動向が読み取れる。商業販売統計における小売業と卸売業の販売額（前年比）は、景気との連動性が高いことから、景気動向指数の一致系列に採用されている。

商業販売額（小売業）の業種の区分

百貨店で扱う商品が比較的高価であることなどから、「商業販売統計」の中でも百貨店とスーパーを合わせた「大型小売店販売額」がもっとも重要視されている。

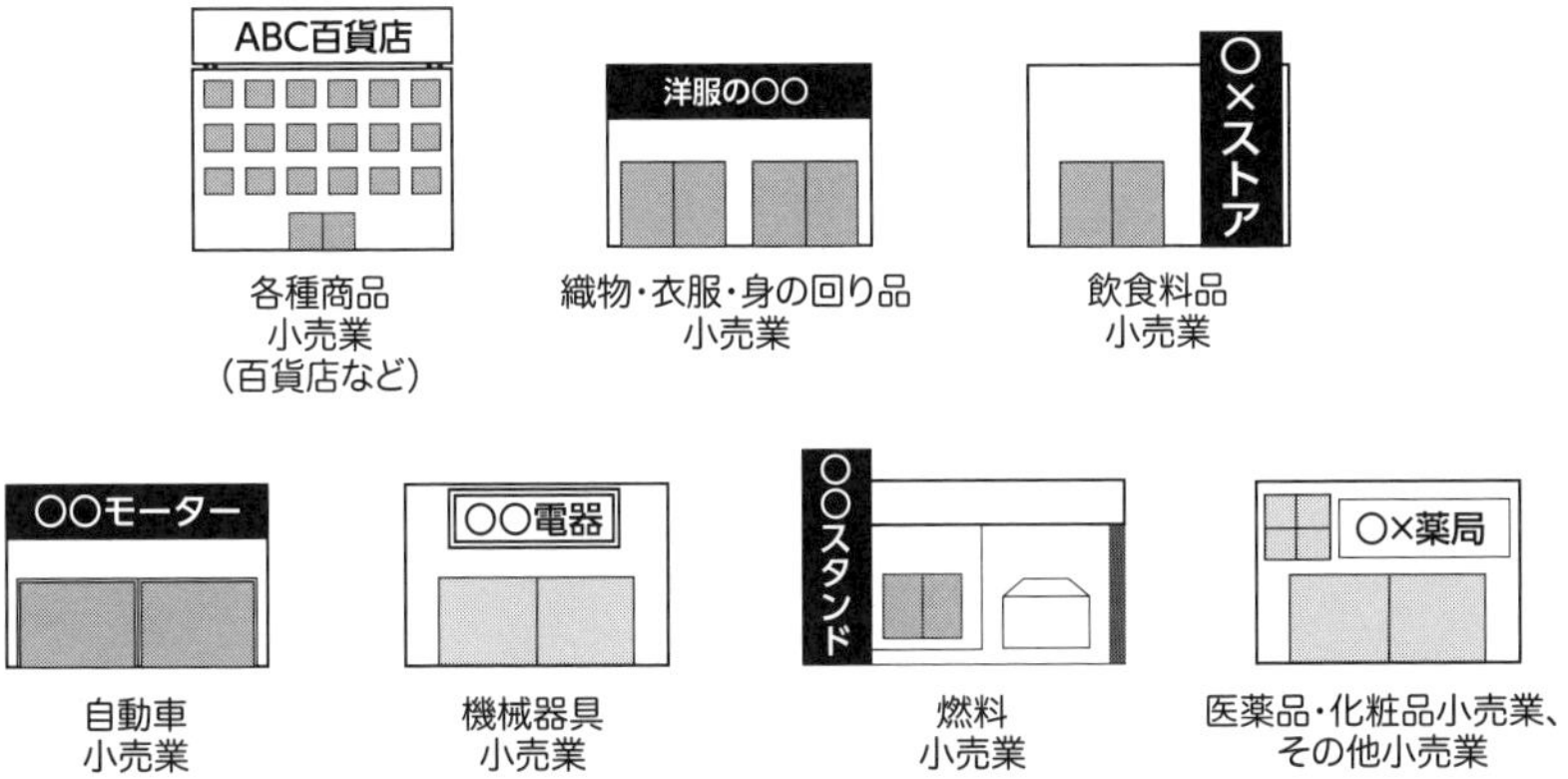
ABC百貨店
各種商品
小売業
（百貨店など）
洋服の○○
織物・衣服・身の回り品
小売業
○×ストア
飲食料品
小売業
○○モーター
自動車
小売業
○○電器
機械器具
小売業
○○スタンド
燃料
小売業
○×薬局
医薬品・化粧品小売業、
その他小売業

調査対象となる百貨店・スーパー

百貨店…日本標準産業分類の百貨店、総合スーパーのうち、次のスーパーに該当しない事業所であって、かつ、売場面積が東京特別区及び政令指定都市で3,000平方メートル以上、その他の地域で1,500平方メートル以上の事業所をいう。

スーパー…売場面積の50%以上についてセルフサービス方式を採用している事業所であって、かつ、売場面積が1,500平方メートル以上の事業所をいう。

指標でマーケットを読む!

単月ではなく 3カ月移動平均か四半期で見る

百貨店やスーパーは曜日の影響を受けやすく、また、衣類のように気象の影響を受ける商品の比率が高いことなどから、販売指数は季節調整値も公表されている。しかし、販売額は、増加した店舗の分も計上されるため、そのまま前年比を見ると過大評価となる。このため、通常は既存店（店舗調整後）の前年比が注目される。ただ、単月の前年同月比は大きく振れるため、四半期で見るか、3カ月の移動平均を見て判断するのが望ましい。

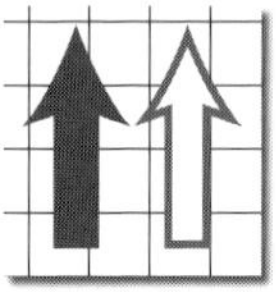

卸売業の毎月の販売動向を把握する

商業販売額（卸売業）

全国の卸・小売業から抽出した商店の販売額を経済産業省が毎月調査。結果は「商業販売統計速報」「商業販売統計月報」で公表している。

生産と消費とを結ぶ流通段階の変動をつかむ

「販売」というと小売業を想像しがちだが、忘れてはいけないのが卸売業だ。小売業の顧客が消費者であるのに対して、**卸売業の顧客は小売業のほか、メーカーや同業者**など。流通業界の人から見れば常識だが、消費者は普段、卸売業と接する機会が少ないため、卸売業のことが見えにくいといえる。

しかし、卸売業の商品販売額は、小売業に比べて商店数や従業員が少ないにもかかわらず、小売業よりはるかに大きい。たとえば、２０１３年12月の商品販売額で見ると、全体で43兆９０４０億円、そのうち卸売業は30兆４０２０億円、小売業が13兆５０３０億円となっており、その差は**約2・5倍**。景気の動向を見る上で、欠かせない統計といえるだろう。

商業販売額指数は、経済産業省が全国の卸・小売業者から抽出した事業者を対象に、毎月販売額を調査。全体と業種別の数字が発表される。

表示方法は、前年同月比の指数だ。卸売業の業種は、鉱物・金属、医薬品、化粧品、機械器具、農林水産、化学製品、飲食料品などに分けられている。

Economic indicators

卸売業と小売業の商業販売額の比較

卸売業の商品販売額は、小売業に比べて商店数や従業員が少ないにもかかわらず、小売業よりはるかに大きく、その差は約2.5倍。景気の動向を見る上で、欠かせない統計といえる。

販売額
卸売業の商品販売額は
小売業の販売額の
約2.5倍
小売業
卸売業
自動車
建築
食料品
燃料
衣服・身の回り品

小売業同様、天候や休日で販売額が変化するため、毎月の推移と、前年同月の数値との比較が重要になる。

個々の事業の販売額の推移から業界別の好不調を判断することも可能だ。

指標でマーケットを読む!

販売実績を把握して消費の動向を占う

卸売業の販売の伸びは、小売業のほか、建設業や病院、製造業といった大規模事業所や、他の卸売業者、直販、輸出などからの需要が関係している。たとえば、繊維卸売業の販売額が前年同月よりプラスになっていれば、最終消費財の衣類の売上げが堅調なことがわかる。小売業の商業販売額と同様、天候や休日などによって左右されるので、四半期や３カ月の移動平均を見て判断するのが望ましい。

本業の利益から景気の動向を把握する

営業利益（全産業）

おいおい営業利益も知らないのか
売上高から原材料費や販売費管理費を引いて残ったものが営業利益だ景気動向を反映する重要な指標だぞ

企業の売上高から原材料費などの経費を差し引いたもの。財務省の「法人企業統計調査」に掲載される。

景気動向をストレートに示す指標

営業利益とは、**企業の売上高から原材料費や販売費、管理費を差し引いたもの**を指す。企業には、本来の営業活動のほかに、株式の売買益や支払利息といった営業外の収益や費用が発生するが、営業利益はこれら「営業外損益」を含めず〝本業で稼いだ利益〟のみを表している。企業の本業での収益構造を知る上で重要な財務の数字といえるだろう。

「営業利益（全産業）」は、財務省の財務総合政策研究所が発表する**「法人企業統計調査」**に含まれている指標だ。「法人企業統計調査」は、財務省が企業経営の実態を把握するため、金融・保険業を含む全国の営利法人を対象に実施するもので、発表は年次と四半期ごと。「営業利益（全産業）」は、四半期ごとの発表が注目される。

景気が良くなればモノが売れるので企業の営業利益は大きくなる。逆に、景気が悪くなればモノが売れなくなり、営業利益も小さくなる。

このように、景気の動向をそのまま反映するのが「営業利益（全産業）」だ。表示方法は一般的に、前年同期との比較となっている。

営業利益と経常利益

営業利益とは「会社の本業での儲《もう》け」を表す数値。具体的には、売上高から原価と営業に関する諸経費を差し引いたものがこれに当たる。一方、経常利益は、営業利益に「本業以外での収支（営業外損益）」を加味した数値。具体的には、営業利益に金融機関からの借入金の支払利息や預金の受取利息などを加味した数値だ（「指標でマーケットを読む！」も参照）。

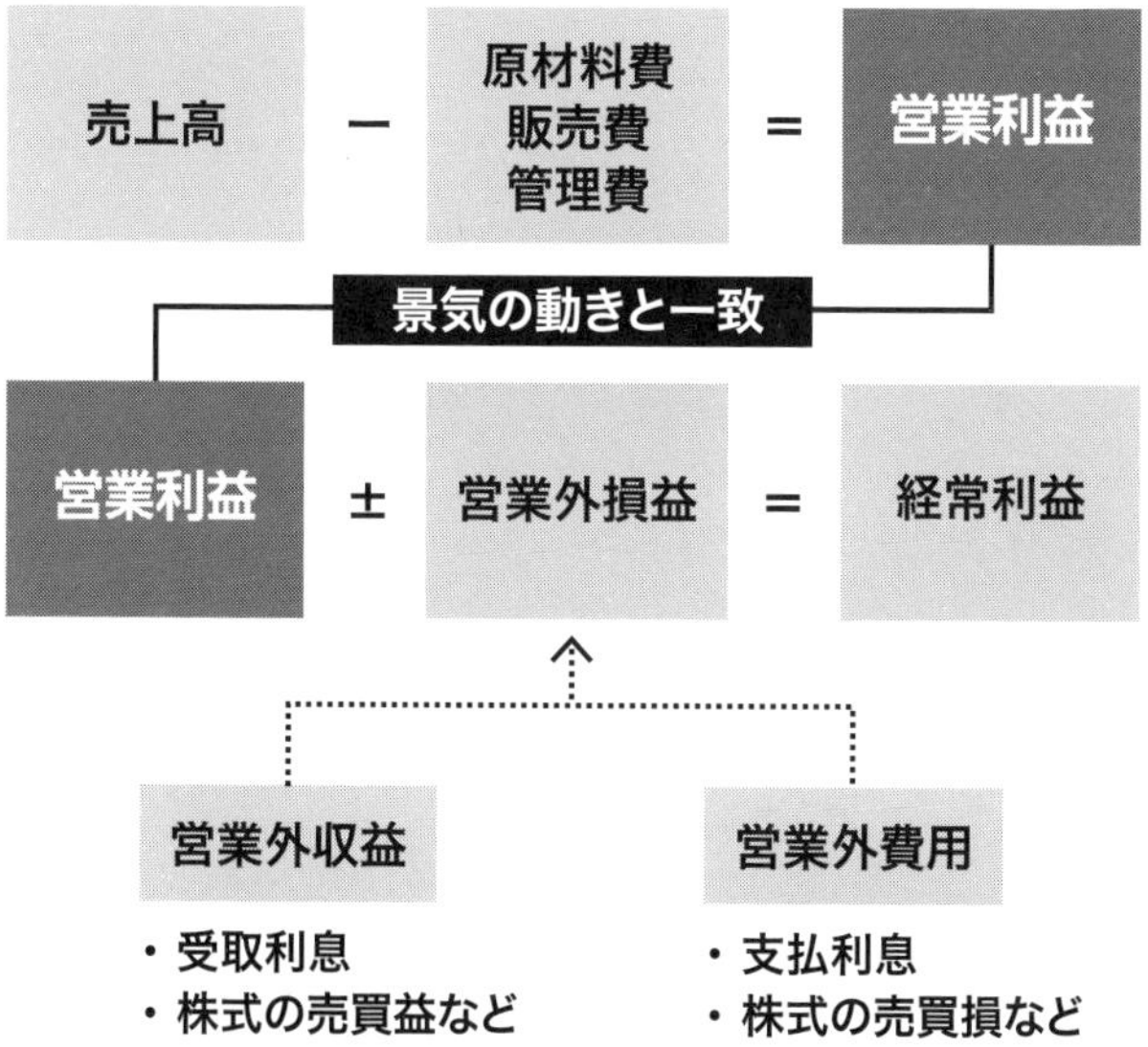
売上高
－
原材料費
販売費
管理費
＝
営業利益
景気の動きと一致
営業利益
±
営業外損益
＝
経常利益
営業外収益
・受取利息
・株式の売買益など
営業外費用
・支払利息
・株式の売買損など

指標でマーケットを読む！

「営業利益」と「経常利益」の双方を押さえておく

「営業利益」とともに、企業の収益構造を知る上で押さえておきたいのが「経常利益」だ。「経常利益」は、「営業利益」に支払利息や受取利息といった営業外損益を加味したもので、法人企業統計にも掲載されている。問題点としては、資本金10億円未満の法人はサンプル調査のため、統計のブレが大きくなること、１年間継続して調査した後、毎年４～６月期に調査対象企業をほとんど入れ替えるため、データに連続性がないことなどが挙げられる。

中小企業の動向から景気を占う

中小企業出荷指数（製造業）

Economic indicators

中小企業は大企業の生産・在庫調整の役割を担っていて、その出荷高は景気動向に敏感に反応するんです
中小企業出荷指数は日本の産業構造の動きを追う上で重要な指標ですよ！

中小企業が生産する製品の出荷状況を指数化したもの。毎月、調査月の翌月28日頃に「速報」が、翌々月の15日頃に「確報」が中小企業庁から公表される。

日本経済を支える中小企業の実態をつかむ

中小企業庁では、中小企業の生産活動を明らかにするため、「規模別製造工業生産指数」を作成し、毎月公表している。「規模別製造工業生産指数」は、基幹統計である「経済産業省生産動態統計」のデータを大企業・中小企業別に格付け・集計。その結果を基に、基準年（現在は２００５年を基準）の平均を１００とした指数を算出したものだ。

「規模別製造工業生産指数」は、生産活動の全体的な水準の推移を示す**「生産指数」**、生産活動によって産出された製品の出荷動向を総合的に表すことで製造工業製品に対する需要動向を観察しようとする**「出荷指数」**、製品の在庫状態を示す**「在庫指数」**、出荷と在庫の比率の推移から製品の動きを示す**「在庫率指数」**の4系列で構成される。「中小企業出荷指数」はこの中の「出荷指数」のこと。「鉄鋼業」や「金属製品工業」など16に分類された業種ごとの数値に加え、４９２品目についてのそれぞれの数値も示される。中小企業の動向は景気に敏感に反応することから、内閣府の景気動向指数の一致系列に採用されている。

景気と中小企業の出荷高の関係

「中小企業出荷指数」を含む「規模別製造工業生産指数」での中小企業の定義は「資本金3億円以下又は従業員300人以下」で、それ以外を大企業と定義している。中小企業は大企業の生産・在庫調整の役割を担っており、中小企業の出荷高は景気動向に敏感。

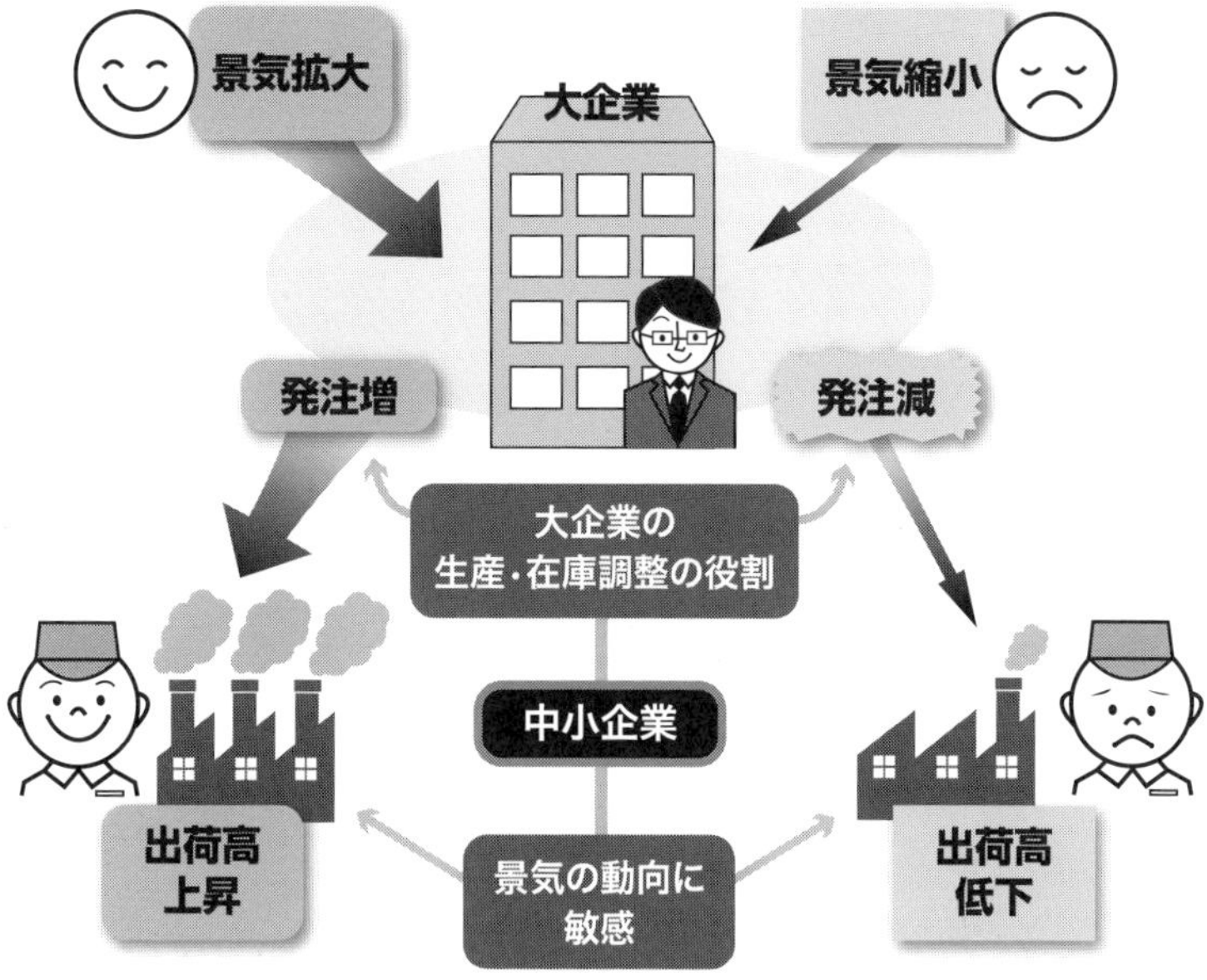
景気拡大
大企業
景気縮小
発注増
発注減
大企業の
生産・在庫調整の役割
中小企業
出荷高
上昇
出荷高
低下
景気の動向に
敏感

指標でマーケットを読む！

業種ごとの動きにも注目

「中小企業売上げ見通し DI」（P78 参照）が回答者の主観に左右される面が多いのに対して、生産台数や出荷台数といった客観的数量を把握することで中小企業の動向を追うのが「中小企業出荷指数」だ。実数ゆえに先行性は期待できないものの、中小企業は大企業の下請けが多いことから、景気の動きに敏感に反応する。経済環境が大きく変わりつつある中、日本の産業構造の動きをとらえるためにも、注視していきたい指標だ。

雇用情勢から景気の実態を知る

有効求人倍率（学卒を除く）

Economic indicators

有効求人倍率は上昇しているし景気は上向いている
思い切って転職を考えるべきか悩むところだ…

厚生労働省が全国約550カ所のハローワーク（職業安定所）で取り扱われる求職・求人・就職等の件数を集計。
調査月の翌月末に公表。

就職の難易度で景気の動向が浮き彫りに

我が国では、企業が雇用を調整するのは最終段階となることなどから、失業率は景気に遅れて反応する。このため、景気に連動する労働関係の指標として注目されるのが、厚生労働省の「職業安定業務統計（一般職業紹介状況）」で公表される「有効求人倍率」だ。ハローワークは、企業の求人と求職者の申し込みが出会う代表的な場。つまり、ここから算出される有効求人倍率は、**労働市場の需要と供給の状況が浮き彫りになる**ため、重要な指標となっている。なお、この統計では、パートタイム労働者は含むが、新規学卒者は含まない。

「有効求人倍率」は、**月間有効求職者数に対する月間有効求人数の比率**として計算する。〝有効求人（求職）〟とは、前月と前々月から繰り越された有効期間中の求人（求職）と新規求人（求職）の合計のこと。景気が拡大すると求人数が増えるため倍率は上昇し、景気が縮小すると求人数が減るので倍率が低くなる。たとえば、２００９年は０・５倍で求人数は求職者数の半数以下にまで落ち込んだが、２０１０年以降上昇を続けており、２０１３年以降は1倍を超えている。

景気と有効求人倍率の関係

月間有効求職者数に対する月間有効求人数の比率として計算。"有効求人（求職）"とは、前月と前々月から繰り越された有効期間中の求人（求職）と新規求人（求職）の合計のこと。

有効求人倍率（倍） ＝ 月間有効求人数（人） ／ 月間有効求職者数（人）

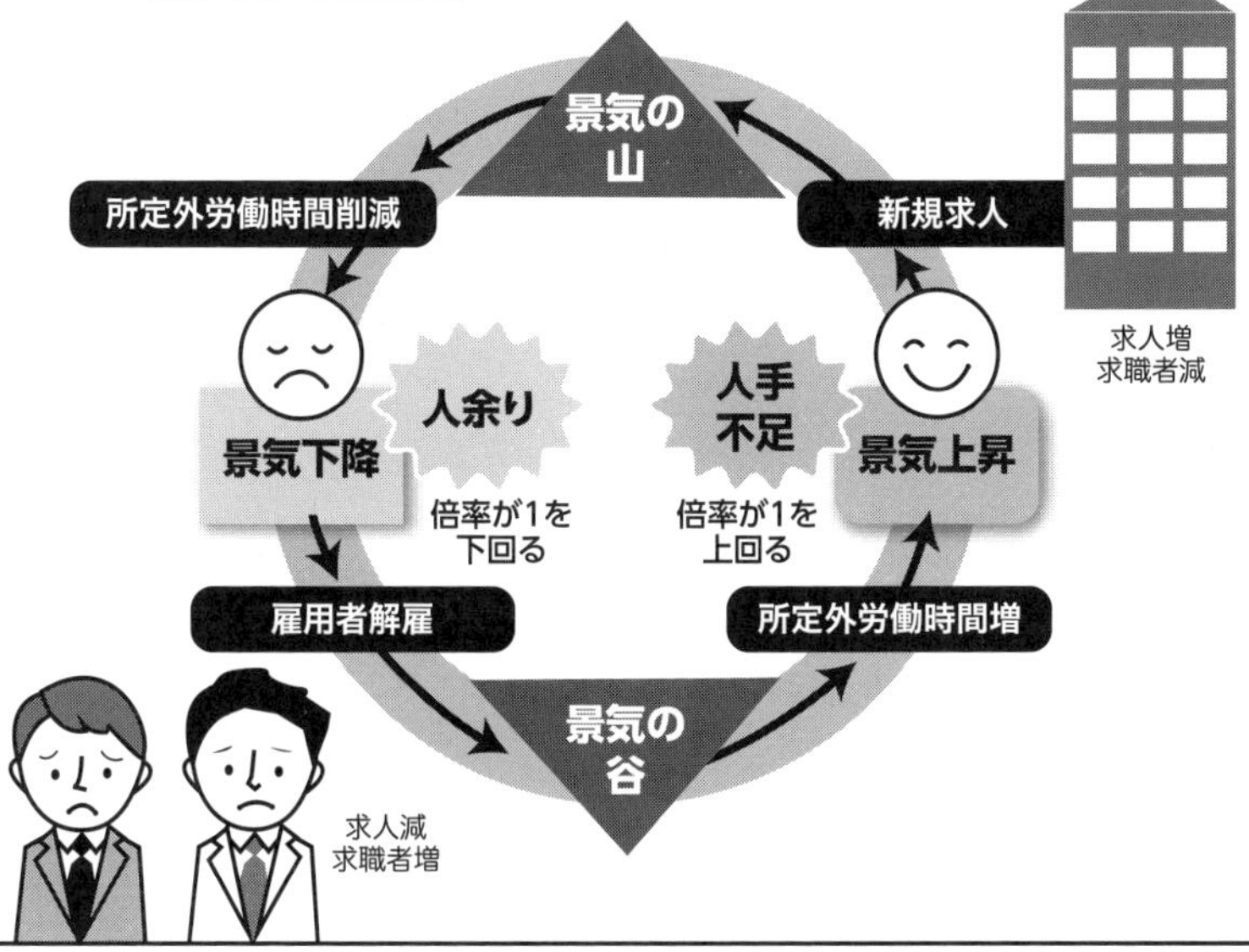

景気の山
新規求人
求人増
求職者減
景気上昇
人手不足
倍率が1を上回る
所定外労働時間増
景気の谷
求人減
求職者増
雇用者解雇
景気下降
人余り
倍率が1を下回る
所定外労働時間削減

指標でマーケットを読む！

ハローワーク以外の求人・求職はカウントされないことに注意！

有効求人倍率は動きが安定しており、景気動向に近い動きを示すため注目度が高い。ただし、この統計で対象となるのはハローワークで扱った分のみで、新聞や雑誌の広告、インターネット等で募集する分や、人材派遣、知人の紹介等で就職する分は含まれない。このことから、労働市場全体の動向というより、ハローワークにおける労働需給の状態を示す統計と考えたほうがいいだろう。

Column

速報値の数字は
あてにならない!?

数ある経済指標の中で、さまざまな分野の経済データをもっとも包括的に網羅しているGDP(国内総生産)。速報値が四半期ごとに発表されるが、実はこれ、本当の数字に近いデータを使って計算した推計値で、本当の数字ではない。本当の数字は詳細なデータが出ないと計算できないので、もっと時間がかかる。

市場関係者は、**GDPの計算に使われる基礎統計を基に後日公表されるGDP速報値(1次速報値)を予測し、それを基にマーケットでの自分の動き(たとえば、株を売るべきなのか、買うべきなのか)を判断していく**。GDPに限らず、各種経済指標の速報値が注目されるのは、経済の先行きをいち早くつかんでおきたいという、市場関係者の強いニーズがあるからだ。

また、1次速報値とその後に公表される2次速報値には差が生じることもめずらしくない。その**差が予想を超えて大きなものになると市場関係者に動揺が広がり、マーケットが大きく反応する場合があるこ**とにも留意しておこう。

GDPの速報値は、1次速報が四半期終了後40日程度で、2次速報は1次速報公表後12日程度で公表される。最終版である確報値は年次ベースのみで、公表されるのは年度が終了した9カ月後だ。

ちなみに、GDPをはじめとする各種経済指標では、よく「季節調整済み」の数値が用いられる。モノがいちばん売れるのは年末であるように、経済活動には季節性による偏りが生じる。経済の動きを平たく見るためには、この季節性を除く必要があるからだ。

この章は、
景気の動向に先行する
経済指標（先行系列）を解説している。
先行系列は景気の動きを先読み
するのに便利だ。

第3章

景気の動向に先行する経済指標

最終需要財在庫率指数

在庫は景気の動向に敏感に反応する

Economic indicators

先方もこれ以上は無理だと…
お前なあこんな大量に在庫を抱えてどうするんだ
景気が良くなるまで寝かせとくのか！

「最終需要財在庫率（％）＝最終需要財在庫数量÷最終需要財出荷数量×100」で算出。2000年の平均値を100として指数化したものが最終需要財在庫率指数だ。

最終需要財の出荷に対する在庫の割合を示す

「最終需要財在庫率指数」は、鉱工業製品の最終需要財の在庫率の動きで景気を見るための指標だ。

最終需要財とは、**鉱工業製品の出荷から部品などの生産財を差し引いたもの**。消費や設備投資に利用される最終製品の総量を指す。

在庫率とは、製品の出荷に対する在庫量の割合を比率で示したもの。最終需要財の在庫数量を最終需要財の出荷数量で割った数字に100を掛けて算出する。

在庫は景気に敏感に反応するといわれている。

たとえば、景気が回復を始めた局面では、製品は企業の販売予想を上回って出荷され始めることが多いため、在庫率は低下し、企業は増産を開始する。

逆に、景気が後退に転じる局面では、製品の出荷が企業の販売予想を下回り始めるため、在庫率は上昇し、企業は生産を抑えるようになる。

このように、製品の在庫は、企業の販売予想よりも早く変化すると考えられるため、最終需要財在庫率指数は景気の先行指標として、内閣府の景気動向指数に採用されている。

最終需要財在庫率と景気との関係

最終需要財の生産が一定を保っている場合、在庫率が上昇すると企業は部品などの仕入れを抑制し、減産する(景気が縮小する)。逆に在庫率が低下すると企業は原材料の仕入れを増やして増産を始め、景気の拡大局面に向かう。このように、製品の在庫は企業の生産活動よりも早く変化するため、景気の先行指標として内閣府の景気動向指数にも採用されている。

最終需要財 ＝ **鉱工業生産** − **生産財**

最終製品 ／ 企業の生産活動でつくられた製品 ／ 部品など

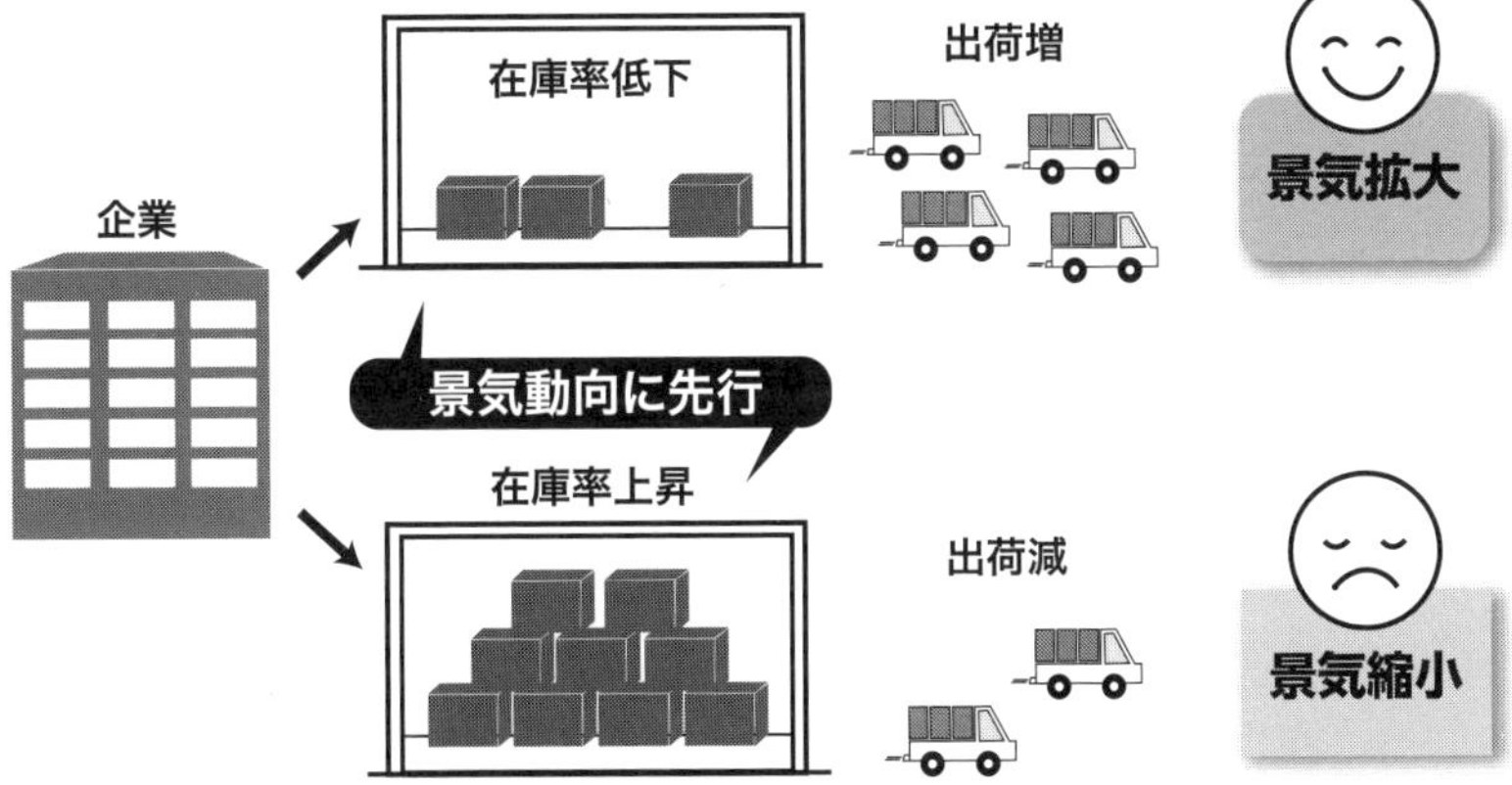

指標でマーケットを読む!

在庫管理手法の発達で、先行性が弱まっていることに注意!

企業は生産活動に当たって、原材料や仕掛品（部品など）、製品といったさまざまな在庫を抱える。そのため在庫の増減は、一企業に止《とど》まらず、経済全体と大きな関わりを持つ要素といえるだろう。しかし、在庫管理手法の発達により、迅速で効率的な生産と販売ができるようになったことから、生産に対する在庫の先行性が以前より弱まったと考えられている。実際、生産指数と在庫率指数の時間差が、近年になるほど低くなってきているので、頭に入れておきたい。

鉱工業生産財在庫率指数

部品の出荷に対する在庫の割合

Economic indicators

ほー
ウチだけではなく
あの会社も増産
しているのか
鉱工業生産財
在庫率指数が
下がって
いるからな

「鉱工業生産財在庫率（%）＝鉱工業生産財在庫数量÷鉱工業生産財出荷数量×100」で算出。2010年の平均値を100として指数化したものが鉱工業生産財在庫率指数だ。

景気の動向に先行して動く指標

在庫率指数は、在庫と出荷の比率を見ることで、生産活動により産出された製品の需要と供給の状況を推し量るための指標だ。「鉱工業生産財在庫率指数」は、鉱工業製品の生産財の在庫率の動きを表したもの。生産財とは、**鉱工業製品の出荷から最終需要財を差し引いたもの**。原材料として利用される製品の総数を指す。在庫率とは、製品の出荷に対する在庫量の割合を比率で示したもの。鉱工業生産財の在庫数量を鉱工業生産財の出荷数量で割った数字に１００を掛けて算出する。

製品の在庫は、景気の動きに敏感に反応するといわれ、景気回復の初期の局面では、製品は企業の販売予想を上回って出荷されることが多いため、在庫率は低下し、企業は増産を始める。一方、景気が後退に転じる局面では、製品の出荷が販売予想を下回り始めるため、在庫率は上昇し、企業は生産を抑えるようになる。

在庫率指数は景気が転換するタイミングに先がけて反対方向（景気の上昇にともなって指数は低下）に変動する傾向があるため、先行系列の指標として利用される。

鉱工業生産財在庫率と景気との関係

在庫率指数は実際に景気が転換するタイミングに先がけて反対方向（景気の上昇にともなって指数は低下＝逆サイクル）に変動する傾向があるため、先行系列の指標として利用されている。

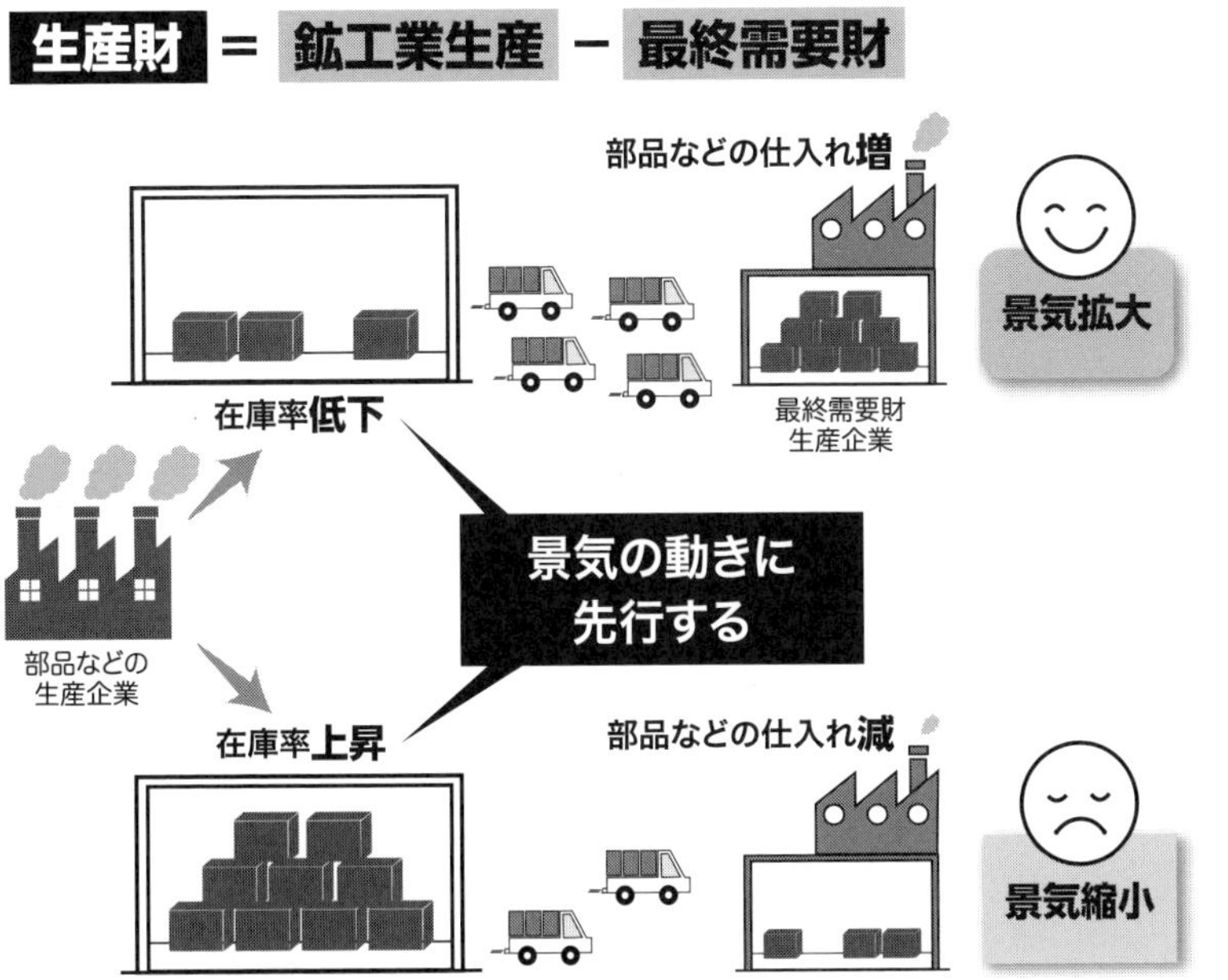
生産財 ＝ 鉱工業生産 － 最終需要財
部品などの仕入れ増
景気拡大
在庫率低下
最終需要財
生産企業
景気の動きに
先行する
部品などの
生産企業
在庫率上昇
部品などの仕入れ減
景気縮小

指標でマーケットを読む！

採用品目が少なく、変動幅が大きいことにも要注意！

近年の情報化の進展などによる在庫管理手法の発達で、迅速で効率的な生産と販売ができるようになったことから、生産と在庫のタイムラグが短縮。そのため、指数の先行性が以前より弱まったと考えられている。実際、生産指数と在庫率指数の時間差の関連性が、近年になるほど低くなってきているので、注意が必要。また、採用品目が少ないため、鉱工業全体を表していないことや変動幅が大きくなってしまうなど、問題点も指摘されている。

景気が良くなるんだったらいまのうちに良い人材を確保しておかないとね
新規求人数も増えてるしね

求人数で景気の先行きを読む

新規求人数（学卒を除く）

Economic indicators

厚生労働省が全国約550カ所のハローワーク（職業安定所）で調査月に新規に申し込まれた求人の件数を集計。調査月の翌月末に公表。

新規の求人数の増減から景気の先行きを読む

新規求人とは、その月にハローワークが新しく受け付けた求人のこと。厚生労働省が集計し、翌月末に「職業安定業務統計（一般職業紹介状況）」で公表している。

新規の求人数が増加するのは、企業の雇用ニーズが高くなっているから。つまり、企業の業績の見通しが明るいことを意味している。逆に、先行きの見通しが暗い場合、新規の求人は控えるため、求人数も落ちてくるわけだ。

景気の先行きを見る場合、この〝新規の求人〟という点が重要になる。求人の有効期間は3カ月なので、有効求人だと過去の求人も含まれてしまうからだ。「新規求人数」は対象を〝新規の求人〟にしぼっているため、業績と密接に関係している企業の雇用方針が、素早く数値として表れてくる。

P54で説明した「有効求人倍率」の〝有効求人〟の増減が景気の動きにほぼ一致しているのに対し、この新規求人数が景気に先行すると考えられているのは、そのためだ。

また、新規の求人数を新規の求職者数で割った「新規求人倍率」も、景気の動向を判断する重要な指標として利用されている。

新規求人数と景気の関係

新規求人数から企業の見通しが「強気」なのか「弱気」なのかを判断できる。新規求人数が増加すれば、企業の業績見通しが明るく、景気拡大のサインといえる。

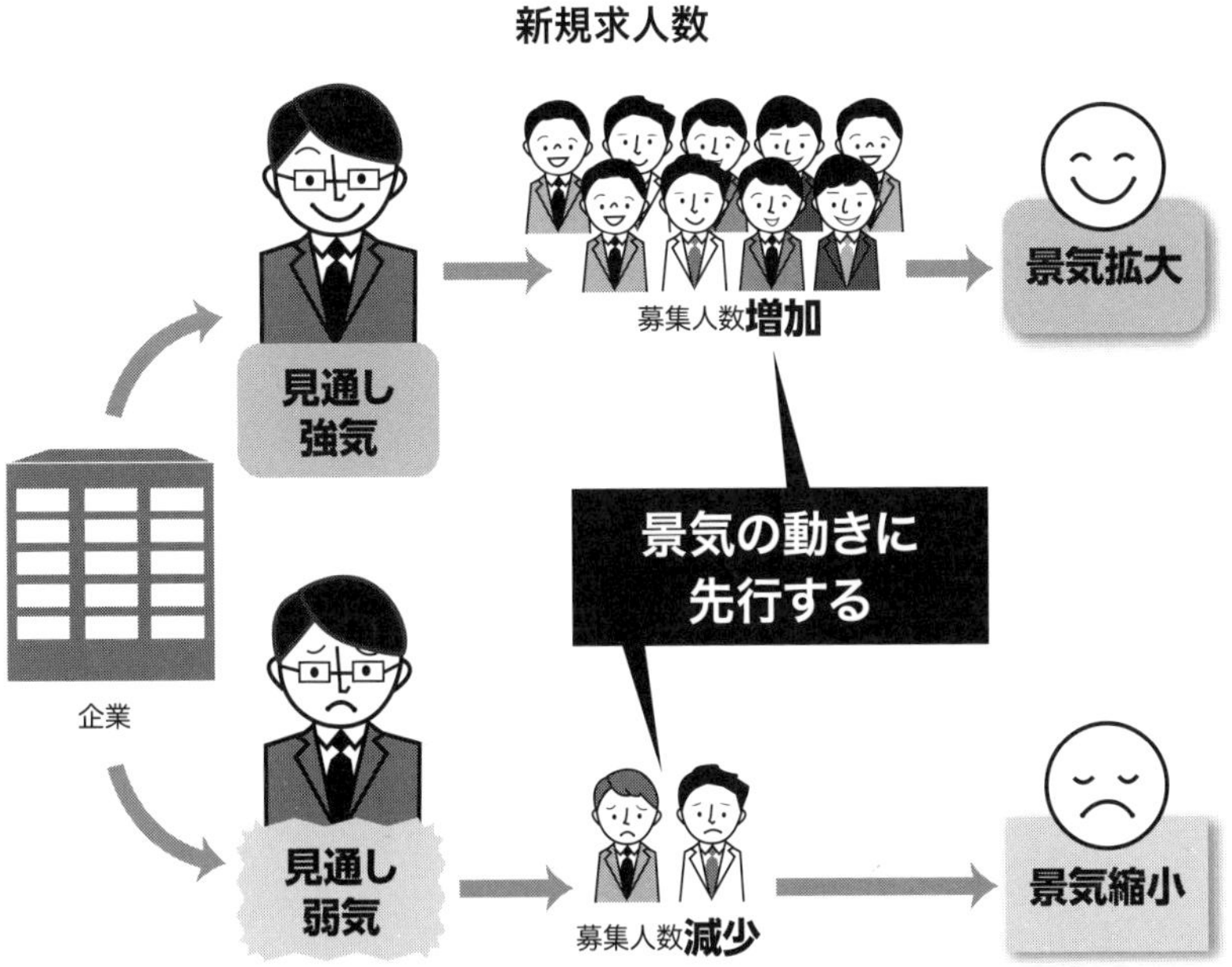
新規求人数
見通し
強気
募集人数増加
景気拡大
企業
景気の動きに
先行する
見通し
弱気
募集人数減少
景気縮小

指標でマーケットを読む！

情報はハローワーク利用の場合のみ。民間サービス利用の求人は含まれない

新規求人数は、景気の上昇局面では増加し、後退期には減少する。特に景気の後退期の反応には敏感で、企業の求人数は景気の山にはっきりと先行して減り始める。ただし、最近は求人・求職ともに就職情報誌やインターネットをはじめとした民間の媒介サービスを利用するケースが増加しており、ハローワークの情報を基にした新規求人数は、必ずしも労働市場全体の動きを表したものではなくなってきている。

実質機械受注

設備投資から景気の先行きを読む

「実質機械受注」は、受注量の変動がわかるように「機械受注（船舶・電力を除く民需）」を「資本財の企業物価指数」で割ったもの。

景気の先行きがわかる設備投資のタイミング

設備用の機械は、引き合いがあってから納入するまでに3カ月～半年ほどかかるものが多い。メーカーに機械を発注する企業は、この納入までの時間を考えて、早めに注文を出す。**企業がメーカーに機械を発注するのは、景気の先行きが明るいと判断し、設備投資に踏み切ったから**だ。このことから、機械メーカーの受注状況は、景気の先行きを見る上で重要な手がかりとなる。

機械メーカーの受注した設備用機械類の実績を明らかにしているのが、内閣府経済社会総合研究所の公表する機械受注統計だ。280社の機械メーカーに調査票を送り、毎月受注実績をとりまとめて翌々月に発表している。ただし、船舶と電力は1回当たりの金額が大きく、景気との関連性が薄いため、「船舶・電力を除く民需」が注目されている。

機械受注統計は、受注額という金額ベースで集計されているため、インフレやデフレといった物価変動の影響を含んでいる。そこで、これを取り除くため、資本財の企業物価指数で割ったものが、**実質機械受注**だ。

機械受注と景気の関係

機械受注は民間企業が設備投資を行う際の先行指数。設備投資に関わる機械は、納入までに時間がかかる場合が多いため、納入までの時間を計算して早めに注文する。したがって、機械受注を見れば、景気の先行きに対し、企業が「強気」なのか「弱気」なのかを判断する手がかりとなる。

指標でマーケットを読む!

受注タイミングと調査対象のボリュームの変化に要注意!

最近は、業務の効率化や納期の短い IT 関連製品の割合が高まる傾向があるため、先行性がやや薄れてきているといった指摘がある。また、統計では見込み生産品は対象外となるため、設備投資の重要品目であるパソコンなどの IT 機器が含まれないなど、現状が正しく反映されていないという意見もあり、注意が必要だ。

新設住宅着工床面積

住宅投資の動向から景気の先を見る

Economic indicators

着工戸数は
広さや価格の異なる
住宅でも
同じ一戸として
カウントします
だから床面積を
見ることによって
住宅投資の質的傾向を
つかむことが
重要なんです

国土交通省の「建築着工統計」で公表される「新設住宅着工統計」。そこで示される指標の中で、住宅投資の動向を端的に反映しているのが「戸数」と「床面積」である。

住宅投資と景気の動向には密接な関係がある

住宅投資の動きを示す経済指標としてもっとも一般的なのが毎月**新たに着工された住宅の戸数とその床面積を集計した「新設住宅着工統計」**だ。国土交通省が建築主から届け出されたものを集計した「建築着工統計」の中で、毎月末に前月分が公表される。

家を建てることは、個人にとってはもっとも大きな買い物だ。このため、個人が新たに住宅を購入する場合、住宅ローンを利用することが多い。しかし、先々の支払いのメドが立たなければ、なかなかローンは組めない。つまり、景気が上向いている局面では先々の所得にも希望が持てるため、住宅も建てやすくなる。このように、住宅投資と景気の動きは密接に関係している。しかし、着工戸数で見た場合、広さや価格の異なる住宅でも同じ一戸として勘定してしまうため、狭くて安価な住宅が多いのか、広くて高額な住宅が多いのか、住宅投資の質的な傾向をつかむことができない。そこで、住宅投資の動きを質的な観点から見る場合には、床面積を利用する。床面積が先行系列に採用されているのは、そのためだ。

床面積と戸数によって複合的に景気を読む

「新設住宅着工統計」の中で、「床面積」は住宅投資の質的な規模、「戸数」は数としての規模を表している。「床面積」を見ることで、広くて高額な住宅が多いのか、狭くて安価な住宅が多いのかをある程度判断することが可能だ。双方を確認することで、住宅投資と景気の傾向が見えてくる。

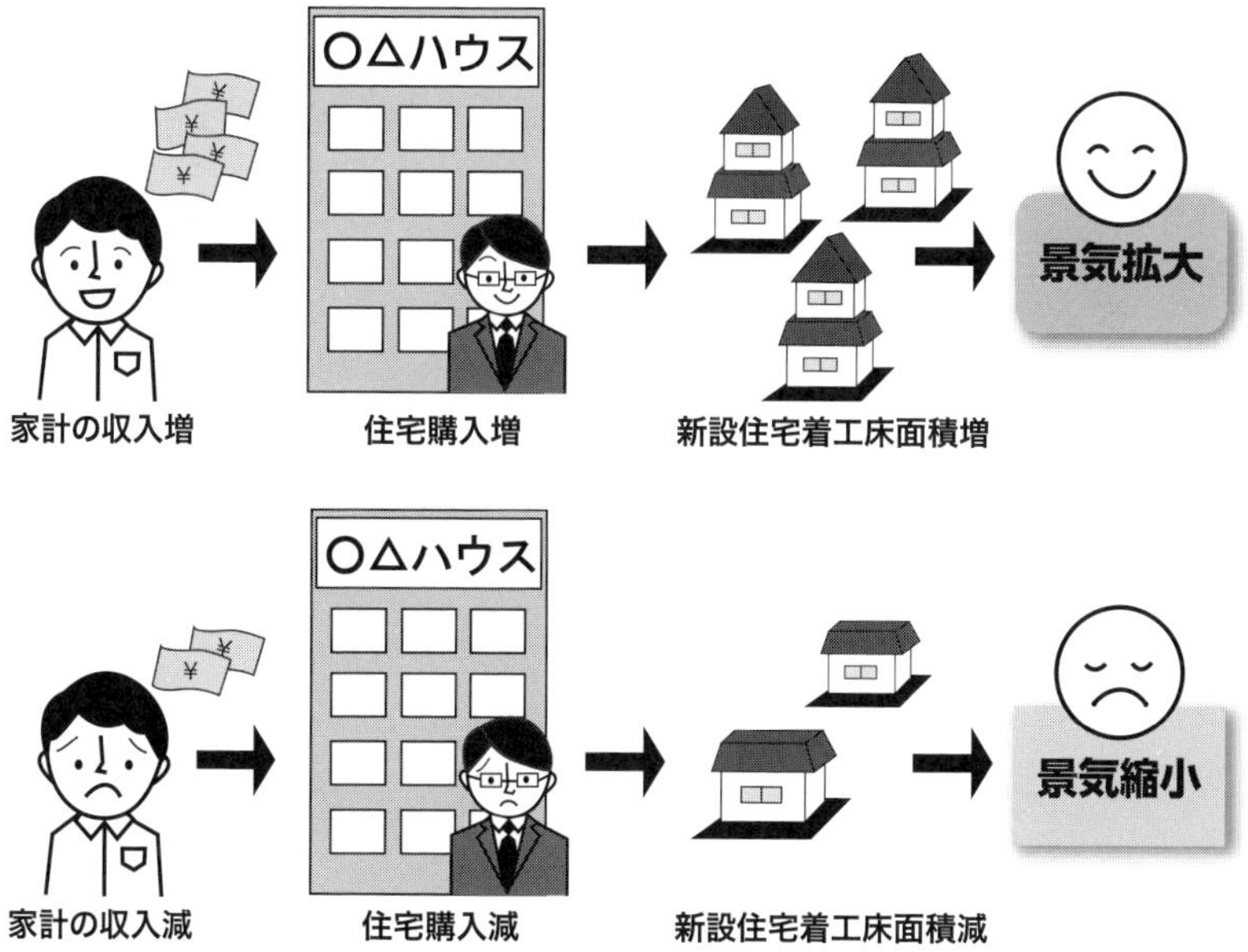
〇△ハウス
景気拡大
家計の収入増
住宅購入増
新設住宅着工床面積増
〇△ハウス
景気縮小
家計の収入減
住宅購入減
新設住宅着工床面積減

指標でマーケットを読む!

増改築や進捗状況が把握できないことに注意!

「新設住宅着工統計」は届出義務のない床面積10平方メートル以下の建築物は含まれない。そのため、住宅投資に含まれる増改築の動きが充分把握できないことに注意が必要。また、着工統計は着工段階で戸数や床面積が一気に計上されることがあるため、その後の進捗状況が把握できない点にも気をつけたい。住宅投資の動向をきちんと見る上では、着工統計の動きとともに、GDP 統計でその動きを確認していこう。

今後の見通しを消費者心理から読む

消費者態度指数

Economic indicators

今後の暮らし向きの見通しなど、消費者の心理を示す重要な指標。内閣府が毎月15日を調査基準日として、全国版のデータが翌月上旬に公表される。

消費者の心理の変化を表す代表的な先行系列の指標

消費者態度指数は、内閣府が消費動向調査の中で公表する、**消費者心理を指数化した指標**だ。消費動向調査によって、今後の暮らし向きの見通しなどに関する消費者のマインドを把握するとともに、主要な耐久消費財などへの支出予定などを把握することで、景気動向判断のための基礎となる資料を得ることを狙いとしている。調査は、全国の世帯のうち、外国人・学生・施設等入居世帯を除く約5061万世帯の中から抽出された8400世帯を対象に毎月実施している。選ばれた世帯の人たちは**「暮らし向き」「収入の増え方」「雇用環境」「耐久消費財の買い時判断」**の4項目についての今後半年間の見通しを5段階評価で回答する。

指数は、5段階評価にそれぞれ与えられた点数に比重をつけて算出。前回の調査との比較ができるように、季節調整値も公表される。消費者の生活と深い関わりがある雇用や所得環境のほか、株価状況や国際情勢などの影響も受けやすいことから、先行性の高い指標といわれている。そのため、内閣府の景気動向指数の先行系列に採用されている。

消費者態度指数の調査方法

「暮らし向き」「収入の増え方」「雇用環境」「耐久消費財の買い時判断」の4項目の見通しについて、消費者が5段階で判断。消費者心理をストレートに反映した数値がつかめる。ただし、調査対象の世帯が回答と同様の行動をとるとは限らない。よって、実際の消費と乖離《かいり》する可能性がある。

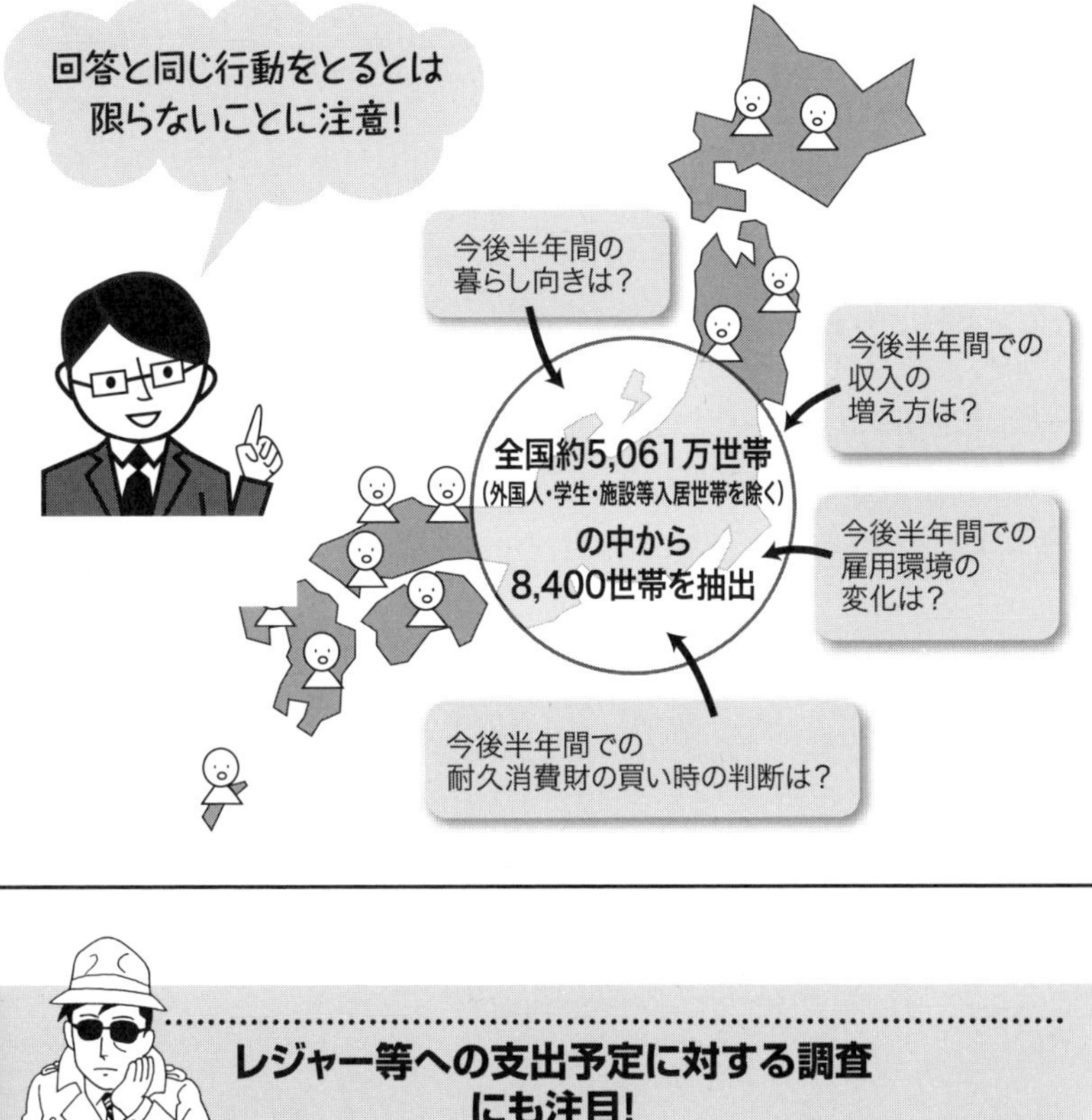
回答と同じ行動をとるとは限らないことに注意!
今後半年間の暮らし向きは?
今後半年間での収入の増え方は?
全国約5,061万世帯
(外国人・学生・施設等入居世帯を除く)
の中から
8,400世帯を抽出
今後半年間での雇用環境の変化は?
今後半年間での耐久消費財の買い時の判断は?

指標でマーケットを読む!

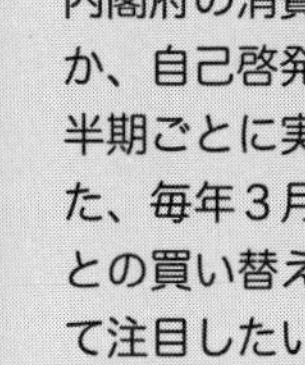

レジャー等への支出予定に対する調査にも注目!

内閣府の消費動向調査では、消費者態度指数をまとめるための４項目のほか、自己啓発やレジャー、各種サービス等への支出予定に対する調査が四半期ごとに実施されており、先行きの消費を判断する上で参考になる。また、毎年３月には主要耐久消費財等の保有・買い替え状況を調査。製品ごとの買い替えサイクル動向を予測する上で有用だ。消費者態度指数と併せて注目したい。

日経商品指数

日本経済新聞が発表する速報性の高い指標

商品市況の値動きって激しいんだね
そう　海外相場や為替の影響が大きいからね数値を見るときは注意が必要だよ

日本経済新聞が独自に行っている調査。17品目で構成の17種は毎日、42品目で構成の42種は週末と月末、日経新聞に掲載。

商品市況の動向に敏感に反応

商品市況は需給状態や海外相場、為替、景気動向などを反映し、日々変化している。そんな値動きの激しい商品相場を指数化して、市況の全体的な傾向をつかみやすくしたのが、日経商品指数だ。

調査は日本経済新聞社が独自に行っている。日経新聞に毎営業日掲載される商品の中から、代表的な17品目の価格を指数化した**「日経商品指数17種」**と、さらに25品目を追加した**「日経商品指数42種」**がある。

17種は日次指数で毎日（火〜土曜日）、42種は月次指数で月末日の翌日、速報が毎週土曜日、日経新聞の商品面に掲載される。

17種では、経済的な重要度が高く、需給を反映する価格変動が大きい鋼材や非金属、繊維、食品、天然ゴムなどが選ばれ、為替相場や海外商品相場の動きを迅速に反映する。

一方、42種では、商品取引や景気の動向を映し出している。日本銀行が発表する「企業物価指数（CGPI）」と比較して速報性が高く、42種は内閣府の「景気動向指数」の先行系列として採用されている。

日経商品指数に採用されている商品

17種は毎日(火～土)、42種は月末日の翌日、速報が毎週土曜日、日経新聞の商品面に掲載される。

日経商品指数42種の採用品目(太字は17種)

繊維	**・綿糸(40単)　・毛糸(そ毛織糸、48双)　・生糸(27中3A)　・スフ糸(ダル30単)**　・アクリル糸(紡績糸、32双)　・ポリエステル糸(長繊維、75デニール)　・ナイロン糸(長繊維、70デニール)
鉄鋼	**・棒鋼(異形19ミリ)　・山形鋼(6×50ミリ)　・H型鋼(200×100ミリ)　・薄鋼板(冷延1.6ミリ)　・厚鋼板(熱延12ミリ)**　・機械構造用炭素鋼(100ミリ)　・ステンレス鋼版(SUS304、2-3ミリ)
非鉄	**・銅　・亜鉛　・鉛　・アルミニウム　・すず**　・黄銅丸棒(25ミリ)　・伸銅品銅条(1.5×100ミリ)
木材	・ヒノキ正角(特等、3メートル×10.5センチ角、近県産)　・杉小幅板(特等、3.65メートル×1.3センチ×9センチ、東北産)　・米ツガ正角(10-20フィート×4と8分の1インチ角、カナダびき)　・合板(型枠用I類、12ミリ)
化学	・カセイソーダ　・純ベンゼン　・低密度ポリエチレン(粒状、一般フィルム向け)　・塩化ビニール樹脂(ストレート、硬質製品向け)
石油製品	・ガソリン(標準物、税込み)　・灯油(民生用)　・軽油(税抜き)　・C重油(硫黄分3パーセント)
紙・板紙	・上質紙(A級、標準品)　・コーテッド紙(コート紙、A級品)　・ダンボール原紙(汎用品、外装用K' ライナー)
食品	**・砂糖(上白)　・大豆(IOM)**　・大豆(白絞め)
その他	・セメント(普通・バラ積み)　・牛原皮(テキサス・ステア)　**・天然ゴム(RSS3号)**

指標でマーケットを読む!

振れ幅の大きさや為替レートの影響に問題も

「実体経済・景気の体温計」と呼ばれるほど、極めて速報性が高く、利便性に富む日経商品指数だが、日銀の企業物価指数と比べると振れ幅が大きく、国際商品市況からの影響を受けやすいといった問題点も指摘されている。また、円建てで算出されているため、為替レートの影響を受けやすいこと、採用品目が少ないことなどにも注意が必要だ。

長短金利差

長短金利差は景気判断に不可欠

Economic indicators

長短金利差は景気の先行きを判断する助けになるよ
景気の見通しが明るければ長期金利が上昇して金利差が大きくなる逆に見通しが暗ければ金利差は小さくなるんだ

長期金利から短期金利を引いたもの。景気拡大期に先行して金利差が拡大し、景気後退期に先行して金利差が縮小する。

資金需要に敏感に反応！金利の動向で景気判断

金利とは、お金の貸し借りにともなう使用料のことで、日本銀行が金融政策の舵《かじ》取《と》りを行う上で重要な手段の一つとなる。このため、金利の動向は景気判断にとって欠かすことのできない指標だ。

長短金利差は、代表的な金利指標である短期金利と長期金利の比較から景気の先行き予測を示したものだ。短期金利とは、**期間1年以内の短期資金の運用や調達が行われる市場で用いられている金利**のこと。その中でも標準指標金利とされるのが、取引期間がもっとも短い「無担保コール翌日物」。一方、長期金利とは、**期間が1年以上の金利**のことで、発行量がもっとも多く流動性の高い「新発10年国債利回り」が代表格だ。

「無担保コール翌日物」は日銀が日々の公開市場操作（オペレーション）で調整。長期金利は、将来の短期金利やインフレ率、投資の収益性の期待によって決まる。景気の見通しが明るければ、まず長期金利が上昇して短期金利との差が大きくなり、逆の場合は差が小さくなる。このため、長短金利差は、景気動向指数の先行系列に採用されている。

長期金利と短期金利との金利差

短期金利は日銀が日々の公開市場操作(オペレーション)で調整。長期金利は、将来の短期金利やインフレ率、投資の収益性の期待によって決まる。双方の差を表したのが長短金利差。景気拡大期では金利差が拡大し、景気後退期では逆に縮小する。また、長期金利の変動が、短期金利に先行する点にも注意しておきたい。

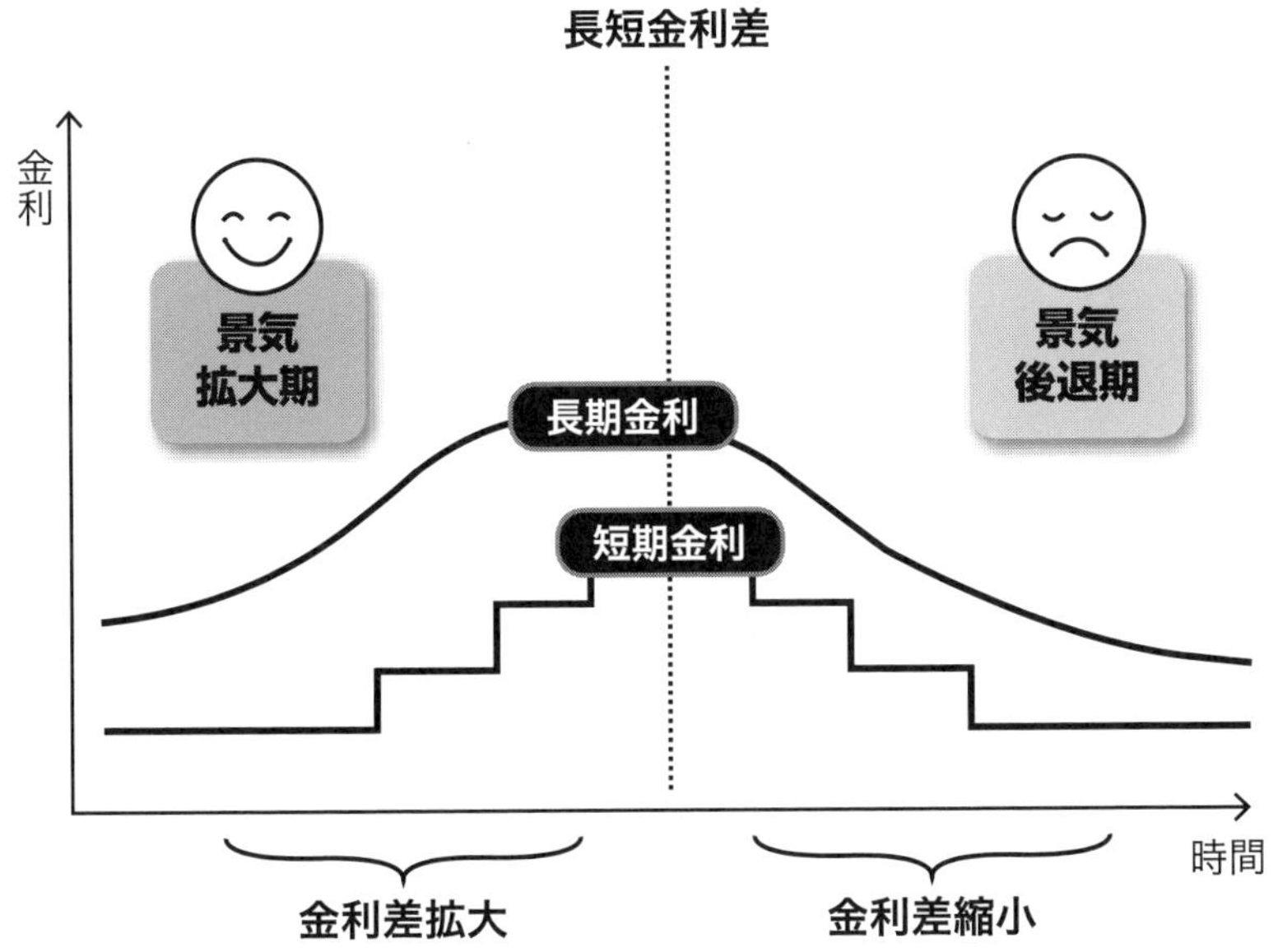
長短金利差
金利
景気
拡大期
景気
後退期
長期金利
短期金利
時間
金利差拡大
金利差縮小

指標でマーケットを読む!

近年の金融政策で金利の振れ幅が縮小

2013年以降、日銀は極めて緩和的な金融政策を実施している。この政策でマネタリーベースは膨張し、日銀が「インフレ目標2%を達成するまで金融緩和策を続ける」と明らかにしたことから、「将来も日銀は大量に国債を買う」と市場が予想。このため、長期金利も低位で安定するようになった。今後も日銀の金融緩和策が続くようなら、長短金利差で景気の動向を判断するのは難しいだろう。

あの
失礼ですけど
株式の統計について
勉強するなら
まずは
東証株価指数から
始めてはいかが
でしょう

株価を包括的にとらえた重要指数

東証株価指数（TOPIX）

Economic Indicators

東証1部上場全銘柄の時価総額を基準時価総額で割り、指数化。数ある株式統計の中でも、日経平均株価に次いで注目される。

東証1部上場銘柄を指数化 株式相場全体の動きを読む

東証株価指数（TOPIX）は、東京証券取引所第1部上場全銘柄の1968年1月4日時点での時価総額を基準時価総額（100）として、その後の株価の時価総額を指数化したもの。株式相場全体の動きを示すことを目的に、東京証券取引所が開発した。時価総額とは、企業の株価にその株式の発行株数を掛けたもの。**東証1部の上場銘柄すべてをカバーしている**ことから、数ある株式統計の中でも注目度が高い。

日本の株価は、バブル崩壊により90年以降下降に転じ、その後、景気低迷等を背景に2003年にはピーク時の2〜3割の水準にまで落ち込んだ。しかし、その後は上昇基調に転じている。日本経済はいま、大きな転換点を迎えているといえるだろう。それだけに、経済情勢を判断する上で、株価に関連する統計も注目度が高い。

株価は基本的に企業の将来の利益成長を予測し、それを先取りして決まる。そのため、東証株価指数の前年比も先行きの景気実態をある程度反映すると考えられることから、景気動向指数の先行系列に採用されている。

東証株価指数と実際の景気の関係

東証株価指数（TOPIX）は、相場全体の動きを反映しやすい特性を持つため、機関投資家が運用成績を評価する基準として活用するケースも多い。

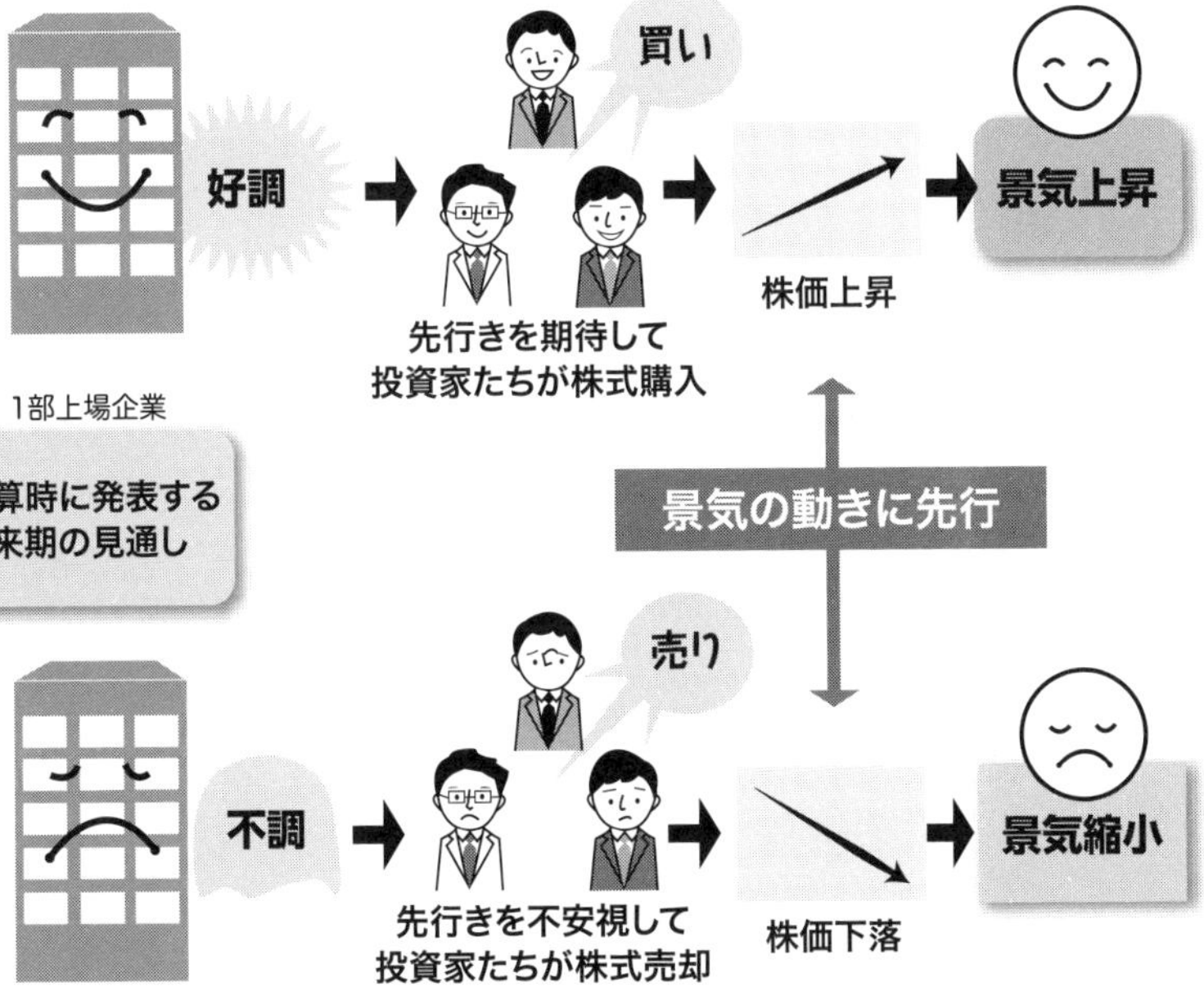
買い
好調
先行きを期待して
投資家たちが株式購入
株価上昇
景気上昇
1部上場企業
決算時に発表する
来期の見通し
景気の動きに先行
売り
不調
先行きを不安視して
投資家たちが株式売却
株価下落
景気縮小

指標でマーケットを読む！

日経平均株価と組み合わせて、立体的に相場を見よう

株価指数全体にいえることだが、企業業績のほか、その時々のニュースがさまざまな思惑を呼ぶため、振れ幅が大きいのが特徴。このため、短期的な動きを過大評価すると、適切な判断ができなくなる恐れがある。また、日経平均株価は、金融や機械、通信といった、もともと株価が高い企業の株価変動が必要以上に反映される傾向も。東証株価指数と組み合わせて、立体的に相場を把握したい。

資本の利益率と長期金利から景気の先行きを知る

投資環境指数（製造業）

Economic indicators

営業利益と長期金利の関係から企業の投資環境を見るための指数。算出方法は、総資本営業利益率（製造業）－長期国債利回り

景気の先行きがわかる企業の投資環境

投資環境とは、企業が設備等の**実物資産に投資**するのと、債券等の**金融資産へ投資**するのでは、**どちらが利益を得られるか**を判断するものだ。総資本営業利益率から長期国債の利回りを差し引いて算出する。

総資本営業利益率は、Ｐ50で解説した「営業利益」を総資本で割って算出したもので、**数値が高いほど利益が効率良く生み出されている**ことを示し、数値が低くなるほど無駄な資産が多いことを示している。一方、長期国債利回りは、Ｐ72の「長短金利差」で登場した長期金利の「新発10年国債利回り」の数字が用いられる。

総資本営業利益率が高く、長期国債の利回りを大きく上回っている場合、資本の収益性が高いと判断できるため、生産拡大に備えて設備投資に乗り出す。それが引き金となり、実際の景気が上昇する。

逆に、総資本営業利益率と長期国債の利回りの差が小さい場合、企業は景気の先行きを不安視する。そのため、企業は設備投資を控え、内部留保が増加。その結果、実際の景気も冷え込むと考えられている。

投資環境指数と景気の関係

投資環境指数とは、企業が設備投資などの資本投下と、債券などへの投資とでは、どちらが利益を得られるかを判断する目安。

投資環境指数 ＝ 総資本営業利益率 − 長期国債利回り

※総資本営業利益率は、営業利益を総資本で割って算出する。

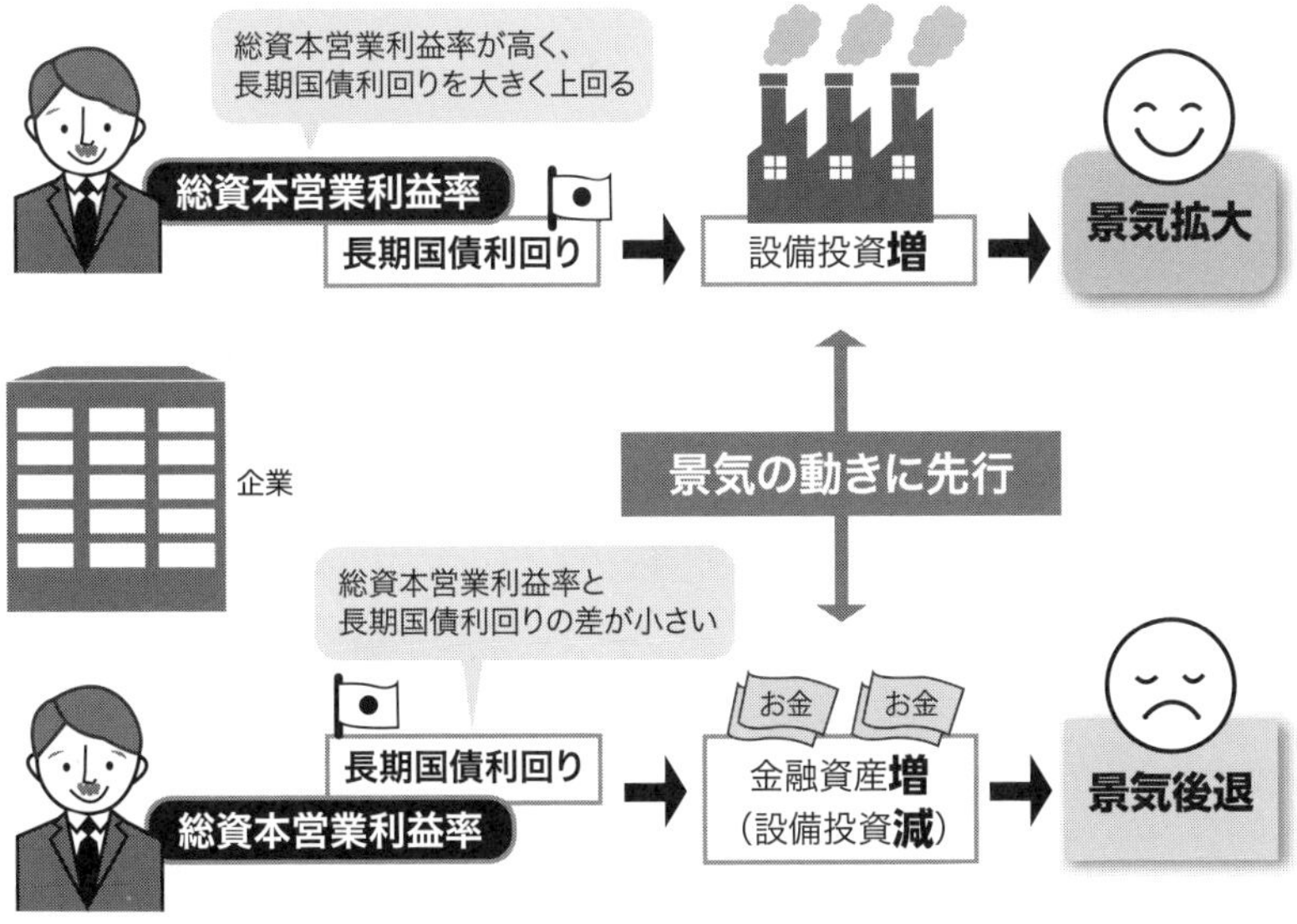
総資本営業利益率が高く、
長期国債利回りを大きく上回る
総資本営業利益率
長期国債利回り
設備投資増
景気拡大
企業
景気の動きに先行
総資本営業利益率と
長期国債利回りの差が小さい
長期国債利回り
総資本営業利益率
お金
お金
金融資産増
(設備投資減)
景気後退

指標でマーケットを読む!

設備投資への判断から景気の先行きを予測

企業の設備投資に対する判断を知ることは、景気の先行きを見る上で欠かせない。新たな生産設備を整えるには時間がかかるため、企業はかなり早い段階で方針を決めるからだ。企業の設備投資の動きを、実際の発注ベースで見るのがP64で説明した「実質機械受注」だが、これに対して「投資環境指数」は、財務・会計の面から判断するもの。目安となる長期国債利回りが乱れることもあるので、適正であるかを見極めることが大切だ。

中小企業の売上げ見通しから先行き予測

中小企業売上げ見通しDI

Economic indicators

売上げは増加見込み
社長たる者 業績が悪くても 悪いとは言わんよ 見栄を張ってナンボさ
えっ だめですよ
いくら プライドがあっても 景況調査は 正直に答えないと

日本政策金融公庫が公表する中小企業景況調査の一つ。景気の動きに敏感な中小企業の経営環境が月ごとに把握できる。

景気動向に敏感な中小企業の状況を月ごとに把握

中小企業売上げ見通しDIは、**日本政策金融公庫が公表している中小企業景況調査**の一つ。調査は、首都圏、中京圏、近畿圏の三大都市圏の日本政策金融公庫と取引のある900社を対象に毎月実施され、結果が調査月の月末に公表される速報性の高い指標だ。

DI（ディフュージョン・インデックス）は、「良い」と答えた企業の割合から「悪い」と答えた企業の割合を引いた数値のこと。具体的には、企業は調査月以降の3カ月間の平均売上高が過去3カ月に比べて「増加見込み」「やや増加の見込み」「横ばい」「やや減少の見込み」「減少見込み」の5つから選択し、回答。集まった回答の中の「増加見込み」「やや増加の見込み」と答えた企業の割合から、「やや減少の見込み」「減少見込み」と答えた企業の割合を引いて数値を算出する。

大企業は景気の動向に応じて中小企業への発注量を調整する。**中小企業にとって受注量の増減は死活問題**のため、景気の動向には大企業以上に敏感になる。中小企業売上げ見通しDIが先行系列の指標とされる理由はそこにある。

景気に先行する売上げ見通し

中小企業の売上げ見通しによって、今後の景気動向を予測する。中小企業売上げ見通しDIが掲載される中小企業景況調査報告には、利益額DIや残業時間DIなど、中小企業の経営環境を知る上で参考となる指標も示されている。

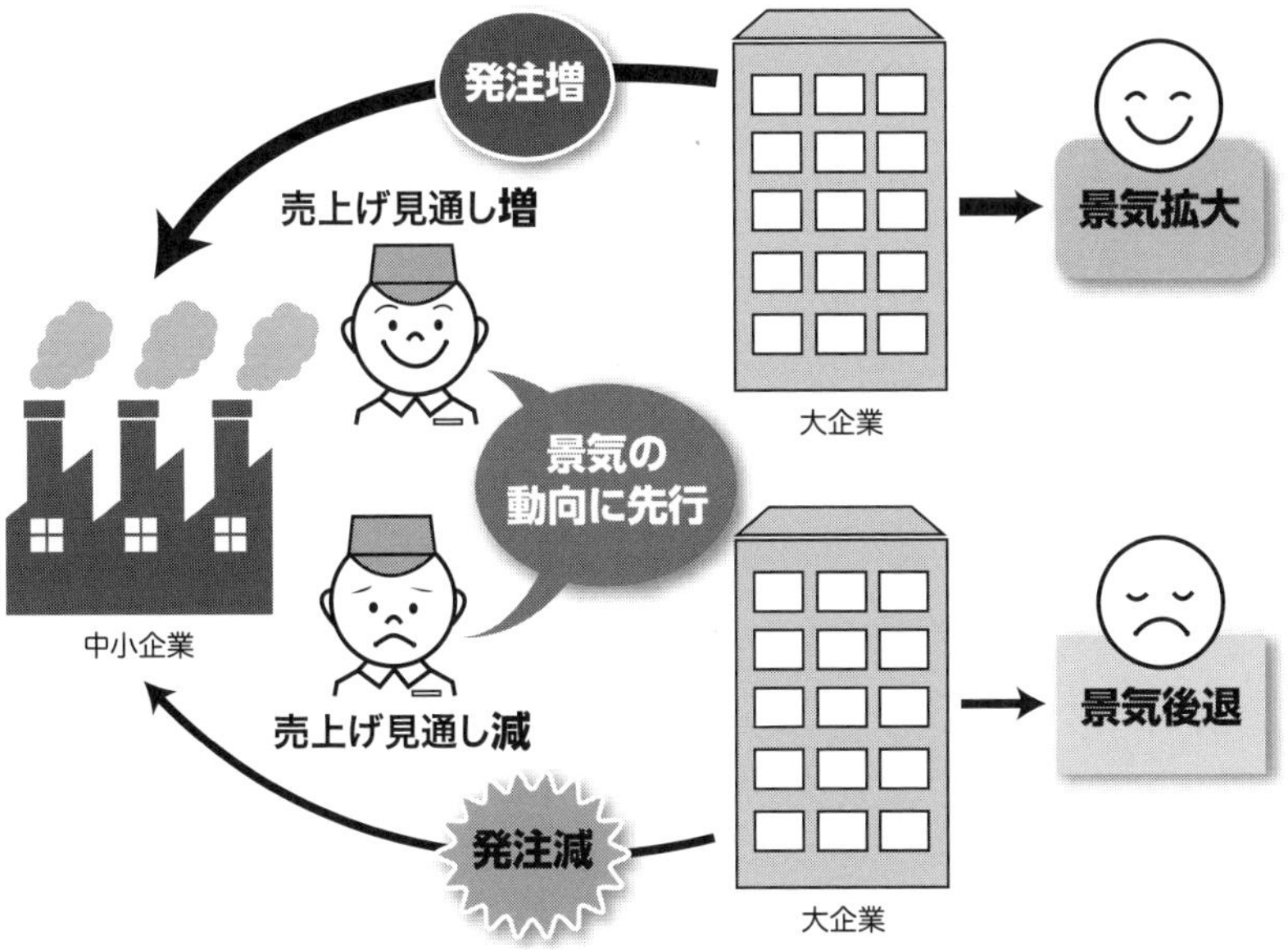

指標でマーケットを読む!

中小企業の実態や見通しを いち早くつかむ

大企業は中小企業への発注で生産・在庫を調整するのは前述の通り。景気が上向く兆しが見えると中小企業への発注量を増やす。一方、景気下降が見え始めると、中小企業への発注量を抑える。中小企業は大企業からの求めに速やかに対応するため、景気の先行きに敏感にならざるを得ないわけだ。調査対象が三大都市圏の企業に限られるデメリットはあるが、現実的な数値がつかめる指標といえるだろう。

Column

路線価と公示地価の違い

資産価値が高い土地の価格は、複雑でわかりづらい。実際、国や自治体が公表する公的なものだけでも数種の価格が存在する。代表的な2つの公的な価格(「路線価」と「公示地価」)を整理してみよう。

まず紹介する「路線価」には、実は2種類の価格がある。「相続税路線価」と「固定資産税路線価」がそれで、一般的にいう「路線価」は前者を指す。**「相続税路線価」は、その名の示す通り、相続税と贈与税の算定基準となる土地評価額**のこと。後述の「公示地価」が土地そのものについての価格なのに対し、「路線価」はその土地が接する路線(公道)に対応して価格が決められる。調査は相続税法に基づいて行われ、調査地点(標準宅地)の数は約36万(2012年)にのぼる。各々の価格は国税庁が決定し、目安は「公示地価」の8割程度。全国の過去3年分の路線価図は国税庁のホームページで閲覧が可能だ。

一方、**「公示地価」は、地価公示法に基づき、国土交通省の土地鑑定委員会が毎年公示する標準地の価格**のこと。公示対象は原則として都市計画法の都市計画区域内で、これ以外に省令で定めた区域が対象に加わる。土地価格の動向を見る指標として毎年新聞やテレビなどで大きく報じられるのがこれだ。

各々の標準値ごとに2人以上の不動産鑑定士が別々に評価を行い、その結果を調整した後、価格が決定される。2013年の公示地価では、対象標準地は全国で2万6000カ所となっている。「公示地価」の詳しい内容は、国土交通省のホームページ内「土地総合情報ライブラリー」で閲覧できる。

この章は、
景気の動向に遅行する
経済指標（遅行系列）を解説しているよ。
遅行系列は実際の景気の動きに遅れて
反応を示すから、景気動向の
確認に使えるんだね。

第4章

景気の動向に遅行する経済指標

日本の産業構造も変わってきたからね
日本経済における第3次産業のウエイトは6割を超えさらに拡大しているよ
第3次産業活動指数の重要性も高まりますね

サービス業の生産活動を指数化

第3次産業活動指数（対事業所サービス業）

Economic indicators

経済産業省が毎月公表する第3次産業の動向を示す指標。対事業所サービス業は、個人ではなく、工場などの事業所に対してサービスを提供する事業のこと。

重要性を増す サービス業の実態を知る

第3次産業活動指数とは、**小売業や運輸業、金融業、サービス業といった第3次産業の動向を総合的に把握するための指標**だ。経済産業省が毎月とりまとめ、調査月の翌々月20日前後に公表する。

第3次産業とは、第1次産業（農林業・漁業）、第2次産業（鉱業・製造業・建設業）以外の産業で、景気動向に関係の少ない公務や宗教などの非営利活動も除外される。公表される指数は、第3次産業全体を対象にしたもののほか、エネルギーや情報通信、運輸といった業種ごとに細分化したものも含まれる。その中の対事業所サービス業の指数が、景気動向指数の遅行系列として採用されている。

第3次産業活動指数は、調査から公表までに時間がかかり、鉱工業生産ほど景気動向に敏感に反応しない。そのため鉱工業生産指数を補完する位置づけでとらえられる傾向が多く見られた。

しかし、日本経済における**第3次産業のウエイトは全体の6割を超え、さらに拡大**しているため、第3次産業活動指数の重要性も高まりつつあることに留意しておこう。

第3次産業の対事業所サービス業とは

第3次産業活動指数で公表される指数は、第３次産業全体を対象にしたもののほか、エネルギーや情報通信、運輸といった業種ごとに細分化したものがある。対事業所サービス業の指数はその中の一つで、景気動向指数の遅行系列として採用されている。

●対個人サービス業（抜粋）

冠婚葬祭業
映画館
興行場、興行団
スポーツ施設提供業
公園、遊園地・テーマパーク
学習塾
教養・技能教授業

●対事業所サービス業（抜粋）

ソフトウェア業
情報処理・提供サービス業
インターネット付随サービス業
映像情報制作・配給業
音声情報制作業
新聞業
出版業
映像・音声・文字情報制作に付帯するサービス業
クレジットカード業、割賦金融業
各種物品賃貸業
産業用機械器具賃貸業
事務用機械器具賃貸業
自動車賃貸業
スポーツ・娯楽用品賃貸業
その他の物品賃貸業
デザイン業
広告業
機械設計業
計量証明業
機械修理業（電気機械器具を除く）
電気機械器具修理業

指標でマーケットを読む！

鉱工業生産指数と併せて産業活動全体の動きを把握

日本の産業構造は、第３次産業に比重を移しつつある。しかし、経済指標が各種そろっている農林業や製造業と比較して、サービス産業の実像はつかみにくいのが現状だ。こうした中にあって、第３次産業活動指数は指標としての重要性が高まっている。

いま、全産業の活動のうち、鉱工業が占める割合は全体の２割強。第３次産業は約６割にのぼっている。つまり、鉱工業生産指数と併せて見ることで、供給側の大部分を把握できる。

厚生労働省の「毎月勤労統計調査」の常用労働者数を、基準年（2010年）を100として指数化したもの。
「速報」が調査月翌月の月末〜翌々月月初に、
「確報」が調査月の翌々月中旬に公表される。

雇用情勢の実態を示す指標

常用雇用指数（調査産業計）

Economic indicators

労働市場の変化から景気動向をとらえる

「常用雇用指数」は、厚生労働省が公表する**「毎月勤労統計調査」の中の常用労働者数を指数化**したもの。雇用関係から見た景気の動向を示す指標だ。

「毎月勤労統計調査」は、常用労働者5人以上の事業所のうち5万カ所を全国から抽出し、雇用している人数や賃金、労働時間などを調査したもの。常用労働者とは、「期間を定めずに、又は1カ月を超える期間を定めて雇われている者。」「日々又は1カ月以内の期間を定めて雇われている者のうち、調査期間の前2カ月にそれぞれ18日以上雇い入れられた者」のいずれかと定義されており、調査にはパートタイム労働者も含まれる。「常用雇用指数」の変動は、**雇用情勢の実態と労働市場の変化をとらえるのに有効**だ。

なお、雇用と経済の関係性を見る上で注目されているのが「オフィス空室率」だ。オフィス仲介大手の三鬼商事が、毎月公表している。雇用が回復している状況下では、一般的にオフィスワーカーの数も増え、オフィス需要も増加。空室率は低下すると考えられるからだ。

雇用と景気の関係

「常用雇用指数」をはじめとする「毎月勤労統計調査」の指数は、基準数値の変更や調査対象となる事業所の入れ替えにより、過去にさかのぼって改定が行われる。前者の「基準時更新」は5年ごと、後者の「ギャップ修正」はほぼ3年ごとに行われている。オフィス仲介大手の三鬼商事が公表する「オフィス空室率」と併せてチェックすると、全体像がよりわかりやすいだろう。

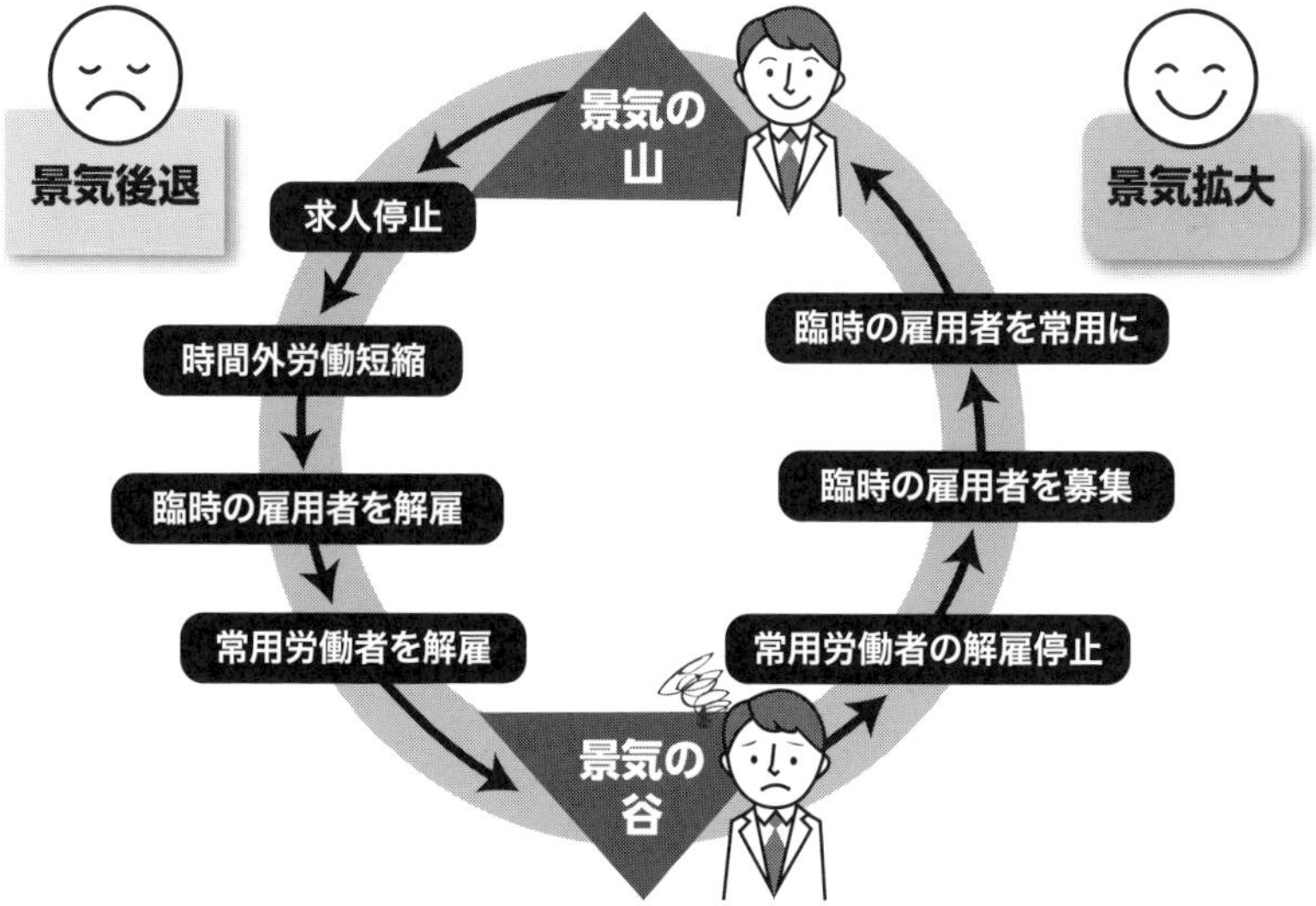
景気後退
景気の山
景気拡大
求人停止
時間外労働短縮
臨時の雇用者を解雇
常用労働者を解雇
景気の谷
常用労働者の解雇停止
臨時の雇用者を募集
臨時の雇用者を常用に

指標でマーケットを読む！

雇用状況と連動するオフィス空室率

政府は2013年末の月例経済報告で、日本経済の消費・生産・企業収益・雇用など多くの指標が上向き、景気は「緩やかに回復しつつある」とした。東京23区のオフィス空室率は、2013年の第４四半期の時点で6.3%と前期から0.2ポイント下げて4期連続の低下となり、これにともなって賃料も上昇するものとみられている。

実質法人企業設備投資

設備投資は先行きを見込んだ企業の動き

Economic indicators

景気も良いし
ここらでウチの会社も設備投資をしようと思っているんだが
キャッシュフローも増加してますからね

財務省が公表する法人企業統計調査の設備投資の値を実質化。景気の動向を確認できる。

企業の設備投資の動きを財務面から確認

経済成長のカギを握る設備投資。この設備投資の動きを示す指標として代表的なものが、**「法人企業統計」を基に算出される「実質法人企業設備投資」**だ。「法人企業統計」は、財務省が法人企業の財務状況について調べる統計で、「四半期別調査」と「年次別調査」が公表される。注目度の高いのは「四半期別調査」で、資本金1000万円以上の営利法人を対象に全国から2万5000社を抽出。財務諸表を記入してもらう形で企業の損益計算書や貸借対照表の調査を行い、設備投資を実施する需要側の動きをとらえている。実質法人企業設備投資は、法人企業統計調査の値を、GDPの中で公表される民間企業設備デフレーターを用いて実質化したものだ。

設備投資は収益によって大きく左右される。経済の変化は、景気回復→企業収益の増加→キャッシュフローの増加→期待成長率（企業が予測する将来の経済成長率）の上昇→設備投資の増加と波及するので、**設備投資は景気全体に対してやや遅れて動く傾向**がある。実質法人企業設備投資が遅行系列に採用されているのは、そのため。

景気と設備投資の関係

設備投資は、企業の収益に大きく左右されるため、景気の動きにやや遅れて動く。また、景気が後退局面に入っても、設備が完成するまでに時間がかかるため、設備投資はやや遅れて減少に転じる。

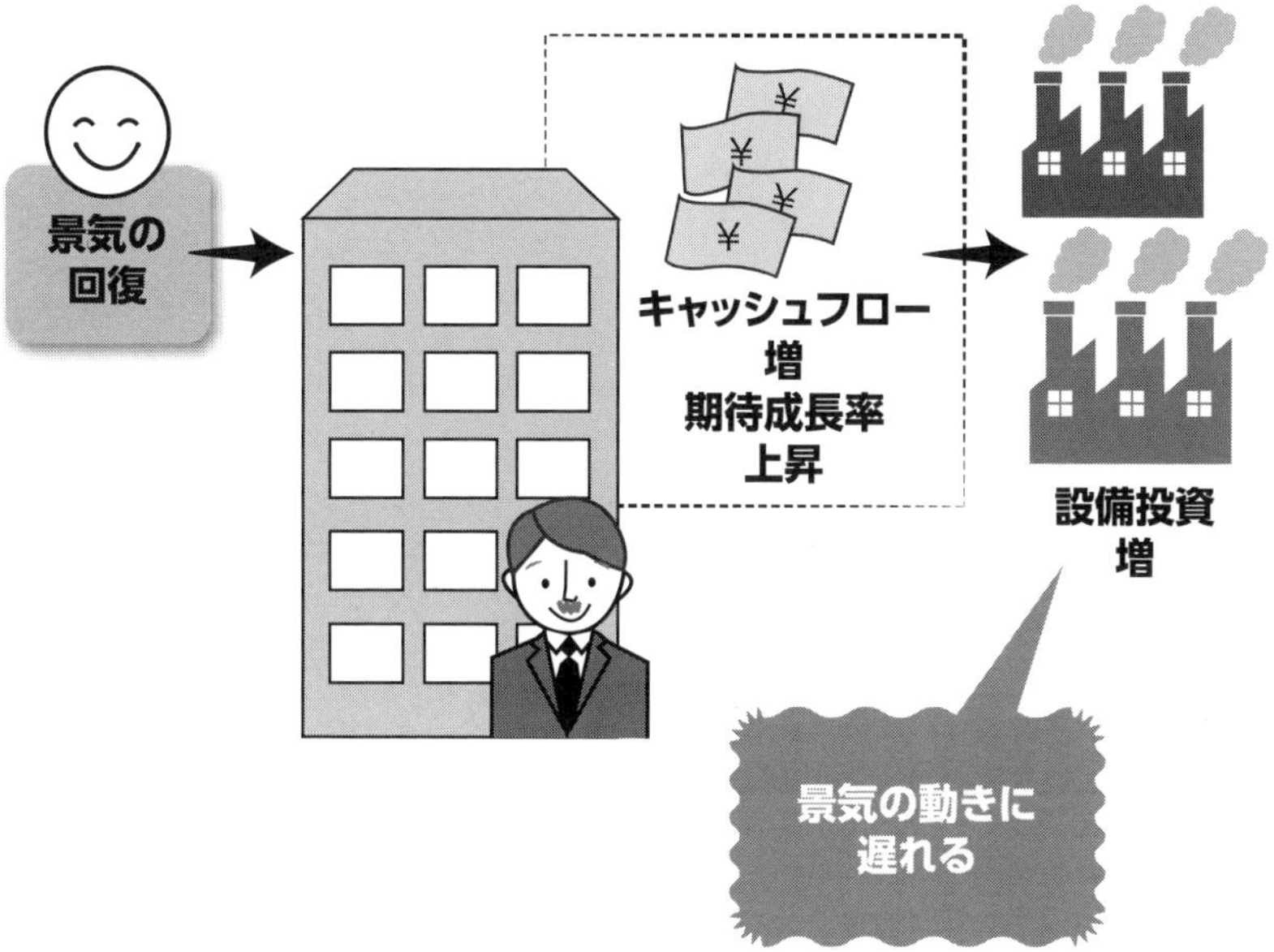

指標でマーケットを読む!

キャッシュフローとの関係に注目

企業の設備投資に対する大枠を決めるのが、税引き後の利益に減価償却費を加えた「キャッシュフロー」。実際、90年代半ばまでの設備投資の金額はキャッシュフローの金額に連動してきた。しかし、90年代後半以降は、借金返済やM&A（企業の合併や買収）、海外投資など、国内への設備投資をするより有利な使い道があれば、そちらにキャッシュを費やす企業も見られることから、双方の関係には注意が必要だ。

家計簿から所得や支出の調査を行う
家計消費支出（全国勤労者世帯、名目）

Economic indicators

家計消費支出は総務省統計局の「家計調査」に含まれる。速報性が高く、GDP速報などの基礎資料に利用される。

家計の実態から消費動向をとらえる

家計消費支出（全国勤労者世帯、名目）を含む「家計調査」は、総務省統計局が調査・発表する指標の一つ。家計調査は、学生の単身世帯を除く世帯を対象に、**全国から約9000世帯を抽出して毎月実施**される。家計簿を記入してもらう形で家計の所得や支出の調査を行う、国際的にもめずらしい統計だ。

一般的な家計は、所得の変動があったとしても、それまでの生活習慣をある程度維持しようとする傾向がある（ラチェット効果）。このため、家計の消費支出は比較的安定した動きを見せることが多い。加えて、景気の回復↓賃金の増加↓可処分所得の増加↓消費の増加という経路で変化が波及するので、**消費は景気全体の動きにやや遅れて動く**ことになる。

また、景気が後退局面に入っても、所得への影響がしばらくないことから、消費が落ち込むのは不況の実感がはっきりと浸透してからということになる。このため、家計消費支出（全国勤労者世帯、名目）の動きは、内閣府の景気動向指数の遅行系列に採用されている。

景気と家計消費支出の関係

景気が拡大すれば、収入が増えて消費も活発化する。逆に景気が後退すれば、収入が減って消費も冷え込むことになる。ただし、景気が後退局面に入っても、所得に影響が表れるまでに時間がかかるため、消費支出は遅れて減少に転じる。

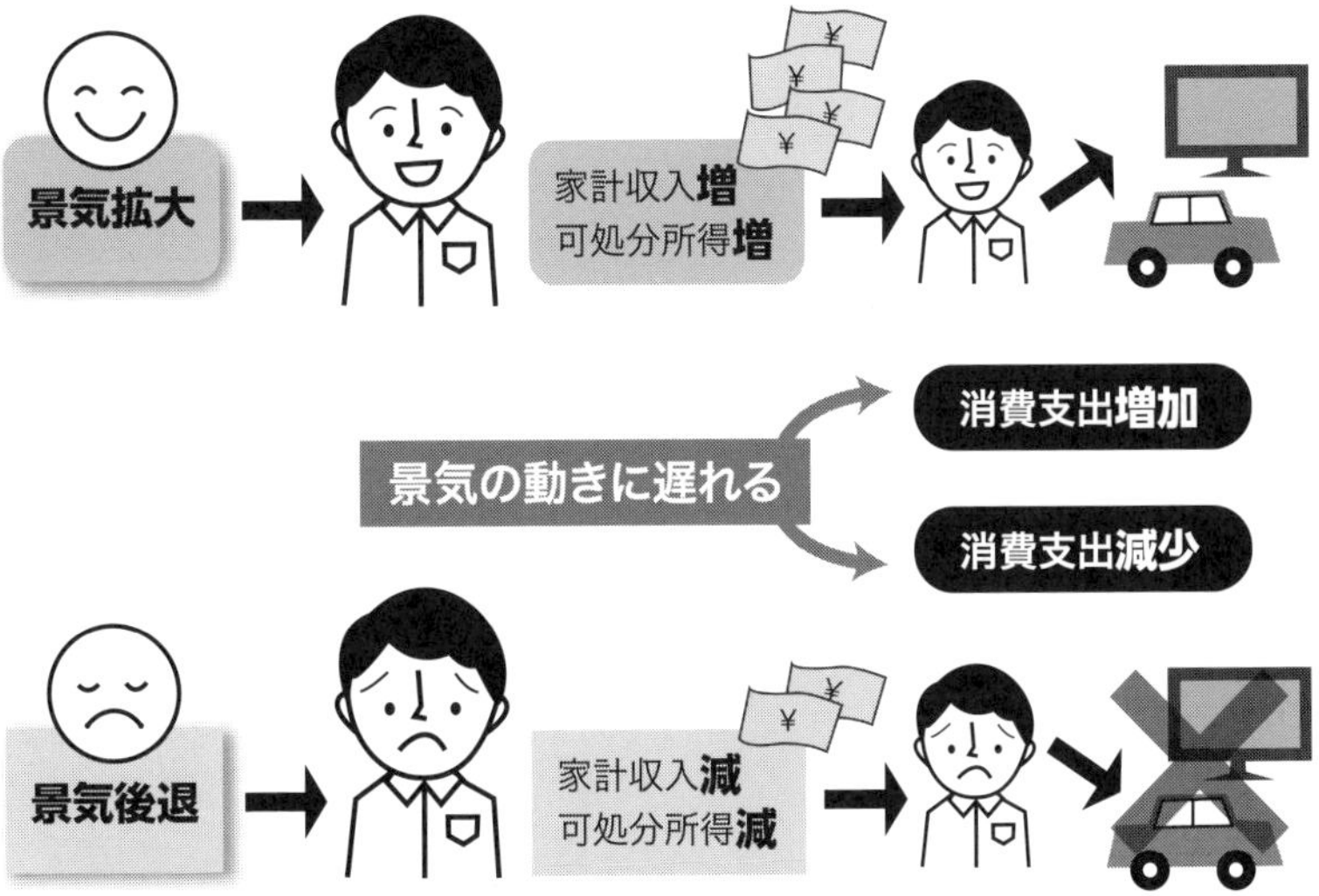
景気拡大
家計収入増
可処分所得増
景気の動きに遅れる
消費支出増加
消費支出減少
景気後退
家計収入減
可処分所得減

「実収入」と「可処分所得」

家計調査の所得には「実収入」と「可処分所得」がある。家計に入った全収入が「実収入」で、ここから税金や社会保険料などを除いたものを「可処分所得」という。消費の動きに関係が深いのは、収入の手取り額を意味する「可処分所得」だ。

指標でマーケットを読む!

消費を左右する所得も併せて見る

家計の消費は所得によって大きく左右されるため、家計調査のデータの中でも、消費支出と所得の関係に注目が集まる。この点で、世帯類型別の「勤労者世帯」の家計調査は、所得の動きがつかめるため便利だ。勤労者世帯とは、普通のサラリーマン世帯のこと。自営業などの場合、営業上の収入と家計収入の境目があいまいなため、収入面の調査が行われていない。

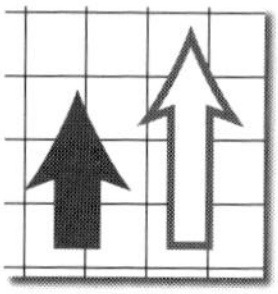

企業の業績によって国の税収入が増減
Economic indicators

法人税収入

企業の業績によって国の税収入が増減

法人税の
支払いも
大変ですよね
まあ
儲けが
出ている
から
こその
法人税の
支払いなんだ
けどな

企業が得た所得に対して課せられる国税が法人税。
景気動向を反映した結果、税額が確定する。

景気によって変化する法人税収入

法人税は、**企業が得た利益（所得）に対して課せられる国税（国に対して納める税金）**のこと。企業はまず、会社法に従った決算から所得額を算出。そこに税率を掛けて税額を計算した後、各種税額控除を行い、納める法人税額を確定する。納税期限は事業年度終了後2カ月以内で、各々の企業によって異なっている。

「法人税収入」は、企業が税務署などに納めた法人税の金額を財務省が取りまとめたもので、「租税及び印紙収入決算額調」に毎月掲載される。法人税は所得額が多くなるに従って高額になり、国の法人税収入も多くなる。つまり、**企業の業績と連動しているわけだ。**

景気拡大によって需要が増加すれば、企業の業績も向上し、利益が増加する。その結果、決算後に納める法人税の額も増加。国の法人税収入が増加することになる。景気が縮小する場合はこの逆で、企業の業績が低迷し、利益が減少するため、国の法人税収入も減少する。このように、法人税の税収は、景気の動向により変動するため、内閣府の景気動向指数の遅行系列に採用されている。

法人税収入の推移

国際競争力を強化する観点から、法人税の基本税率は引き下げられてきた。一方、法人税収入については景気の動向により変動しているが、近年の企業収益回復時も、税収自体は大幅には回復していない。また、2008年度以降はリーマンショック後の景気の低迷により税収は落ち込んでおり、ここ数年は10兆円前後で推移している。

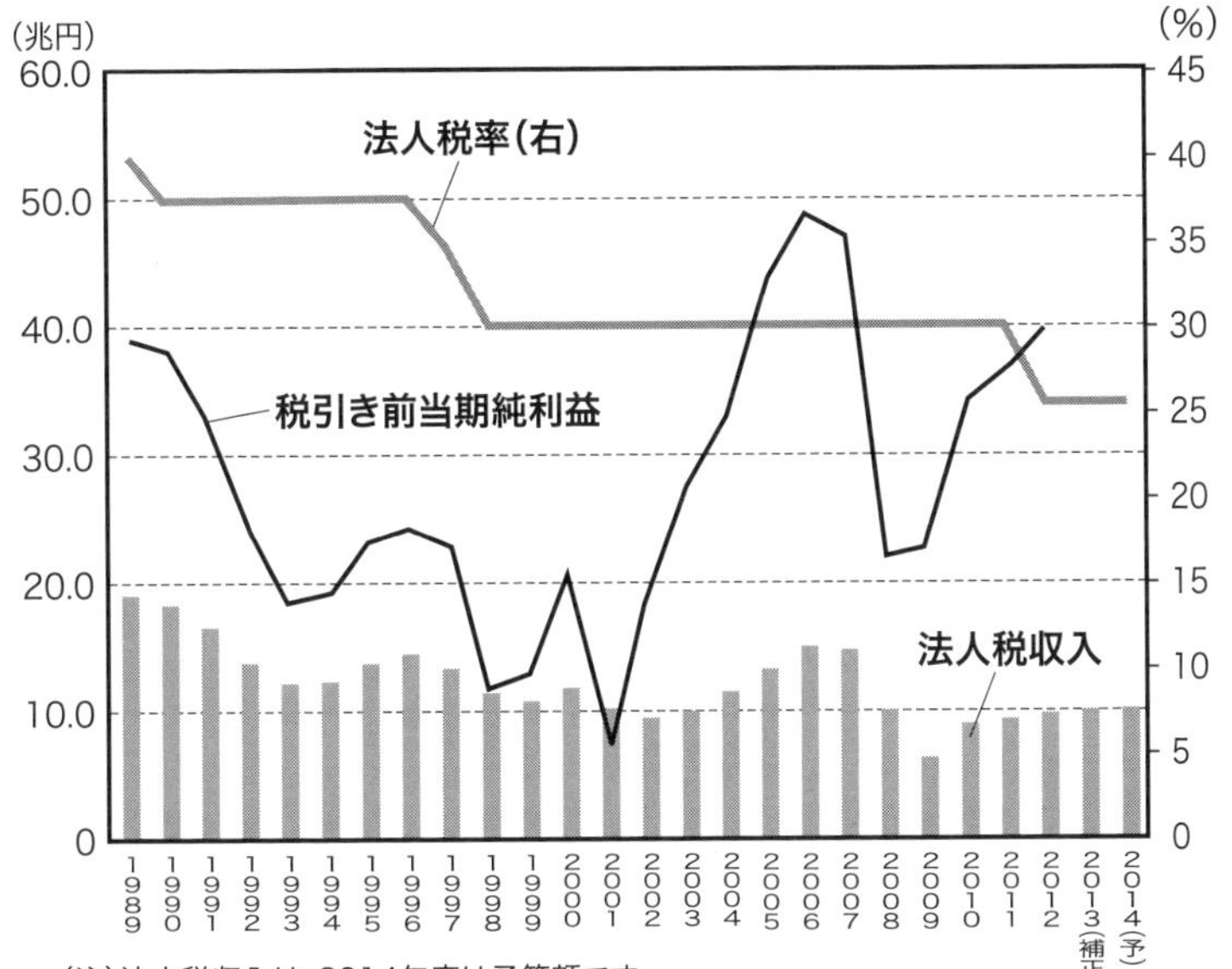

（注）法人税収入は、2014年度は予算額です。
出所：財務省

指標でマーケットを読む!

日本の法人の7割は赤字会社!

法人税の基本税率は、グローバル化に対応するとともに国際競争力を強化するため引き下げられてきた。一方、法人税収入については景気の動向により大きく変動。近年の企業収益回復時も税率の引き下げや企業減税などにより、税収自体は大幅には回復していない。また、我が国の法人のうち、利益を計上し法人税を納めている法人は2012年度時点で３割程度であり、残りの７割の法人は欠損法人（赤字会社）になっている。

雇用関連でもっとも有名な指標

完全失業率

Economic indicators

完全失業率とは「完全失業者数÷労働力人口」のこと。「完全失業者」とは15歳以上の求職活動をしている人、「労働力人口」とは「完全失業者」と、15歳以上の何らかの職業に従事している「就業者」を合わせたものだ。

景気の動向を雇用面から確認

企業は景気が良くなると生産拡大のために雇用を増やし、景気が縮小に向かうと生産調整や人件費削減の後、雇用者を解雇する。密接な関係にある景気と雇用の状況を読み取るための代表的な指標が「完全失業率」だ。総務省では、全国から抽出された約4万世帯を対象に「労働力調査」を毎月実施。「就業者数」や「雇用者数」などを調べ、雇用動向の把握に努めている。この中で示される**労働力人口に占める完全失業者数の割合が「完全失業率」**で、毎月月末に前月の数値が公表される。失業は社会問題の一つであることから、「完全失業率」は注目度が高く、景気を反映する指標として利用されている。

「完全失業者」は「仕事がなくて調査期間中に少しも仕事をしなかった」「仕事があればすぐに就くことができる」「調査期間中に求職活動や起業の準備をしていた」の3つの条件を満たす人を指す。就職活動をあきらめてしまった人や、調査の週に1時間でもアルバイトなどに就いた人は含まれない。このため、**失業者数が実際よりも少なめになる**ことが、この指標の欠点として指摘されている。

景気に対する企業の雇用情勢

完全失業率は全国から抽出された約4万世帯に居住する15歳以上の世帯員が対象。月末1週間における就業状況を調査している。景気が悪化すると、企業は生産調整や賃金のカットなどを行い、それでも経営が苦しい場合は雇用者の解雇を行う。

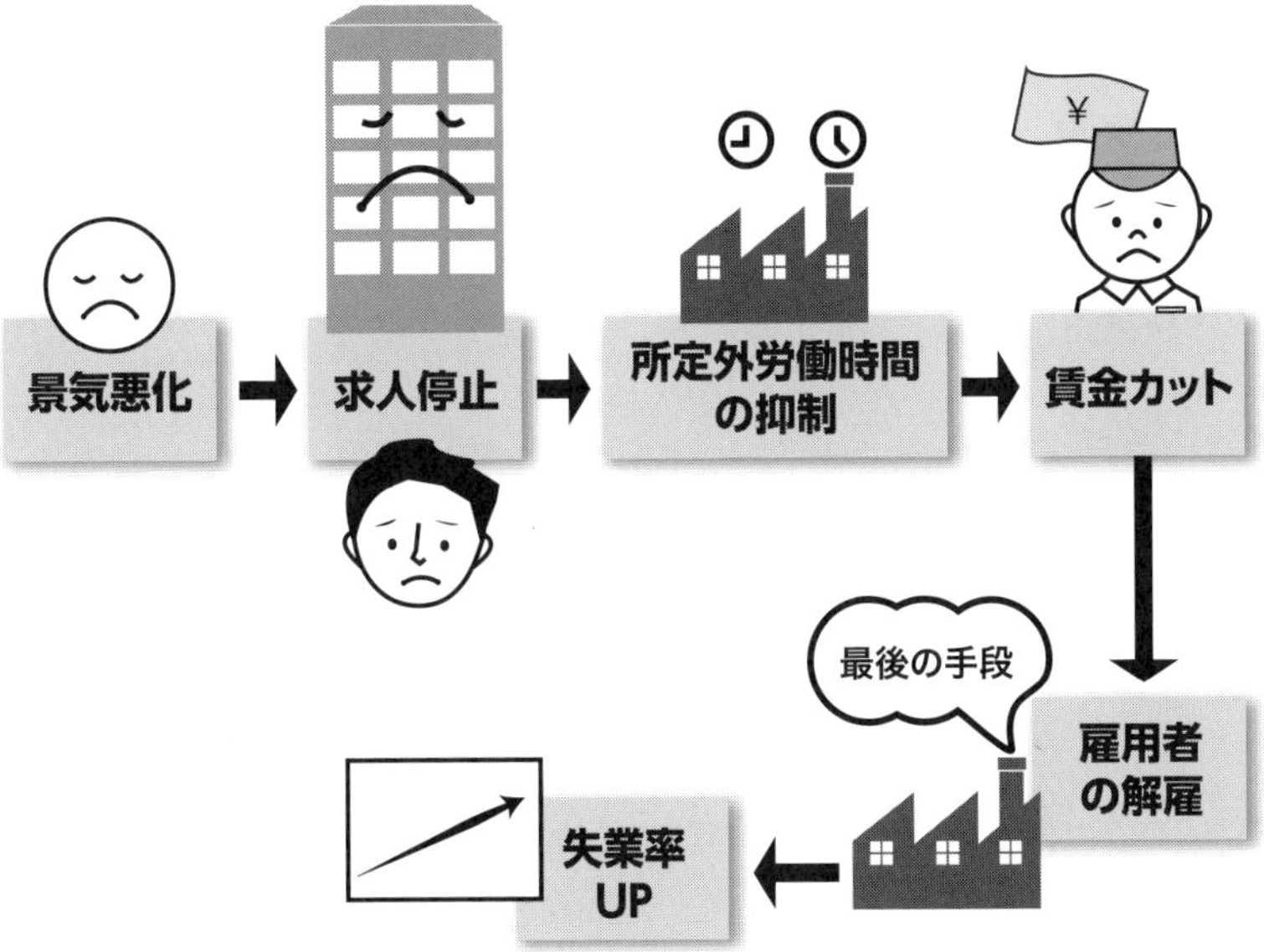
景気悪化
求人停止
所定外労働時間の抑制
賃金カット
¥
最後の手段
雇用者の解雇
失業率UP

指標でマーケットを読む！

「労働力人口」や「就業者数」も併せてチェックを

景気指標としての日本の失業率は、他国と比較した場合、景気にそれほど敏感には反応しない。「雇用者を調整するのは最終的な手段」と考えている企業が多いからだ。このため、完全失業率は景気に遅れる「遅行系列」として景気動向指数に採用されている。景気の動向を見極めるには、労働力人口や就業者数の動きにも注意を払う必要がある。

Column

アベノミクスの数字をよく見てみると…

安倍政権がGDP(国内総生産)に加えて成長戦略の重要な指標として位置づけているのがGNI(Gross National Income:国民総所得)だ。

GNIは、1995年の基準「新しい国民経済計算」でGNP(国民総生産)に代わるものとして新たに導入された。

GDPは計算対象を国内に限っているため、日本企業が海外支店等で生産したモノやサービスの付加価値が含まれないのに対し、GNIは国民を対象にしているため、国内に限らず日本企業の海外支店等の所得を中心とした「海外純所得」が含まれるのが大きな違いだ。

安倍政権が掲げる経済政策、いわゆる〝アベノミクス〟では**「1人当たりのGNIを10年で150万円増やす」**という目標が盛り込まれている。これは、GDPと同じ3%のペースで名目GNIが増えていけば、結果として達成できる金額だ。

ただし、名目GNIが1人当たり150万円増えたとしても、私たちの給料が順調に増えるとは限らない。名目GNIの内訳を見てみると、給料部分である「雇用者報酬」の割合は2012年時点でおよそ半分。つまり、この比率が10年後も変わらなければ、給料は75万円しか増えないことになるわけだ。

さらにいえば、ほぼ横ばいのGNIに対して、**雇用者報酬の比率は徐々に低下**してきている。所得のうち、労働者に分配される比率がどんどん下がっている実態が改善されなければ、75万円すら夢物語になる可能性が大きいといえるだろう。

この章は、
金融関係の経済指標を解説しています。
マーケットの動きを確認しておくと、
経済全体の動きが見えてきますよ。

第5章 金融関係の経済指標

Economic indicators

企業マインドの変化を知る

日銀短観

日本銀行が全国約1万社の企業を対象に行っているアンケート調査。
企業の将来予測や判断まで含めて包括的にとらえる統計として注目されている。

景気の山と谷を反映する企業の心理

日銀短観（全国企業短期経済観測調査）は、企業の**経営環境に対する「マインド」や「計画」を日本銀行が調べ、数値化**したもの。調査は年に4回、全国から抽出された約1万社の企業に対して行われる。

選ばれた企業は、業況や営業用設備などに関する「判断項目」、雇用者数などに関する「四半期項目」、売上高や設備投資額などに関する「年度計画」と「新卒者採用状況」（年2回）の4項目の質問について回答。調査結果は日銀が企業マインドを示す「業況判断DI」（DI＝ディフュージョン・インデックス）などにまとめ、公表する。

DIの調査では、各項目の「最近」と「先行き」についての判断を、たとえば業況の場合「良い」と回答した企業の割合から「悪い」と回答した企業の割合を差し引いてつくる。DIがマイナスなら現状や見通しの判断が悪く、プラスなら良いことになる。経営環境に対する企業の実感が反映され、調査結果の回収から公表までの期間が短く**速報性がある**ことから、企業動向の判断や金融政策の運営に役立てられている。

日銀短観:業況判断DIの推移

最大の注目点は、企業が現状や先行きをどのように見ているのかを示す「業況判断DI」だ。これまで短観の業況判断DIは、景気の山・谷と合致しており、経済全体の動向を見る上で参考になる値となっている。

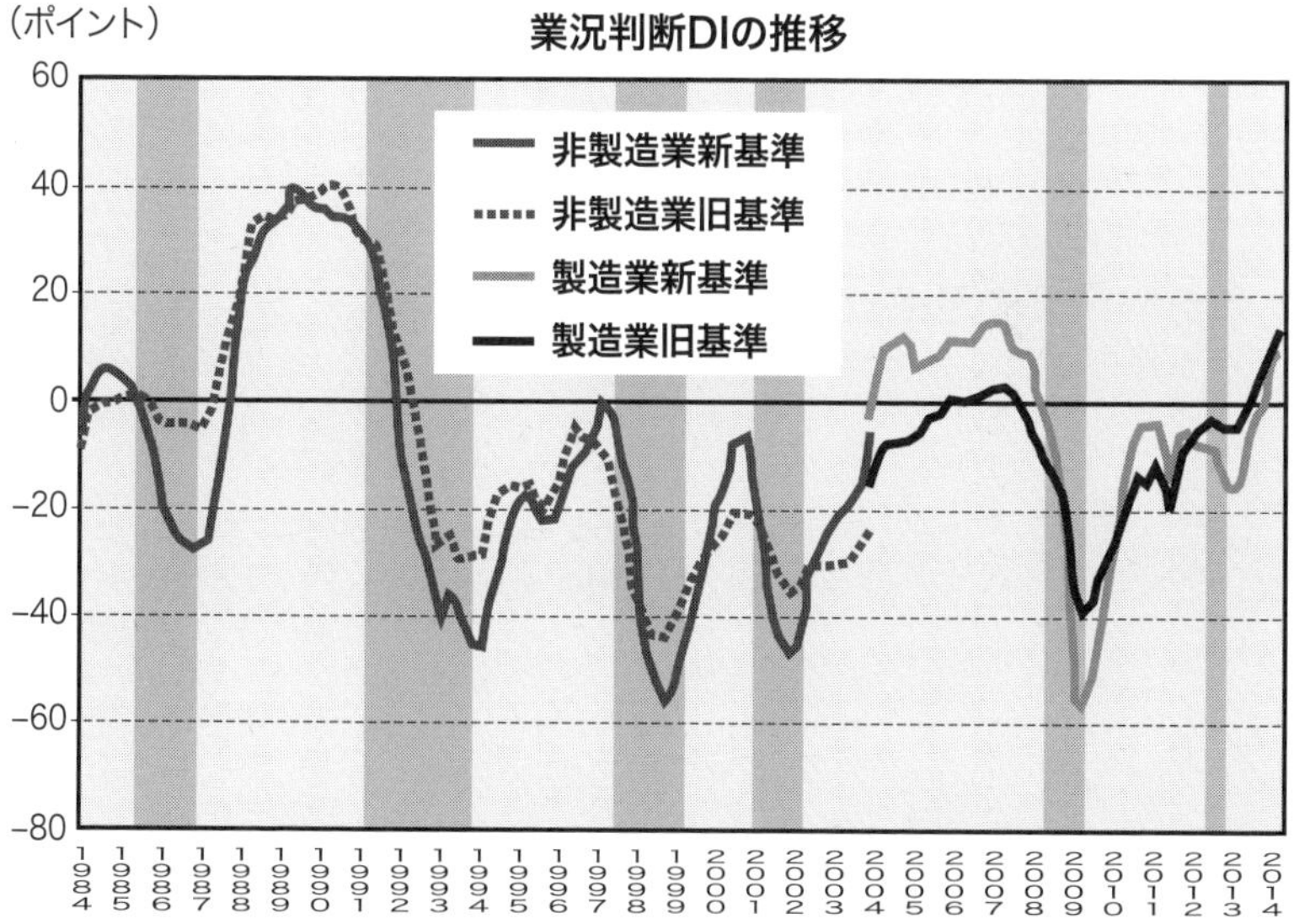
(ポイント)
業況判断DIの推移
非製造業新基準
非製造業旧基準
製造業新基準
製造業旧基準
60
40
20
0
−20
−40
−60
−80
1984
1985
1986
1987
1988
1989
1990
1991
1992
1993
1994
1995
1996
1997
1998
1999
2000
2001
2002
2003
2004
2005
2006
2007
2008
2009
2010
2011
2012
2013
2014

出所:日銀　※■部分は景気後退期

指標でマーケットを読む!

業況判断DI以外の項目も併せて見ておこう

「日銀短観は金融政策の判断材料になる」と考えられていることから、短観は市場関係者の注目材料となり、金融市場もこれによって変動することがあるため、大きく報道される。

景気を冷静に判断するためには、突出して注目される業況判断DIだけでなく、他の項目も見ておくべき。なお、この統計では資本金2000万円未満の中小企業は調査対象となっていない点も頭に入れておきたい。

Economic indicators

月例経済報告

日本政府が示す景気に関する公式見解

月例経済報告は日本政府の公式見解なんですよ
日本経済の現状や景気を判断する重要な指標が網羅されているんだから読んでおいてよ

日本政府の景気に対する考え方がわかる。
内閣府が最新の経済指標に基づいて毎月取りまとめる。

景気の良し悪しを判断する重要な指標を網羅

「月例経済報告」は、**景気に関する日本政府の公式な見解を示す報告書**だ。内閣府が最新の経済指標に基づき毎月取りまとめ、原案を経済財政政策担当大臣が関係閣僚会議に提出。会議には閣僚のほか、与党幹部や日銀総裁も出席し、ここで了承を得た後、毎月20日頃に公表される。

経済報告には、景気の全体的な状況を示す基調判断のほか、民間設備投資、住宅建設、公共投資、個人消費、輸出入、物価、雇用情勢、地域経済、海外経済などの動向や先行きの見通し、リスク要因に至るまで記載される。つまり、日本経済の現状や、景気の良し悪しを判断する上での重要な指標がほぼ網羅されているわけだ。資料に活用されているデータのほとんどは、各統計作成機関のホームページから簡単に入手できるので、データを基に自分で分析してみるのも面白いだろう。

経済報告の表紙と冒頭の総論に掲載される「我が国経済の基調判断」は、短いコメントながら**微妙な言い回しの違いによって前月からの変化を表している**ため、重要な判断材料として注目される。

月例経済報告の読み方

もっとも関心が集まる基調判断部分のコメントは、微妙な言い回しや表現の違いによって変化を伝えている。前月とのニュアンスの違いに注目したい。

基調判断のコメントの変遷（2012年10月〜2014年2月）

景気は、引き続き底堅さもみられるが、世界景気の減速等を背景として、このところ弱めの動きとなっている。(2012年10月)

景気は、世界景気の減速等を背景として、このところ弱い動きとなっている。(2012年11〜12月)

景気は、弱い動きとなっているが、一部に下げ止まりの兆しもみられる。(2013年1月)

景気は、一部に弱さが残るものの、下げ止まっている。(2013年2月)

景気は、一部に弱さが残るものの、このところ持ち直しの動きがみられる。(2013年3〜4月)

景気は、緩やかに持ち直している。(2013年5月)

景気は、着実に持ち直している。(2013年6月)

景気は、着実に持ち直しており、自律的回復に向けた動きもみられる。(2013年7〜8月)

景気は、緩やかに回復しつつある。(2013年9〜12月)

景気は、緩やかに回復している。(2014年1〜2月)

指標でマーケットを読む！

平易・簡潔に書かれているので全体に目を通しておこう

基調判断のコメントを理解するためには、全体の内容をつかんでおく必要がある。基調判断以降の内容も、各項目でそれぞれ短いコメントがつけられており、判断基準となったデータが簡潔にまとめられているので、ぜひ目を通しておこう。

➡表紙にあるコメントで全体の動きをつかむ
➡「先月からの主要変更点」をチェック

●総論
・我が国経済の基調判断
・政策の基本的態度

➡

●各論
1. 消費・投資などの需要動向
・個人消費・設備投資・住宅建設
・公共投資・輸出、輸入、貿易・サービス収支
2. 企業活動と雇用情勢
・生産・企業収益、業況判断、倒産件数・雇用情勢
3. 物価と金融情勢
・物価・株価
4. 海外経済
・アメリカ・アジア地域
・ヨーロッパ地域・国際金融情勢等

¥

国際収支

海外とのあらゆる取引を記録

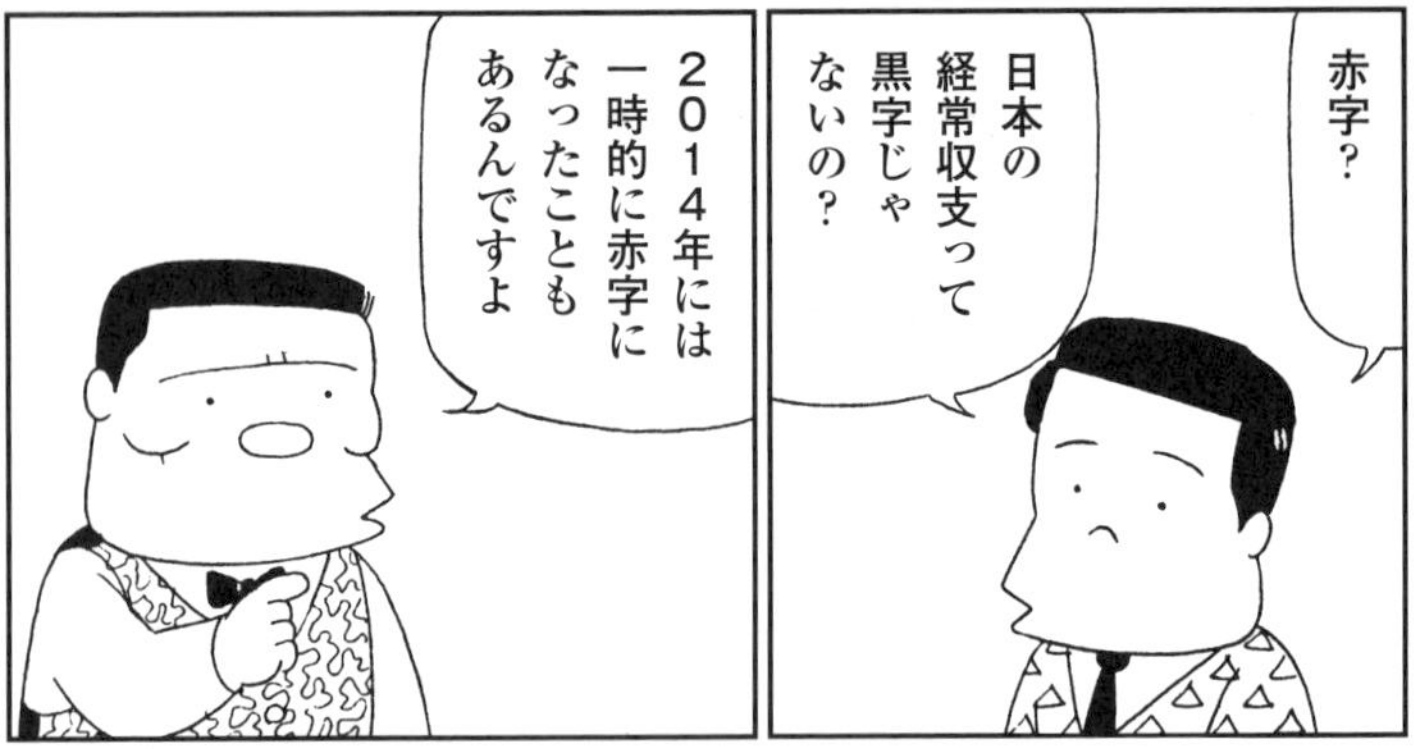
赤字？
日本の経常収支って黒字じゃないの？
2014年には一時的に赤字になったこともあるんですよ

貿易やサービス、金融など、国際的な取引を漏れなく記録。日銀が取りまとめ、財務省が毎月公表している。

国際的な取引の全体像を把握する

「国際収支」とは、国際的なモノやサービス、お金の流れをとらえるため、海外との経済取引を種類ごとに集計したもの。この国際収支の集計結果をまとめたのが「国際収支統計（国際収支状況）」で、財務省が毎月公表している。国際取引で支払ったもの、受け取ったものを漏れなく記録する、日本の対外的な〝家計簿〟のような統計だ。

国際収支は**「経常収支」「資本移転等収支」「金融収支」**の3項目に分かれる。このうち、経常収支と金融収支は表裏一体の関係にある。たとえば、日本から100万ドルの商品を輸出すると、プラス100万ドルが経常収支に計上される。一方、輸出した商品の代金100万ドルを受け取ると「資産の増加」としてプラス100万ドルが金融収支に計上される。ここに最終的には資本移転等収支が加味され、国際収支は常にバランスがとれている。

現在の日本の国際収支を見ると、2011年4～6月期から13四半期連続で貿易収支は赤字（季節調整値）に。経常収支も2014年1～3月期には、三十数年ぶりに四半期ベースで赤字となった。

国際収支の構造とバランス

国際収支は「経常収支」と「資本移転等収支」、「金融収支」の3項目に分けられる。「誤差脱漏」がないものとすると、「経常収支」＋「資本移転等収支」－「金融収支」＝0となり、バランスがとれている状態になる。
※誤差脱漏…統計作成上の誤差を調整する項目。

国際収支の構造

経常収支

海外との所得のやりとり

- 貿易収支
- サービス収支
- 第一次所得収支
- 第二次所得収支

資本移転等収支

資本移転及び鉱業権等の非金融非生産資産の取得・処分を計上

金融収支

海外とやりとりした所得の行き先

- 直接投資
- 証券投資
- 金融派生商品
- その他投資
- 外貨準備

指標でマーケットを読む！

日本の貿易収支と経常収支

大きな貿易黒字を背景に、日本の経常収支は黒字が当たり前という時代が続いていた。しかし、2011年4～6月期から13四半期連続で貿易収支は赤字(季節調整値)を記録し、経常収支も2014年1～3月期には、消費税率引き上げ前の駆け込み需要から輸入が急増したこともあり、三十数年ぶりに四半期ベースで赤字を記録する状況となった。経常収支が赤字ということはモノとサービスの受け払いで「支払い」が多いということであり、海外から資金を取り入れる必要があるということでもある。

お金の総量？
マネーストック？
マネーストックが大きくなり過ぎるとね
インフレを引き起こす可能性があるんですよ

資金取引の面から経済をとらえる

マネーストック（M2）

Economic indicators

一般企業や個人、地方公共団体などが保有する通貨量の残高を示す。日本銀行が毎月集計し、「M1」「M2」「M3」「広義流動性」の4種の指標を公表している。

世の中のお金の総量を示した指標

「マネーストック」は、市中に出回っているお金の総量を示す統計だ。一般企業や個人、地方公共団体などが保有する通貨量の残高を合計して算出。日本銀行が毎月集計し、翌月に速報を、翌々月に確報を公表。現金だけでなく、預金もお金として考え、いろいろな範囲で通貨量を見るため「M1」「M2」「M3」「広義流動性」の4種の指標が作成されている。代表的な指標は、「M1」（現金通貨と預金通貨の合計）に準通貨（定期性預金）と、CD（譲渡性預金。譲渡可能な定期預金のこと）を加えた「M2」だ。

経済活動が活発になる好況時、**マネーストックが大きくなり過ぎるとインフレを引き起こす可能性がある**。一方、不況時には日銀が金融緩和を行い、景気を刺激。マネーストックの伸び方によって緩和の効果を見極める。数値は、前年比伸び率を見るのが一般的だ。月末や年度末などの残高「末残」よりも日々の残高の平均値「平残」のほうが一般的に使われる。ただし、90年代以降、世界的に見てマネーストックと実体経済との関係が不安定になっていることを考慮しておきたい。

マネーストックの構成

日銀は郵政民営化などによる環境の変化に対応するため、2008年6月に指標の定義や集計対象などを見直し、改定。名称も、それまでの「マネーサプライ統計」から「マネーストック統計」に変更した。

<table>
<tr><th colspan="4"></th><th>対象金融商品</th><th>通貨発行主体</th></tr>
<tr><td colspan="4">M2</td><td>現金通貨＋預金通貨＋準通貨＋CD</td><td>日銀、国内銀行（ゆうちょ銀行を除く）、在日外銀、信金、信金中金、農中、商中</td></tr>
<tr><td rowspan="11">広義流動性</td><td rowspan="4">M3</td><td rowspan="2">M1</td><td>現金通貨</td><td>日本銀行券発行高＋貨幣流通高</td><td>日銀</td></tr>
<tr><td>預金通貨</td><td>要求払預金（当座、普通、貯蓄、通知、別段、納税準備）－調査対象金融機関保有小切手・手形</td><td rowspan="3">M2対象金融機関、ゆうちょ銀行、信用組合、全信組連、労働金庫、労金連、農協、信農連、漁協、信漁連</td></tr>
<tr><td colspan="2">準通貨</td><td>定期預金＋据置貯金＋定期積金＋外貨預金</td></tr>
<tr><td colspan="2">CD</td><td>CD（譲渡性預金）</td></tr>
<tr><td colspan="3">金銭の信託</td><td>金銭の信託（証券投資信託、年金信託を除く）</td><td>国内銀行の信託勘定</td></tr>
<tr><td colspan="3">投資信託（公募・私募）</td><td>公社債投信、株式投信、不動産投信</td><td>国内銀行の信託勘定、不動産投資法人</td></tr>
<tr><td colspan="3">金融債</td><td>金融債</td><td>金融債発行金融機関</td></tr>
<tr><td colspan="3">銀行発行普通社債</td><td>銀行発行普通社債</td><td>国内銀行、国内銀行を主たる子会社とする持株会社</td></tr>
<tr><td colspan="3">金融機関発行CP</td><td>金融機関発行CP</td><td>国内銀行、在日外銀、信金、信金中金、農中、商中、保険会社、上記金融機関の持株会社</td></tr>
<tr><td colspan="3">国債</td><td>国債（国庫短期証券、TB、FB、財融債を含む）</td><td>中央政府</td></tr>
<tr><td colspan="3">外債</td><td>非居住者発行債（円建、外貨建）</td><td>外債発行機関</td></tr>
</table>

指標でマーケットを読む！

以前の「マネーサプライ」との違い

以前の「マネーサプライ」では、「M1」「M2 + CD」「M3 + CD」「広義流動性」の４種の指標が使われ、代表的な指標は「M2 + CD」だった。新しい「マネーストック」では、証券会社や短資会社、非居住者の保有通貨は集計対象から除外。集計の対象がもっとも広い広義流動性では、銀行が発行する普通社債や、少数の投資家を対象とした私募投資信託なども集計に加えられているので注意したい。

マネタリーベース

日銀が民間に供給するお金の総量

Economic indicators

マネーストックとは違うの？
具体的にはマネタリーベースって何？
日銀が直接供給するお金の量のことだよ

「日本銀行が供給する通貨」を指す。具体的には流通現金（日本銀行券発行高＋貨幣流通高）と「日銀当座預金」の合計値で、日銀によって毎月作成され、調査月翌月の第2営業日に公表される。

政府・日銀の金融政策の方向性を読む

「マネタリーベース」は、**日本銀行が金融市場で銀行や証券会社に直接供給しているお金の量**のこと。前項の「マネーストック」の基になる通貨という意味から「ベースマネー」や「ハイパワードマネー（強権通貨）」とも呼ばれ、世の中に流通している日本銀行券（紙幣）と貨幣（硬貨）、日銀当座預金（金融機関が日銀に保有する無利子の預金のこと）で構成されている。

日銀のマネタリーベースの供給とコントロールは、**金融機関に対する公開市場操作（オペレーション）と為替への介入**によって行われる。公開市場操作は現在、日銀の「量的・質的金融緩和」の導入により金利目標が廃止され、金融機関から国債や手形を買うことで、マネタリーベースの供給量を増やすために行っている。以前は、「短期金利」の無担保コール翌日物の「誘導目標金利（政策金利）」で金融政策の調整が行われていた。日銀は、景気縮小の局面ではお金の供給量を増やし、景気拡大の局面では市場の資金量を減らして景気過熱を防ごうと動く。マネタリーベースは、金融政策の方向性を見る上で、重要な指標といえる。

マネタリーベース

我が国では、政府・日銀が長期間にわたって低金利政策を続けているにもかかわらず、景気はなかなか上向かなかった。マネタリーベースの増加が不充分だったことで、それがうまく循環せず、所得の増加に結びつかなかった。そのため、経済活動が活発化しなかったからだ。

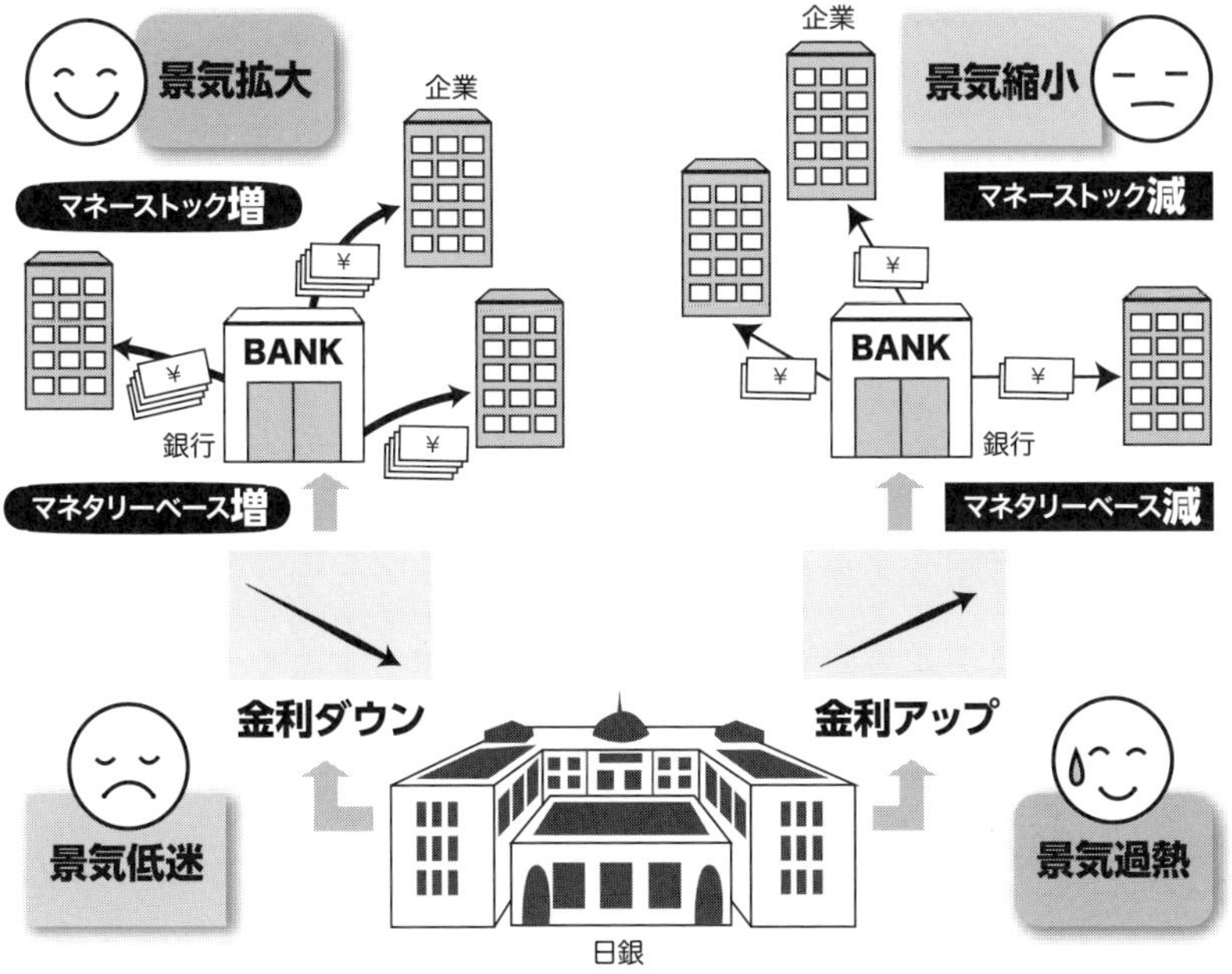

指標でマーケットを読む!

マネタリーベースとマネーストックの関係

マネタリーベースは、日銀が民間金融機関に直接供給するお金のことで、金融部門から実体経済に行きわたるマネーストックの源となる指標。マネタリーベースを基にしてマネーストックはどんどん増えていく。実体経済へのお金の浸透ぶり、増え方を示すのが「貨幣乗数」。日銀が金融機関に資金を供給しても、貸し出しが増えなければ貨幣乗数は低下してしまう。

¥

為替（ドル円・ユーロ円）の仕組み

日本の景気に大きな影響を及ぼす数字

Economic indicators

1ドル100円が95円になったら
円高ね
105円になったら
円の価値が下がったってことで円安か

為替レートは「実質金利格差」「インフレ率格差」「外貨建純資産の変動」の3つに加え、さまざまな要因の影響を受け、日々激しく変動する。

為替動向は世界経済の状況を知る手がかり

「為替」は一般的に「外国為替」、すなわち、**二国間の通貨の交換**を指す。海外旅行の際に行う、渡航先の通貨への両替が、外国為替だ。**通貨を交換するときの取引価格を「為替レート」**という。各国通貨ごとにレートが存在するが、通常は日本円対米ドル、もしくは日本円対ユーロを取り、「1ドル100円」といった形で示される。レートは銀行間の取引によって決まるが、さまざまな影響を受けながら常に変動している。

ドルやユーロを基準として見ると、円表示の数値が小さくなるほど円高、大きくなるほど円安ということになる。たとえば、1ドル100円が1ドル90円になったとしよう。それまで100円出さなければ買えなかった1ドルが、90円で買えるようになるから、円の価値が上がったことになり「円高」。反対に1ドル110円になると「円安」だ。為替レートの動きは、理論上「実質金利格差」「インフレ率格差」「外貨建純資産の変動」の3つの要素に大きな影響を受けるとされている。しかし、実際は市場の需給と思惑で動く面が強い。

為替=外国通貨との交換

適正な為替レートを探る手段はいろいろと考えられているが、激しく変動する理由を説明するのは難しい。為替レートは市場の需要と供給、そして思惑で決まるといえるだろう。

為替の仕組み

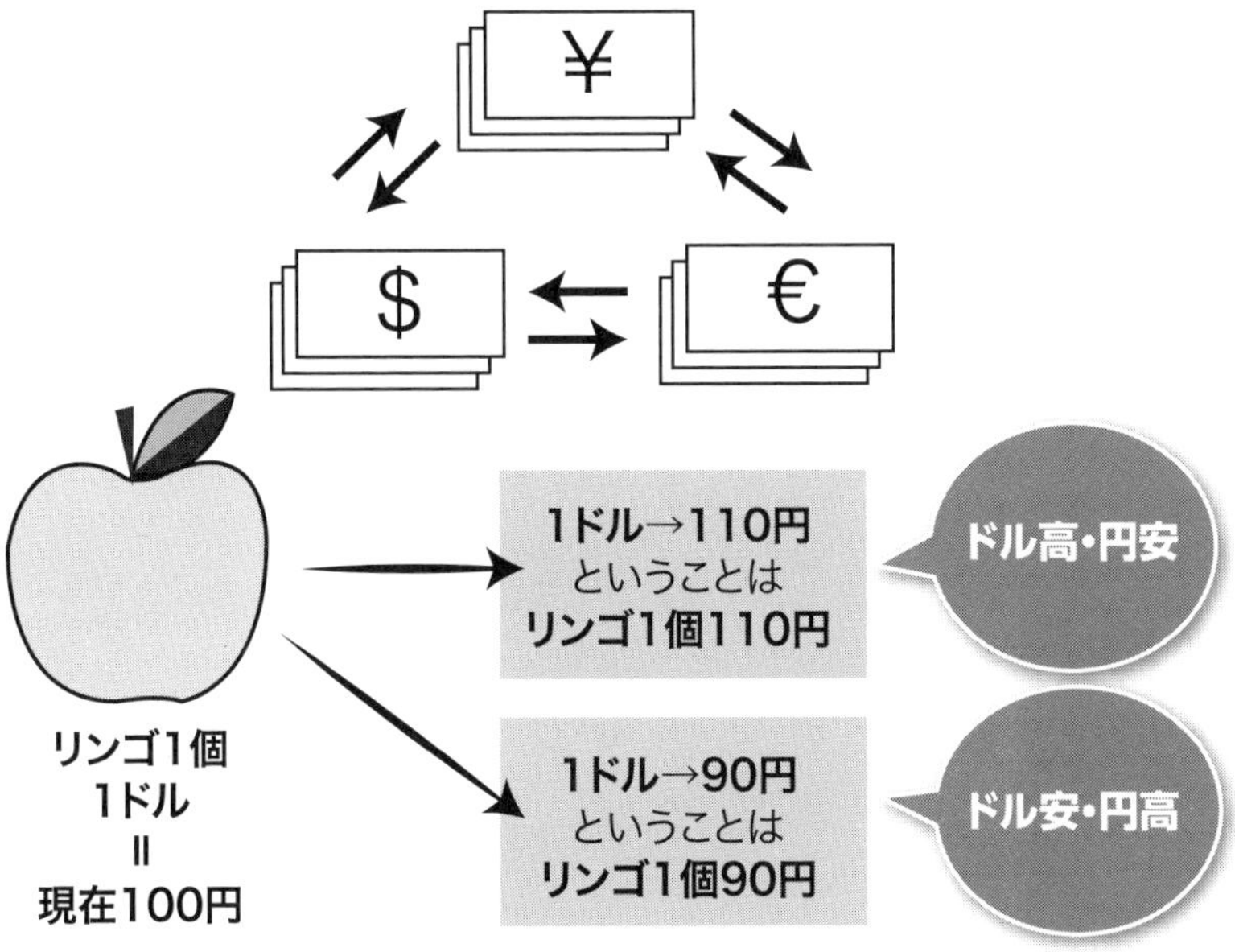
¥
$
€
リンゴ1個
1ドル
=
現在100円
1ドル→110円
ということは
リンゴ1個110円
ドル高・円安
1ドル→90円
ということは
リンゴ1個90円
ドル安・円高

指標でマーケットを読む！

為替レートと経済との関係

円高になると、輸入原材料を多く使用する産業ほどプラス効果が大きく、輸出に依存している産業ほどマイナス効果が大きくなる。しかしマーケットの影響を考えれば、円安のほうが株は上がりやすくなるため、円高は企業の資金調達や国内需要にも悪影響が出る。円高になると企業収益や景気に及ぼす悪影響を懸念する声が強まるのはこのため。東日本大震災以降、貿易収支は赤字に転落し、経常収支の黒字幅は縮小しているため、財政赤字と併せた〝双子の赤字〟化も懸念されている。

GDPって よくニュースや 新聞でも 聞くけど…
GDPは 国内総生産の ことだよ 国内で生産された財と サービスの合計だね

経済全体の動きがわかる指標

四半期実質国内総生産（GDP）

Economic indicators

国内で生産されたモノやサービスの総額をとらえたもの。
GDPの伸び率が経済成長率に値する。
四半期ごとに速報値が内閣府から公表される。

日本の経済成長を知る重要なモノサシ

「GDP」はGross Domestic Product（国内総生産）の略で、**国内で生産された財・サービスの合計**をとらえたものだ。内閣府が作成する統計「国民経済計算」の中で公表される。「国民経済計算」は、国全体の経済活動を示す重要な国際基準の統計だ。

GDP統計には、四半期終了後の約40日後に発表される1次速報値と、その約1カ月後に発表される2次速報値、年次で発表される確報値がある。また、統計には、市場での取引価格をそのまま集計した「名目GDP」と、物価変動などを調整した「実質GDP」があり、**経済成長率は一般的に実質GDPの成長率を指す**。「四半期実質国内総生産」は、速報値を用いた実質GDPのことだ。

GDP統計は膨大なデータを基に計算されるため、確定までに時間がかかる。そこで、早期の経済判断のため、速報値を「国内総生産（支出側）」（GDE）から推計している。速報値は、確報値が出るまでの暫定値であることから、振れ幅が大きい場合があるなど問題点が指摘されるが、速報性の点から高い関心が持たれている。

国内総生産の考え方

国内総生産（GDP）確報段階では、生産（付加価値の合計）、所得（賃金収入や企業利益、税金の合計）、支出（家計の消費や企業の投資、政府支出の合計）の3つの側面からとらえることができる。計算上では、最終的に3つの側面は等しくなる。

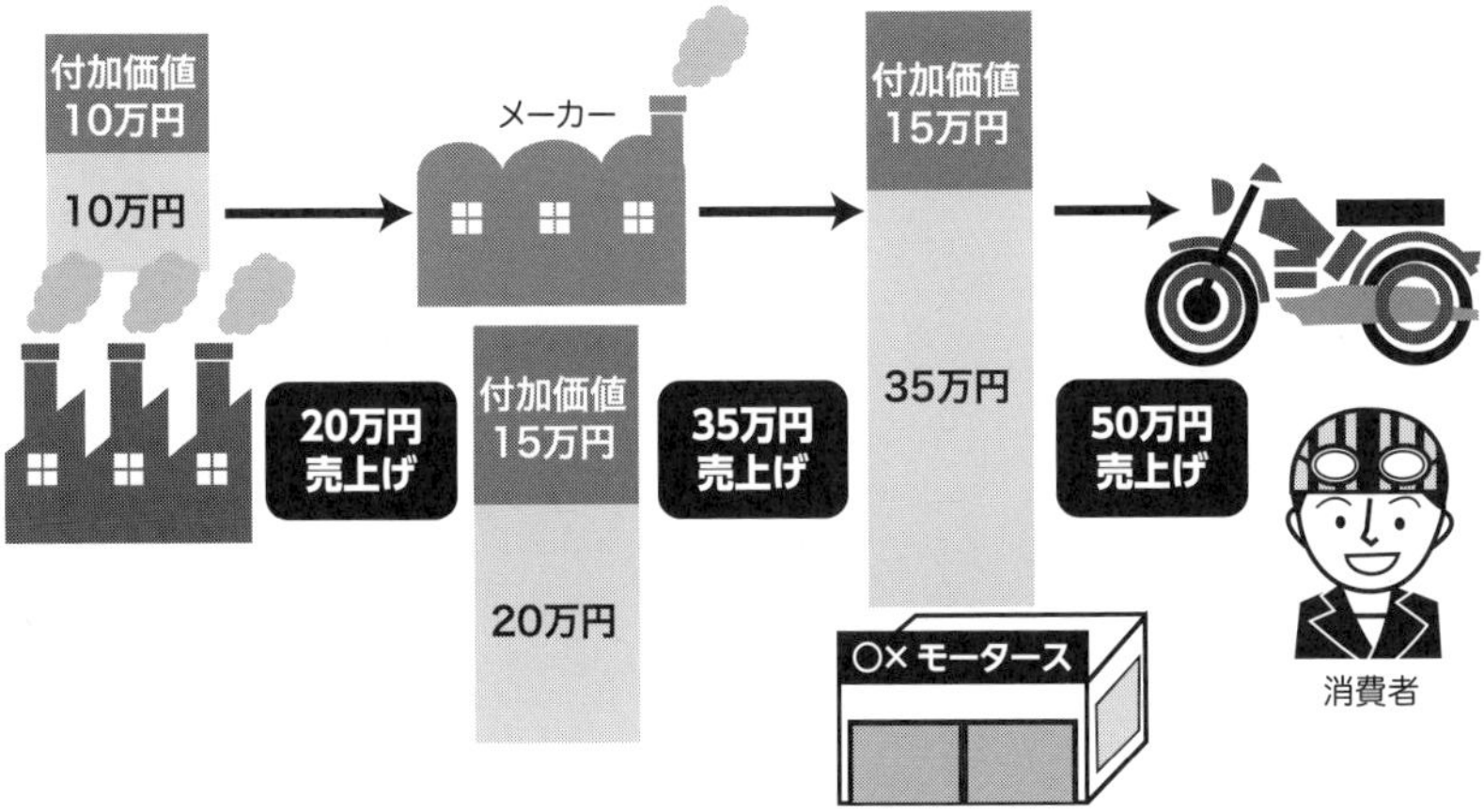
付加価値
10万円
10万円
メーカー
付加価値
15万円
35万円
20万円
売上げ
付加価値
15万円
20万円
35万円
売上げ
50万円
売上げ
○×モータース
消費者

売上高合計＝105万円

付加価値合計＝40万円←GDPになる

＝

- **原材料費は含めない**
- **国内のみ**

指標でマーケットを読む！

景気動向は前期比や前年比の伸び率を見る

GDP速報値は、市場関係者の間でQE（Quick Estimate）と呼ばれ、毎回公表の前には経済成長率の伸び率が予測されるなど、注目が集まる。予想と異なる結果が出た場合、市場の期待が修正され、金利や為替、株価などが実際に変動することもあり、その影響力は絶大だ。景気の動向を見る際には、金額自体ではなく、前期比や前年比の伸び率が重要になる。

Economic indicators

¥

短期金融市場での代表的な取引

無担保コール翌日物（旧政策金利）

コール市場はですね
金融機関同士が資金を融通するところですよ
企業には貸してくれないのね

金融機関同士が短期の資金を融通し合う「コール市場」における代表的な取引。この取引に適用される金利が政策金利として機能していた。

金融機関同士の貸借で利用する金利

「無担保コール翌日物」は、金融機関同士が短期の資金を融通し合う「インターバンク市場」を構成する市場の一つ「コール市場」の代表的な取引。「今日借りて明日返す」といった**超短期の資金調達や資金供給を担保なしで行う**。ここで用いられる金利を「無担保コール翌日物金利」といい、「無担保コール・オーバーナイト（O／N物）・レート」や「無担保コールレート（オーバーナイト物）」とも呼ばれる。2013年4月に日銀が「量的・質的金融緩和」を導入するまで政策金利としても機能していた。

銀行は、企業や個人に対する長期の貸し出しが多くなると、預金の払い戻しなどによって短期の資金が不足することがある。また、日銀へ預けている「法定準備預金」の残高が、義務づけられている額に足りなくなることも。そうした場合に、コール市場で他の金融機関から資金を調達する。

コール市場では、貸し手が供給する資金を**「コールローン」**、借り手が調達する資金を**「コールマネー」**と呼ぶ。コール市場での最大の貸し手は信託銀行、借り手は都市銀行などとなっている。

日本の政策金利の推移

政策金利は中央銀行の金融政策によって決められる。景気拡大期は高めに、景気後退期は低めに設定されるのが一般的。日本では公定歩合に代わって無担保コール翌日物が2013年3月まで政策金利の役割を果たしてきた。

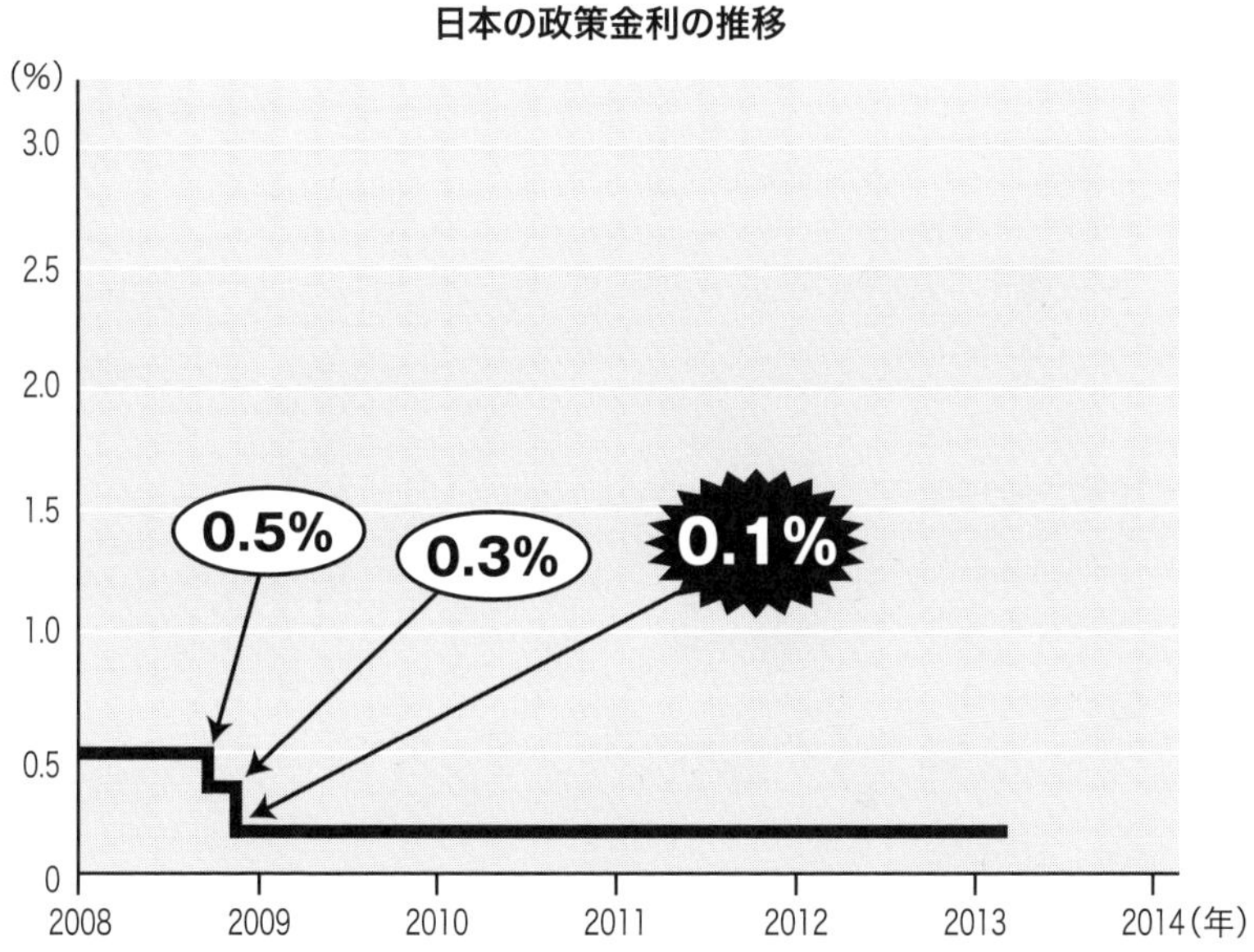

指標でマーケットを読む!

無担保コール翌日物が経済に及ぼす影響とは?

「TIBOR(タイボー・東京の銀行間取引)」など銀行間の貸借の金利や、銀行の定期預金の金利など、無担保コール翌日物の値を参考に決定しているものは多い。銀行の短期の貸出金利は、TIBORか短期プライムレートを基に決められることが多いが、短期プライムレートも預金金利などが基になっているので、どちらも出所は無担保コール翌日物の予想値ということになる。

Economic indicators

¥

長期金利

「新発10年国債利回り」が代表格

いまは低金利時代だし長期金利もずっと1%を切ってるね
長期借入にも有利
ローンで家買うか

発行量がもっとも多く、流動性の高い「新発10年国債利回り」が代表的な指標。日本相互証券から毎営業日に公表される。

金利が上がれば債券価格は下がる

長期金利とは**期間が1年以上の金利**のことで、長期債券の利回りや長期貸出金利などがそれに当たる。この中で**「新発10年国債利回り」**は、発行量がもっとも多く、流動性が高いことから代表的な指標となっている。ちなみに〝新発〟とは「新規発行」のこと。新発10年国債利回りは「新規に発行される償還期間10年の国債の利回り」という意味だ。

金利と債券自体の価格は、金利が下がれば債券価格は上がり、金利が上がれば債券価格は下がる。

たとえば、額面100円で利回り1%の債券の場合、100万円投資すれば毎年1万円の収益を得ることができる。しかし、その後、金利が上がり、利回り2%の債券が発行された場合、同額の投資で倍の収益が得られることになる。利回り1%の債券には買い手がつかなくなり、時価が下がってしまうわけだ。

長期金利は、主に**長期資金の需給関係によって決まり、短期金利の推移や物価、景気の変動などの要因に影響を受け変動**する。景気が悪くなれば低くなり、景気が良くなれば高くなる傾向にある。

長期金利の推移

現在、10年国債は毎月発行されているため、長期金利の指標となる対象銘柄も毎月変わっている。長期金利は住宅ローンや設備投資のための長期借入などの金利に大きな影響を与えるので、動向をつかんでおくのは重要だ。

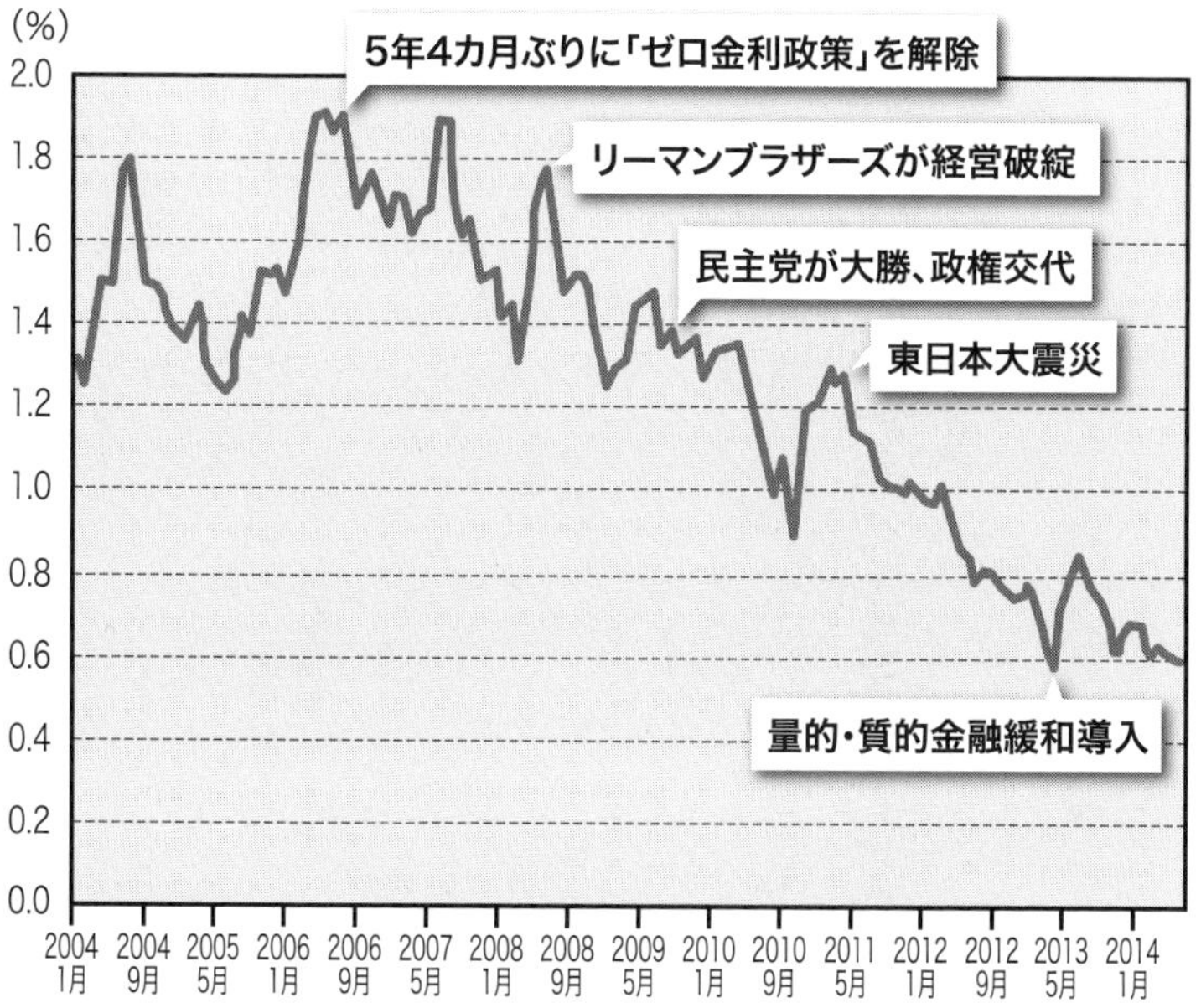
(%)
2.0
1.8
1.6
1.4
1.2
1.0
0.8
0.6
0.4
0.2
0.0
5年4カ月ぶりに「ゼロ金利政策」を解除
リーマンブラザーズが経営破綻
民主党が大勝、政権交代
東日本大震災
量的・質的金融緩和導入
2004 1月
2004 9月
2005 5月
2006 1月
2006 9月
2007 5月
2008 1月
2008 9月
2009 5月
2010 1月
2010 9月
2011 5月
2012 1月
2012 9月
2013 5月
2014 1月

出所:日本相互証券

指標でマーケットを読む!

短期的な動きに惑わされないようにしよう!

長期金利の変動は、金融市場における将来のインフレ率や経済成長の見通し、海外の経済動向等を反映して決まるのが一般的。

そのため、その時々での報道や分析がさまざまな思惑を呼び、将来に関する期待要因で市場の値が大きく振れることがある。したがって、金利の統計を見る上では、指標の短期的な動きを過大に評価しないよう、注意が必要だ。

日経平均株価

もっとも身近な株価の指標

チェックしてたの？
225銘柄の株価の単純平均だよね
日経平均株価くらいチェックしてるよ

日本経済新聞社が毎日発表する株価指数。東証1部上場銘柄の代表的な225銘柄を基に計算するため「日経225」とも呼ばれる。民間が作成する指標だが、政府の景気判断にも利用されている。

毎日ニュースなどで目にする株価の指標

日経平均株価は、日本経済新聞社が発表する株価指数。我が国の株式市場全体の動向を示す代表的な指標として用いられている。1950年開始と歴史があり、海外でもよく知られていることから、数ある株価指数の中でももっとも注目される指標の一つだ。

東証1部上場銘柄のうち、売買が活発で市場流動性が高いとされる**225銘柄を選定**。「ダウ式平均」といわれる計算方法で平均を算出する。発表は毎営業日。銘柄は、業種のバランスなどを考慮しながら、定期的に入れ替えられる。このため指標としての連続性が保たれていないとする意見がある。また、株価の平均で、値動きだけが反映されるため、**株価が高い「値嵩株《ねがさかぶ》」の影響を受けやすい**。そのため株式市場全体の動きを反映していないという批判も。

とはいえ、バブル絶頂期の1989年12月29日の3万8915円と、その後の2009年3月10日のバブル崩壊後最安値7054円という日経平均株価を覚えている日本人は多い。日々更新される値動きは、心理的にも大きな影響を与え続けているといえる。

Economic indicators

株価の高い銘柄（値嵩株）の動きに注意!

日経平均株価は、東証1部上場の主要225銘柄の株価の単純平均のため、株価の高い銘柄の動きに大きく影響される。東証に上場している企業が大手企業のA株式会社とB株式会社の2社のみと仮定した場合を例に見てみよう。

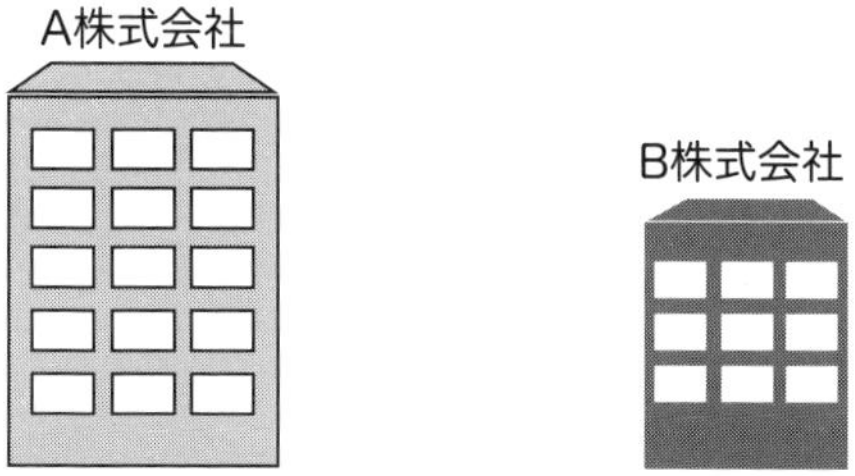

A株式会社
発行株式　90万株
基準時株価　100円／株

B株式会社
発行株式　1,000株
基準時株価　2,000円／株

日経平均株価＝（100円＋2,000円）÷2＝**1,050円**

日経平均株価の変動

A株式会社…株価100円→90円
B株式会社…株価2,000円→2,500円

日経平均株価＝（90円＋2,500円）÷2＝**1,295円**
1,295円－1,050円＝245円（**245円高**）

A株式会社の株価が10%下落したが、B株式会社の株価が25%上昇したため、日経平均株価が大幅に上昇した。

指標でマーケットを読む!

日経平均株価と東証株価指数の違いに注意

日経平均株価と東証株価指数（TOPIX）は、どちらも株式市場全体の動向を見るために使われ、基本的には同じような動きをする。しかし時折、どちらかだけが大きく上昇するような場合があるのは、計算の対象や方法に違いがあるから。ハイテクなど輸出企業に人気があるときは日経平均株価が、銀行や建設、不動産といった内需企業に人気があるときはTOPIXの上昇率がそれぞれ高くなる。

Column

米国経済と連動する日本経済

金融緩和に対する姿勢に大きな差がない状況なら、日本の株価は米国の株価に連動する。**米国経済が上向けば日本経済も上向き、米国経済が悪化すれば日本経済も悪くなる**からだ。

もう一つの要因として、日本の株売買における外国人投資家の割合が挙げられる。日本の株式市場で売買する外国人投資家は全体の6割から7割。この中で多いのが米国人の投資家だ。彼らは、母国**米国の経済が上向けば資金に余裕が出てくるため、日本の株も買われやすくなる**。逆に米国経済が悪化すると、日本の株を売って資金を引き揚げる傾向がある。

また、米国と連動しているのは株だけではない。国債の利回りを表す金利もその一つ。国債は国が発行する債券なので安全性が高い。そのため、景気が悪化しているときの資金運用に需要が高まり、金利が下がっていく。反対に、景気が好転すれば株のほうが儲かるので、国債に対する需要が減り、金利は上昇する。前述のように、米国と日本の経済は連動しているので、米国経済が悪化し金利が下がれば、日本経済も悪化するので金利も下がることが多い。

株と金利に加えて為替も、近年、米国との連動が高くなってきている。特に2013年、日経平均が上昇に転じるのとほぼ同じタイミングで、ドル円相場もドル高円安に反転。これ以降、お互いに寄り添うような形で推移している。

このような理由から、日本経済の状況を見る上では、米国の経済状況やトレンドを確認することは欠かせないといえる。

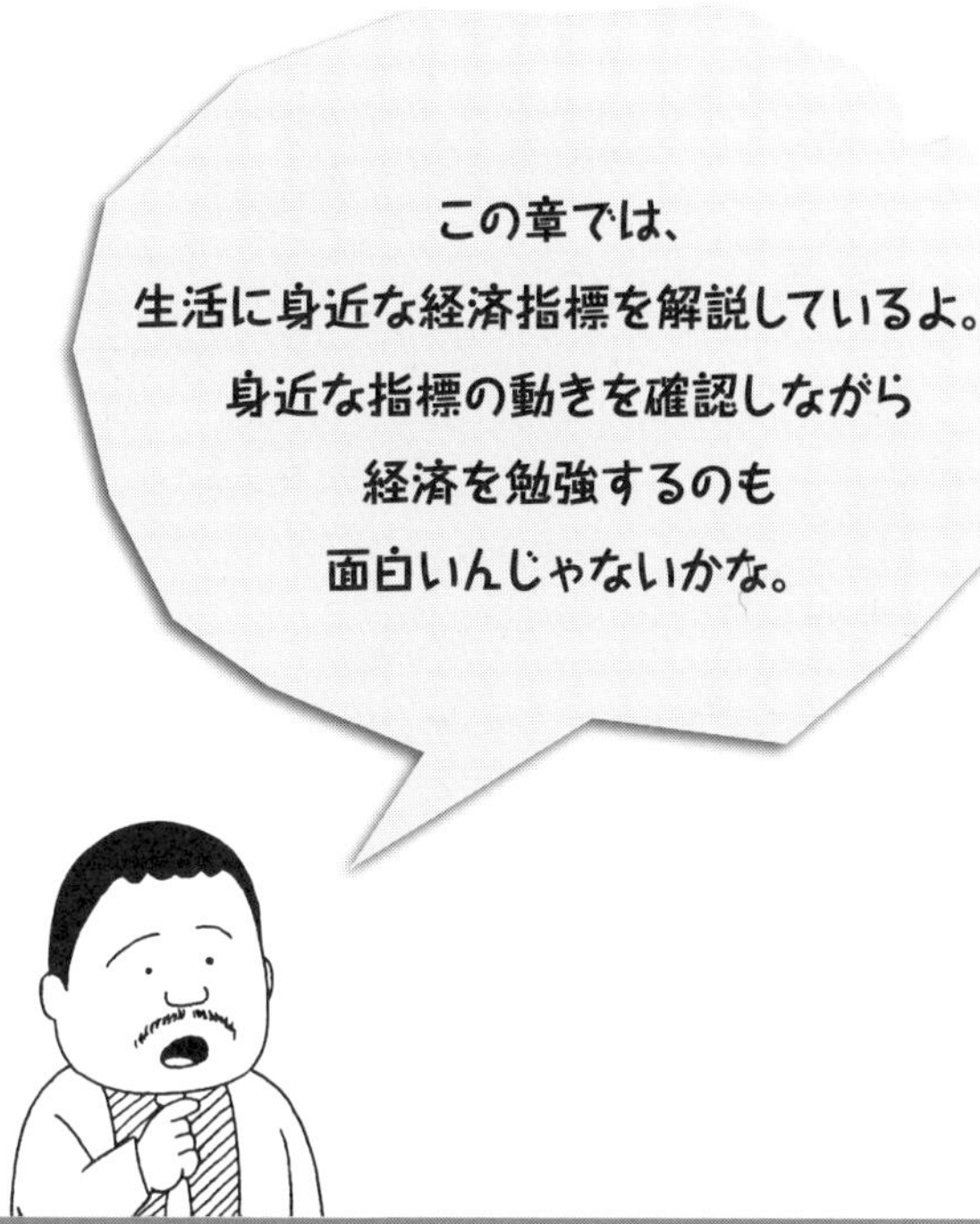
この章では、
生活に身近な経済指標を解説しているよ。
身近な指標の動きを確認しながら
経済を勉強するのも
面白いんじゃないかな。

第6章 生活に身近な経済指標

消費者物価指数

重要度の高い物価統計

消費者が購入するモノやサービスの価格の動きについて、小売段階の変動を調査したもので、総務省が毎月発表する。国民の生活水準を示す指標の一つになっている。CPI（Consumer Price Index）とも呼ばれる。

金融政策を決める上での重要な指数

「消費者物価指数」は、消費者が購入するモノやサービスなどの物価の動きを把握するため、**小売段階での価格変動を調査したもの。**毎月、品目ごとに価格の状況が総務省から発表される。速報性があり、物価の安定を目的とする日銀の金融政策の目安となることから、重要な統計として注目されている経済指標の一つだ。

家計の消費支出の中で重要度や価格変動などの面から約600品目の小売価格を調査し、基準年次（現在は2010年）を100として指数化。物価変動の実態を正しくつかむため、5年ごとに調査品目や基準年次などを改定している。

消費者物価指数は、「全国」と「東京都区部」が作成され、「全国」については前月分、「東京都区部」は当月分中旬速報値が公表される。つまり、**「東京都区部」のデータが「全国」に先行する**わけだ。「東京都区部」は「全国」と同じ方向でやや低めに動く関係がある。このため、翌月の「全国」の消費者物価の動向を考える上で、「東京都区部」の動きは非常に重要で、いち早く判断するための重要な手がかりとなる。

Economic indicators

消費者物価指数の推移

景気が良くなりモノを買う人が増えれば物価上昇（インフレ）率は高まり、景気が低迷しモノを買う人が減ると上昇率が下降する傾向にある。

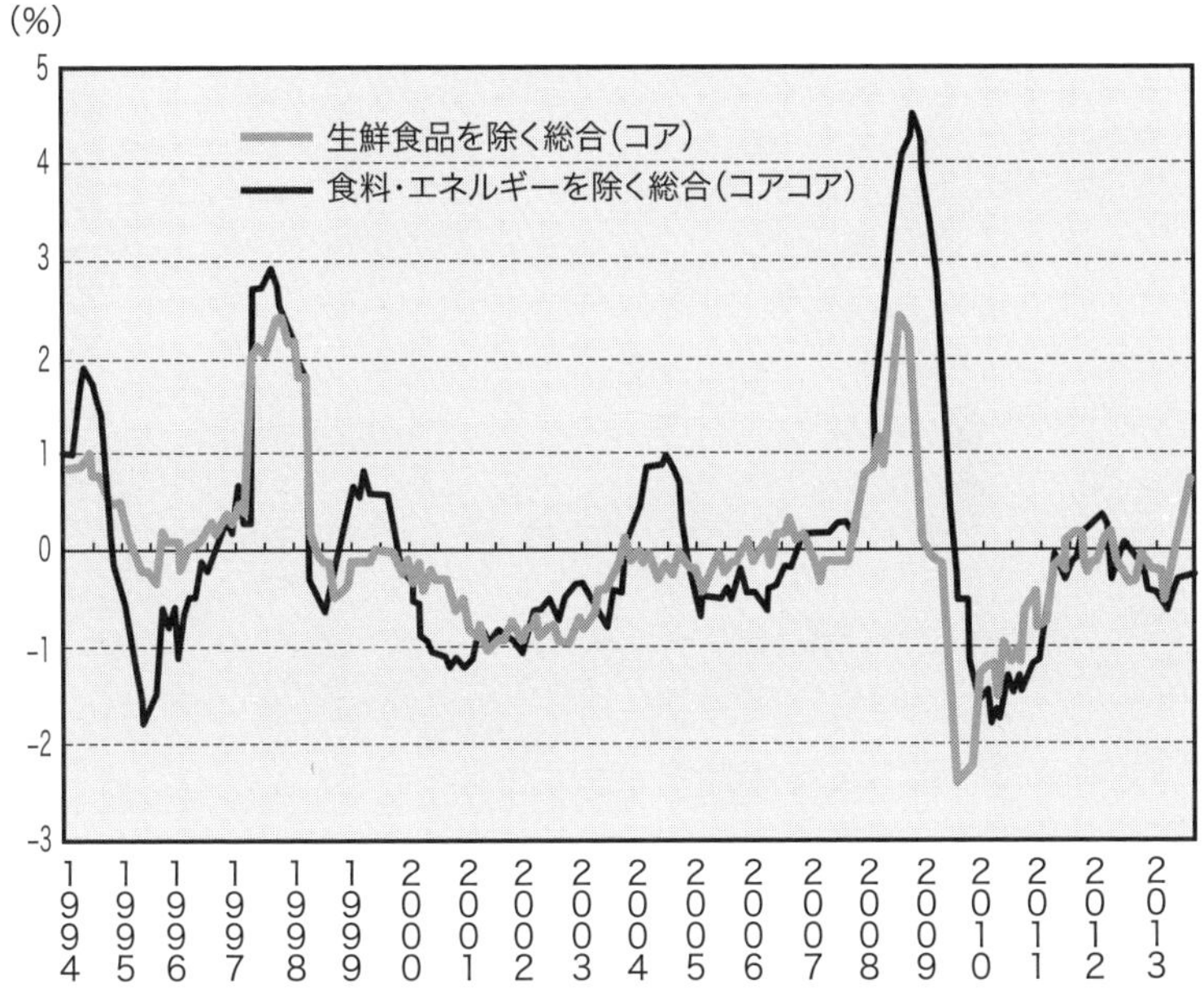

注）各基準年の公表値による。
出所：総務省「消費者物価指数」

指標でマーケットを読む！

動きが激しい生鮮食品を含む「総合」に注意

消費者物価指数は、すべての品目を含む「総合」のほか、３つの代表的な係数がある。動きが激しい生鮮食品を除いた「コア」、持ち家の帰属家賃を除いた指数、そして食料（酒類を除く）及びエネルギーを除いた「コアコア」がそれだ。

実際に「総合」と「コア」の動きを比較してみると、「総合」の変動が圧倒的に激しいことがわかる。このため、国内の消費者物価の全体を見る上では、「コア」や「コアコア」の動向が重要になる。

消費動向を見る上で欠かせない指標

家計調査（二人以上の世帯・消費支出）

Economic indicators

家計の実態から国民生活の水準や消費動向をとらえるための指標。「二人以上の世帯」の調査結果は、総務省統計局から毎月公表される。

消費者の購入数量や平均単価もわかる

「家計調査」は、全国から抽出された**約9000世帯を対象に、家計の収入・支出、貯蓄・負債などを調査**したもの。調査の結果は、「家計収支編」と「貯蓄・負債編」に分けられ、「家計収支編」は「単身世帯」「二人以上の世帯」「総世帯」の調査結果がそれぞれ公表される。この中で、毎月の消費動向を見ることのできる指標として注目を集めているのが「二人以上の世帯」の家計調査報告だ。

「家計調査」では、1世帯当たりの支出金額のほかに、購入数量や購入単価（平均価格）を公表している。支出金額の増減だけではなく、購入数量や購入単価を併せて見ることで、消費者が購入している**財やサービスの詳細を分析することが可能**になる。たとえば、2008年に食料品の価格が大きく上昇したが、その際、品目によって、「価格上昇時に比較的価格の低いものを購入した(例：食パン)」や「価格の上昇前と上昇後で大きな違いはなかった（例：カップめん）」といったように異なる消費行動が表れていることが、購入数量および購入単価を用いた分析から読み取れる。

家計調査　収支項目分類

細かい品目までとらえている「家計調査」だが、対象世帯の数が少ないため、ちょっとした要因で数値が大きく振れることがある。「家計消費状況調査」と併せて見ると、消費の動向をより的確に把握することができる。

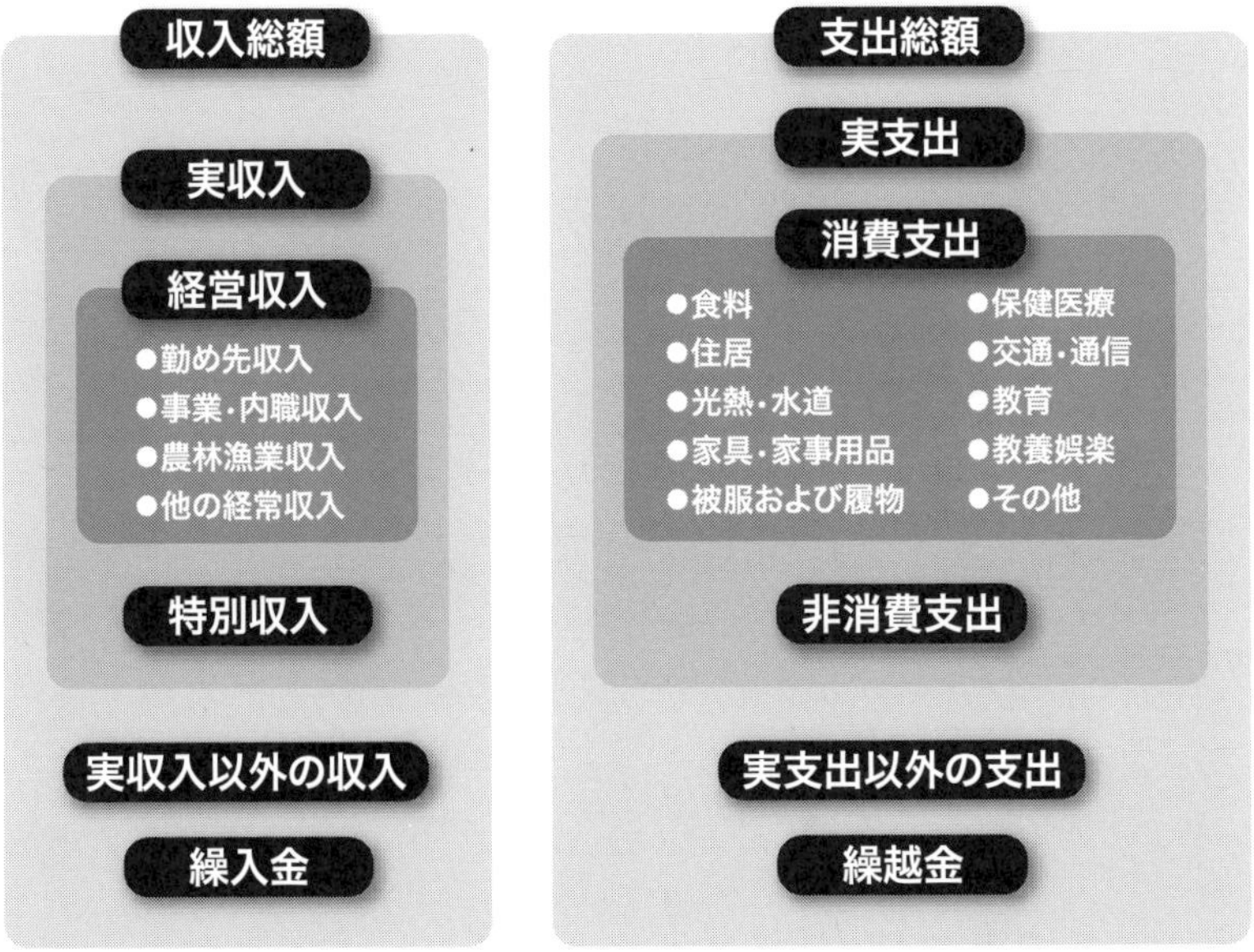
収入総額
実収入
経営収入
●勤め先収入
●事業・内職収入
●農林漁業収入
●他の経常収入
特別収入
実収入以外の収入
繰入金
支出総額
実支出
消費支出
●食料
●住居
●光熱・水道
●家具・家事用品
●被服および履物
●保健医療
●交通・通信
●教育
●教養娯楽
●その他
非消費支出
実支出以外の支出
繰越金

指標でマーケットを読む!

「家計調査」を補完する「家計消費状況調査」

近年は「家計調査」を補完する調査として「家計消費状況調査」も注目される。毎月公表される「家計消費状況調査」は、全国から抽出された30,000世帯を対象に調査。個人消費の動向をより的確に把握するため、「家計調査」では把握しにくい購入頻度が少なく高額である特定の商品・サービスなどへの支出のほか、インターネットを利用した購入状況、パソコン、スマートフォン・携帯電話などの情報通信に関する支出を調査しているのが特徴だ。

お客さんが少ないね
景気ウォッチャー調査だと
景気が良くなっているってコメントも多いんだけどなあ

景気ウォッチャー調査

肌で感じる景気の良し悪しを指数化

Economic indicators

商店主やタクシー運転手など、景気の動向を肌で感じることができる人たちの"現場の声"を内閣府が調査・指数化。「街角景気」から景気の先行きを知るユニークな調査だ。

「現場の声」から景気の転換点を知る

「景気ウォッチャー調査」は、**現場で働く人たちの景気に関する意見を指数化**したもの。内閣府が毎月25日から月末にかけて調査し、全国版と地域別データを翌月上旬に公表している。

調査はまず、小売店の売場担当者やタクシー運転手など、街角の景気の動きを身近に感じ取れる職業に就く人たちを景気ウォッチャーとして全国11の地域から2050人選出。「今月の景気の判断」「今月の景気の方向性」「景気の方向性の判断理由」「判断理由の説明」「景気の先行きについての判断」「先行き判断」の6項目について調査を行う。調査結果は、現状判断DIと2～3カ月先の見通しを示す先行き判断DIが、家計動向、企業動向、雇用などの部門別に発表される。

調査ではDIのほか、「単価の高い領収書をサラリーマンが持っていくので、（景気が）少し良くなっている気がする」といった、**自由回答のコメントも公表される**ので、現場のリアルな景気動向が読み取れ、大変参考になる。投資やビジネスにつながるヒントが得られることがあるかもしれない。

景気ウォッチャー調査

現場で働く人々の声を集めた「景気ウォッチャー調査」は、企業経営者へのアンケート集計「日銀短観」より街角の感覚を反映したものになっている。

景気に敏感な職業の人たち
景気の現状と見通しは・・・？
11地域　2050人

北海道、東北、北関東、南関東、東海、北陸、近畿、中国、四国、九州、沖縄

景気ウォッチャーの分野別構成（抜粋）
商店街代表者、一般小売店経営者・店員、百貨店売場主任・担当者、コンビニエリア担当・店長、高級レストラン経営者・スタッフ、一般レストラン経営者・スタッフ、スナック経営者、ゴルフ場経営者・従業員、美容院経営者・従業員、求人情報誌制作会社編集者、ほか

指標でマーケットを読む！

速報性が高く、現場の体感が即座に反映される

景気ウォッチャー調査は、調査から公表までがもっとも早い景気指標であることから、他の指標よりも先に、その動向を把握することが可能となる。特に企業関連の現状判断DIの変動が、鉱工業生産指数の変動に３カ月ほど先行する形で連動することがある。これは、顧客の態度の変化や取引先からの問い合わせ数の変化といった現場での体感が、強く数値に反映されるからだとみられている。

分譲マンションの動向から経済を読む

マンション市場動向

Economic indicators

分譲マンションの市場動向を民間調査会社、不動産経済研究所が調査。需要を大きく左右する住宅ローンの金利と併せて見ていきたい。

分譲マンションの動きと金利から景気を見る

「マンション市場調査」は、分譲マンションの供給戸数や価格などの動向を表したもの。もっとも知られているのが民間の調査会社、**不動産経済研究所の「マンション市場動向」**だ。毎月、上下半期、年間のサイクルで「全国」「首都圏」と「近畿圏」の動きを調べ、公表している。「マンション市場動向」では、供給戸数や価格のほか、販売在庫数や契約率なども掲載され、分譲マンションの平均価格の推移や需給バランスが読み取れる。また、東京、神奈川、埼玉、千葉が調査対象の「首都圏」、大阪、兵庫、京都、滋賀、和歌山、奈良が調査対象の「近畿圏」の調査では、事業主別、地区別の供給戸数や価格の推移なども公表される。

一方、マンションなどの不動産の購入に不可欠なのが、住宅ローンだ。返済が長期にわたる住宅ローンでは、金利が非常に大きなウエイトを占める。住宅ローンの金利は上下するため、金利が安いときにローンを組むことが大切になる。「マンション市場動向」と「住宅金利」は、国内経済の動向を見る上で重要な指標だが、不動産の売買や投資にも非常に有益だ。

金利の推移に見る住宅ローン

金利自由化によって、住宅ローンは多種多様な中からの選択が可能になった。しかし、このことはリスクの増大も意味する。利用者の知識の有無が大きな差となって表れるものだけに、その動向には注視していきたい。

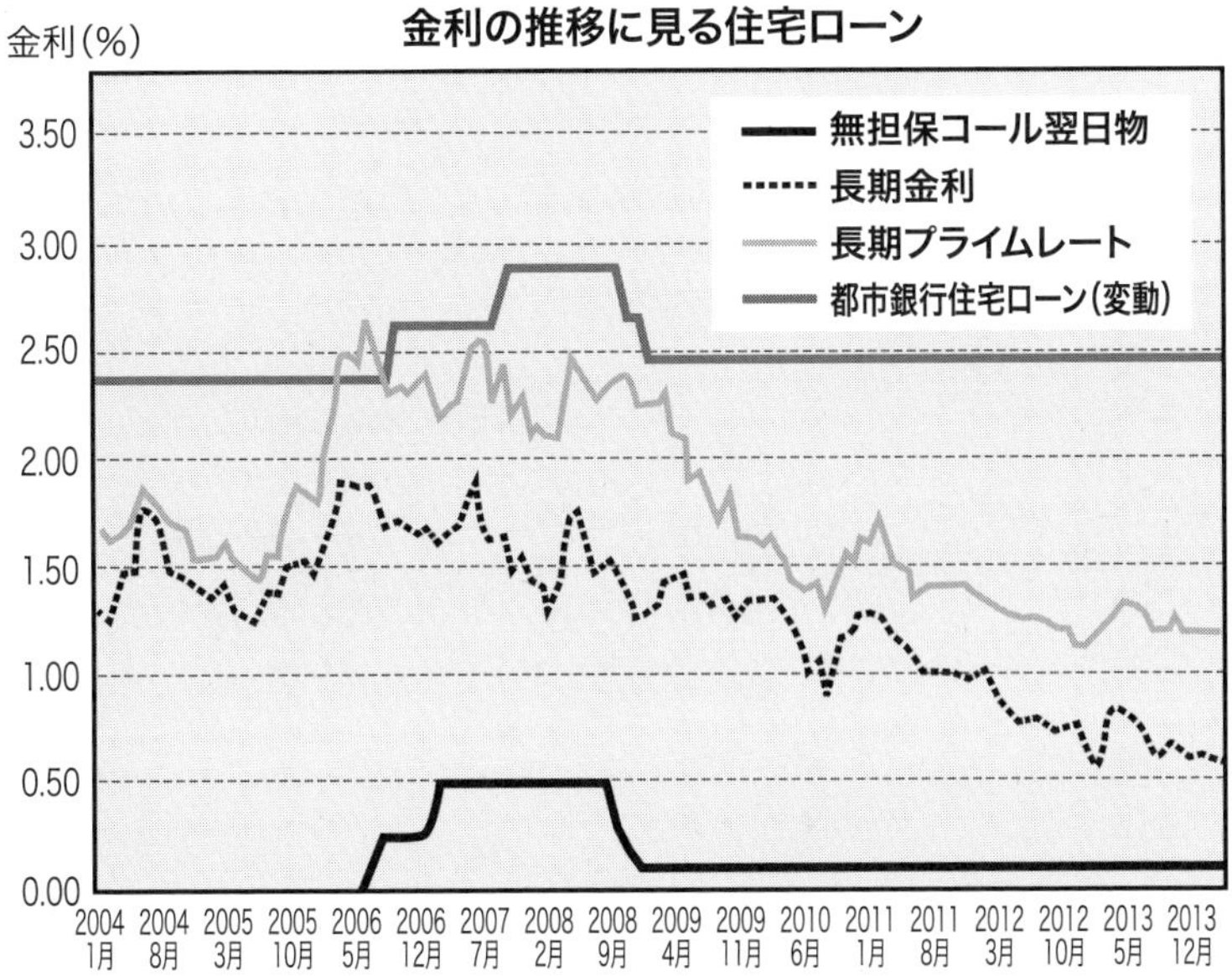
金利の推移に見る住宅ローン
金利(%)
無担保コール翌日物
長期金利
長期プライムレート
都市銀行住宅ローン(変動)
3.50
3.00
2.50
2.00
1.50
1.00
0.50
0.00
2004 1月
2004 8月
2005 3月
2005 10月
2006 5月
2006 12月
2007 7月
2008 2月
2008 9月
2009 4月
2009 11月
2010 6月
2011 1月
2011 8月
2012 3月
2012 10月
2013 5月
2013 12月

出所:日銀

指標でマーケットを読む!

景気回復でマンション市場も金利も大きく動く!?

景気回復が進めば不動産価格は値上がりし、住宅ローン金利も上昇する。バブル崩壊後に始まった日銀の金融緩和策は、特に新築マンション市場にとって大きな効果をもたらした。以降、低金利と融資条件の緩和が続いたのに加え、地価の下落も進行。マンションは常に割安感を醸してきたが、2013年、日本経済は節目を迎え、今後、マンション市場の動向と住宅金利にも大きな動きがあるかもしれない。

個人消費の最前線から経済の動向を読み解く

全国スーパー売上高、コンビニエンスストア売上高、全国百貨店売上高

Economic Indicators

スーパー、コンビニエンスストア、百貨店という3大小売業の売上高を示した指標。速報性が高く、リアルな数字だけに、日本経済の現況や景気の先行きが読み取れる。それぞれ、月次統計と年間統計が公表される。

個人消費の動向から景況感を読む

「全国スーパー売上高」は、日本チェーンストア協会に加盟する59社の総販売数を合計した**「チェーンストア販売統計」**で公表される指標だ。総販売額に加えて部門別の販売額や構成比、前年同月比が明らかにされている。生鮮食料品や日用品など、家計消費の基礎的な部分での動きが読み取れる。

「コンビニエンスストア売上高」は、日本フランチャイズチェーン協会（ＪＦＡ）が、毎月調査を実施し公表している**「ＪＦＡコンビニエンスストア統計調査月報」**の中の指標の一つだ。調査の対象はＪＦＡに加盟しているコンビニ本部10社。調査結果は、原則翌月20日に公表される。店舗売上高に加えて、店舗数、来店客数、平均客単価、商品構成比とその売上高が前年同月比の数値で確認できる。

「全国百貨店売上高」は、全国84社241店舗（2014年5月現在）の百貨店が加盟している**「日本百貨店協会」**が毎月調査を実施し、翌月中旬に公表する指標だ。売上高のほか、営業日数・入店客数・天候・土日祝日の合計などのデータも含まれるので、百貨店業界の現況や動向を確認できる。

スーパー・コンビニエンスストア・百貨店の売上高比較

日本の個人消費は国内総生産（GDP）の6割を占める最大の需要項目だ。そのため、小売業の売上高は景気を見る上で重要な指標となる。中でも百貨店売上高は、高額品に対する消費動向が表れやすく、景気の動向が顕著に表れる。

スーパー・コンビニ・百貨店：売上高比較（年度）

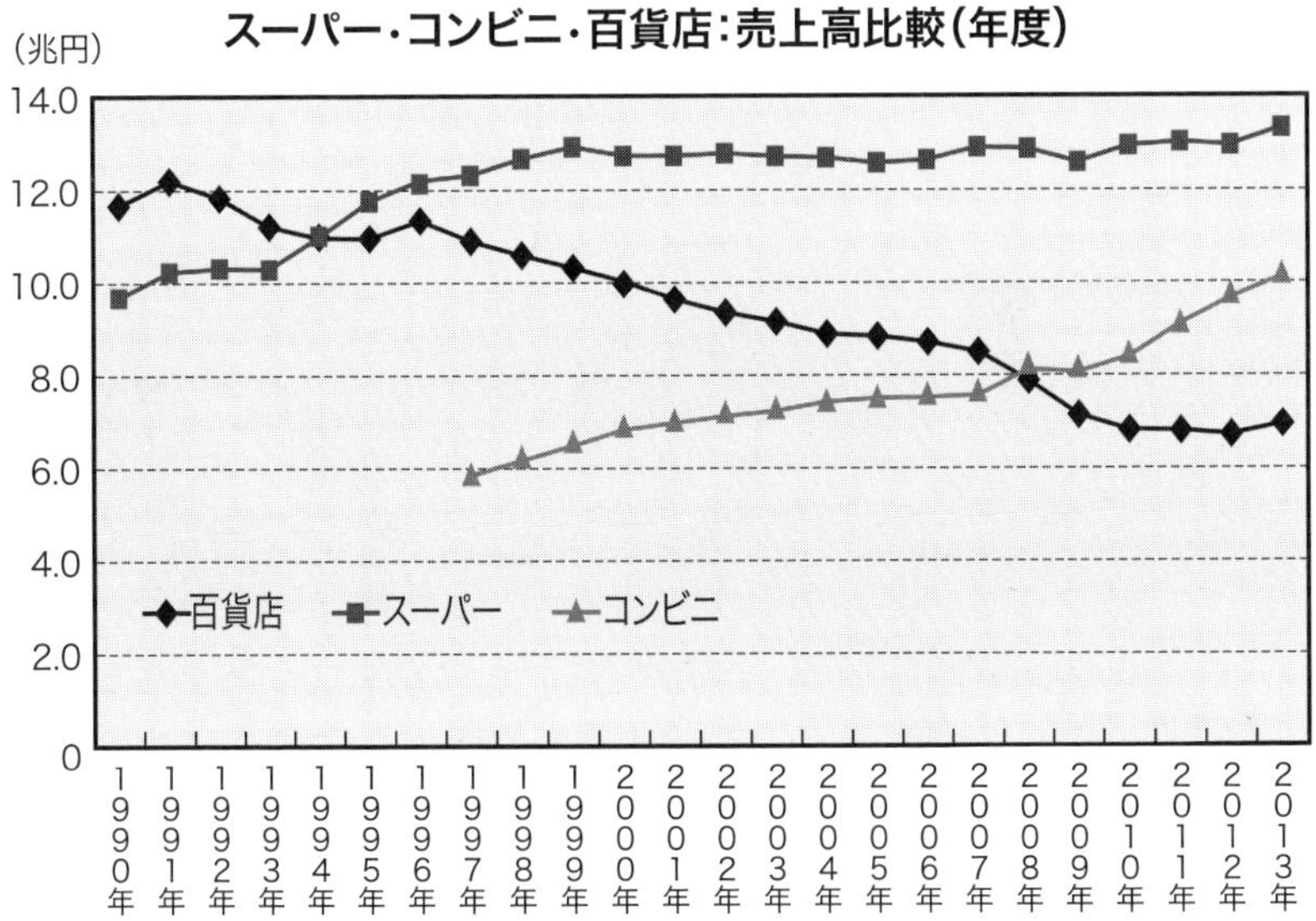

出所：経済産業省

指標でマーケットを読む！

売上高の変化に見る小売業界の勢力図

1998年の時点では売上高がスーパーよりも6兆円、百貨店より４兆円少なかったコンビニエンスストア。しかし、2008年にはスーパーとの差を４兆円に縮め、百貨店を上回るようになった。百貨店は景気動向にかかわらず減少傾向が続いてきたため、競争の激化や消費者の志向の変化といった構造的な問題を業界全体が抱えているとみられ、今後の動向が注目されている。

毎月勤労統計調査・全国新車販売台数・携帯電話契約数

ちょっと給与が増えても
消費者物価が上昇してたら生活は大変だよな

生活に身近な経済指標から、お金の流れや経済全体に及ぼす影響を理解する。

切実でもっとも身近な給与と消費に関する指標

本章の最後では、給与や消費者心理、自動車、携帯電話といった、私たちの生活とは切っても切り離せない事柄を数値化した、より身近な指標を紹介しよう。

労働環境を調べた「毎月勤労統計調査」の中でもっとも身近なものが**「現金給与総額」**だ。給与や手当、賞与など、その月に支払われたあらゆる種類の賃金を合算した「名目賃金」が高くなっても、消費者物価が上昇すれば勤労者の生活は楽にならない。

そのため、名目賃金の伸び率から消費者物価上昇率を差し引いた実質賃金の伸び率が、勤労者の実質的な財布の中身を表す重要な指標になる。

自動車購入費が個人消費に占める割合は小さいけど自動車は関連産業の裾野が広いので注目されるんです
自動車販売の基礎統計となる全国新車販売台数は要チェックですよ

生活に身近な経済指標のポイント

●毎月勤労統計調査（現金給与総額）

名目賃金や労働時間、常用雇用の動きを把握する上で有益な指標。速報値が調査月の翌月末頃、確報値が翌々月の中旬に厚生労働省から公表される。

●全国新車販売台数

日本自動車販売協会連合会の登録台数と全国軽自動車協会連合会の販売台数を集計。自動車販売の基礎統計となる。

●携帯電話契約数

電気通信事業者協会が毎月発表する携帯電話の契約数に関する指標。キャリア別の数値から業界の熾《し》烈《れつ》な勢力争いが読み取れる。

クルマや携帯電話から日本経済全体が見えてくる

日本自動車販売協会連合会、全国軽自動車協会連合会が発表している**「全国新車販売台数」**は、日本国内での新車（登録車）の売れ行きを明らかにした指標だ。

自動車購入費が個人消費に占める割合は、わずかに4%ほど。しかし、自動車は関連産業の裾野が広く生産に及ぼす影響が大きいこと、個人にとって住宅に次いで大きな買い物であることなどから、重要な指標といえる。購入に際してはローンを利用する場合も多く、生活の先行きが気にかかる。そのため、自動車の売れ行きは、景気の見通しに大きく左右される。

また、クルマ同様に私たちの生活に身近で注目したい指標は、電気通信事業者協会が毎月公表している**「携帯電話契約数」**だ。事業者別の契約数が把握できるため、携帯電話キャリアの勢力争いに関する重要な資料となっている。

通信費の増大など、携帯電話の普及による家計への影響はもちろん、携帯電話機を製造する通信機器産業や情報サービス産業など、日本経済全体に及ぼす影響は年を追うごとに増大している。今後もその拡大が予想されることから、通信関連産業の指標には注視する必要がある。

身近なモノから
お金の流れや経済
全体が見えてくるね

日本のバブル崩壊で世界が学んだこと

1991年のバブル崩壊以降、私たちの暮らしがいっこうに楽にならなかった理由は、やはり経済がデフレに陥ってしまったことにある。**デフレとは、モノの値段が継続して下落し、経済全体が収縮していくこと**。モノの値段が下がると給与が下がり、給与が下がると消費が控えられ、そうなるとモノが売れなくなる。その結果、お金が世の中を循環しなくなり、景気低迷が長引いてしまうわけだ。

バブルが崩壊するとデフレになる理由は、供給に対して需要が減ってしまうから。土地の値段が下がり株価も下がると、資産が目減りするため、資金的にも心理的にも余裕がなくなる。財布のひもが固くなることで需要減を引き起こし、それにつられて物価も下がってしまった。

とはいえ、リーマンショック後の米国もヨーロッパもデフレには陥っていない。その大きな違いは為替レートにある。通常は、経済が悪化した国の通貨は〝売り〟となり、為替レートは安くなる。実際、リーマンショックやユーロ危機でドル安、ユーロ安となった。バブル崩壊後、日本は円高になってしまい、日本経済が決定的な打撃を受けたのとは対照的だが、これは日本の金融政策の不手際に加え、日米貿易摩擦に代表される政治的要因が招いた結果ともいえる。

そのため、各国は日本のバブル崩壊後の状況を見て「バブルが崩壊したら、**大胆な金融緩和政策でとにかく自国通貨を安くしよう**。そうしなければ、日本のようにデフレに陥ることになる」という教訓から、金融政策を行っているといっても過言ではない。

この章は、
世界のマーケットに
大きな影響を与える米国の
経済指標について解説している。
米国の主要経済指標は
ぜひ押さえておこう！

第7章 米国の経済指標

昔は「米国が
くしゃみをすると
日本は風邪を引く」
ってよく言ったでしょ
米国経済は
要チェックだよ

USA

米国経済全体の産出量の全容を示す統計

四半期実質国内総生産（GDP）

Economic indicators

米国内で1年間に生産されたあらゆるサービスや最終製品、建築物の市場価値を表す重要な指標。米国商務省経済分析局が四半期ベースで公表する。

米国経済の実態を示す重要な指標

国籍にかかわらず、**米国内の居住者が生み出した財とサービスの合計額**を市場価格で表示したのが米国の「国内総生産（GDP）」だ。消費と投資、在庫の増減、輸出、政府支出の合計から輸入を差し引きして算出する。

当該四半期が終わった翌月下旬に速報値が、翌々月下旬に改定値が、翌四半期の末月下旬に最終の確定値が公表される。

米国の場合、商務省経済分析局（BEA）で国民所得生産勘定（NIPA）が集計され、GDPはその要約として公表される。NIPAの勘定体系は、広範囲にわたる統計情報を細部まで網羅しているので、経済活動の全容が把握できる仕組みになっている。米国GDPでは、**個人消費の割合が約7割**（日本は約6割）と高いのが特徴で、中でもサービス消費はそのうちの6割を占めている。

1991年、米国政府はそれまでの国民総生産（GNP）統計をGDPに置き換えた。GDPの採用により、世界銀行とほとんどの工業国で活用されている統計体系と同レベルで経済の総産出量が計測できるようになった。

米国の実質GDP成長率

商務省経済分析局(BEA)の研究では、速報値、改定値、確定値とも実質GDPの変化の先行きを高い精度で予測しており、信頼できる指標であることが確かめられている。

実質GDPの項目別寄与度(前期比年率)

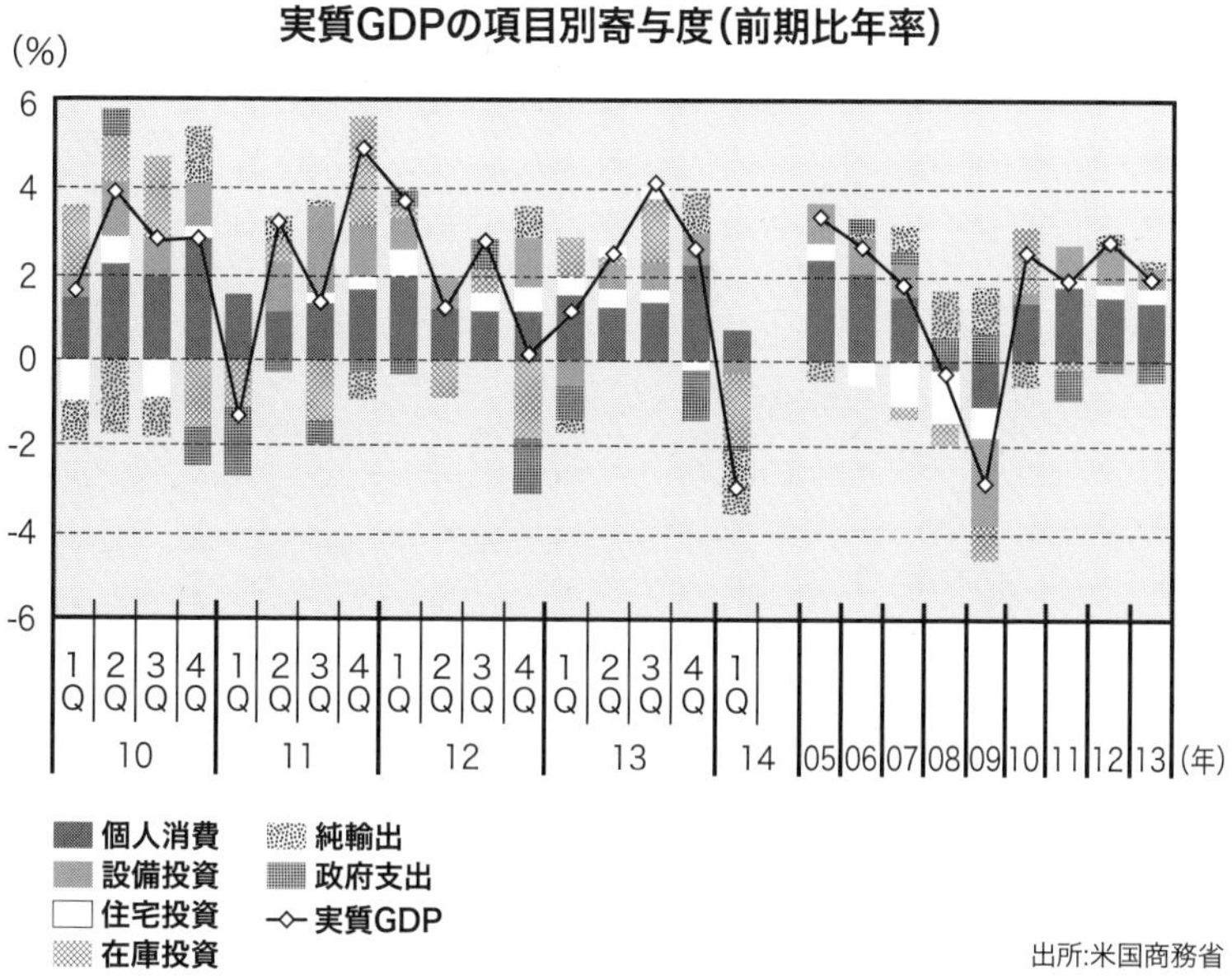

出所:米国商務省

指標でマーケットを読む!

日本のGDPより早く、見やすい

米国内で生産された財・サービスの合計をとらえたものがGDPで、この変化率が経済成長率となる。市場でもっとも注目される指標の一つだ。日本の「GDP」と性格はほぼ同じだが、米国のGDPは四半期最終月の翌月下旬に事前推定値が公表される。このため、翌々月の中旬に公表される日本のGDPより速報性が高い。また、日本のGDPより変動が小さいことから動向が見やすいため、注目度の面でも勝っている。

USA

米国雇用統計

米国の雇用情勢を表す4つの指標

Economic indicators

米国って景気が
悪くなるとすぐに
クビを切るイメージ
あるよね
だから景気との
連動性が高い
雇用統計が注目
されるんだよ

米国の雇用情勢は、「失業率」「非農業部門雇用者数」「ADP雇用統計」「新規失業保険申請件数」の4つの指標から確認する。

米国の雇用情勢を反映した「失業率」をまずチェック

米国の指標で、市場関係者たちの間でもっとも注目を集めるのが「雇用」に関する数字だ。その中でも重要視される４つの指標を紹介しよう。

「失業率」は、**16歳以上の労働力人口の中で失業状態にある人の占める割合**のこと。米国労働省労働統計局（ＢＬＳ）が毎月公表している。「失業」とは、調査の週において生産年齢人口に数えられ、仕事がなく、仕事を探しており、求人に応じることができる状態のこと。失業者数を確定させ、その数を生産年齢人口で割り、「失業率」を算出する。月次の調査データは、年齢別、性別、人種別、婚姻関係別に出されるので、さまざまな属性の失業率を算出することができる。そのため失業率には、経済の将来を示す指標としての大きな価値があると考えられている。

変動の兆候を示す期間は比較的短いものの、景気後退の前に上昇する先行指標のような動きや、景気回復の際には遅行指標となる傾向が見られることが、その大きな理由だ。ただし、景気がいったん悪化すると、急激に高まる傾向を見せることを念頭に置いておきたい。

米国の失業率の推移

「失業率」は、米国の「雇用統計」の柱となる指標の一つ。16歳以上の労働力人口の中での失業者の割合を示す。米国労働省労働統計局が毎月第1金曜日に公表する。

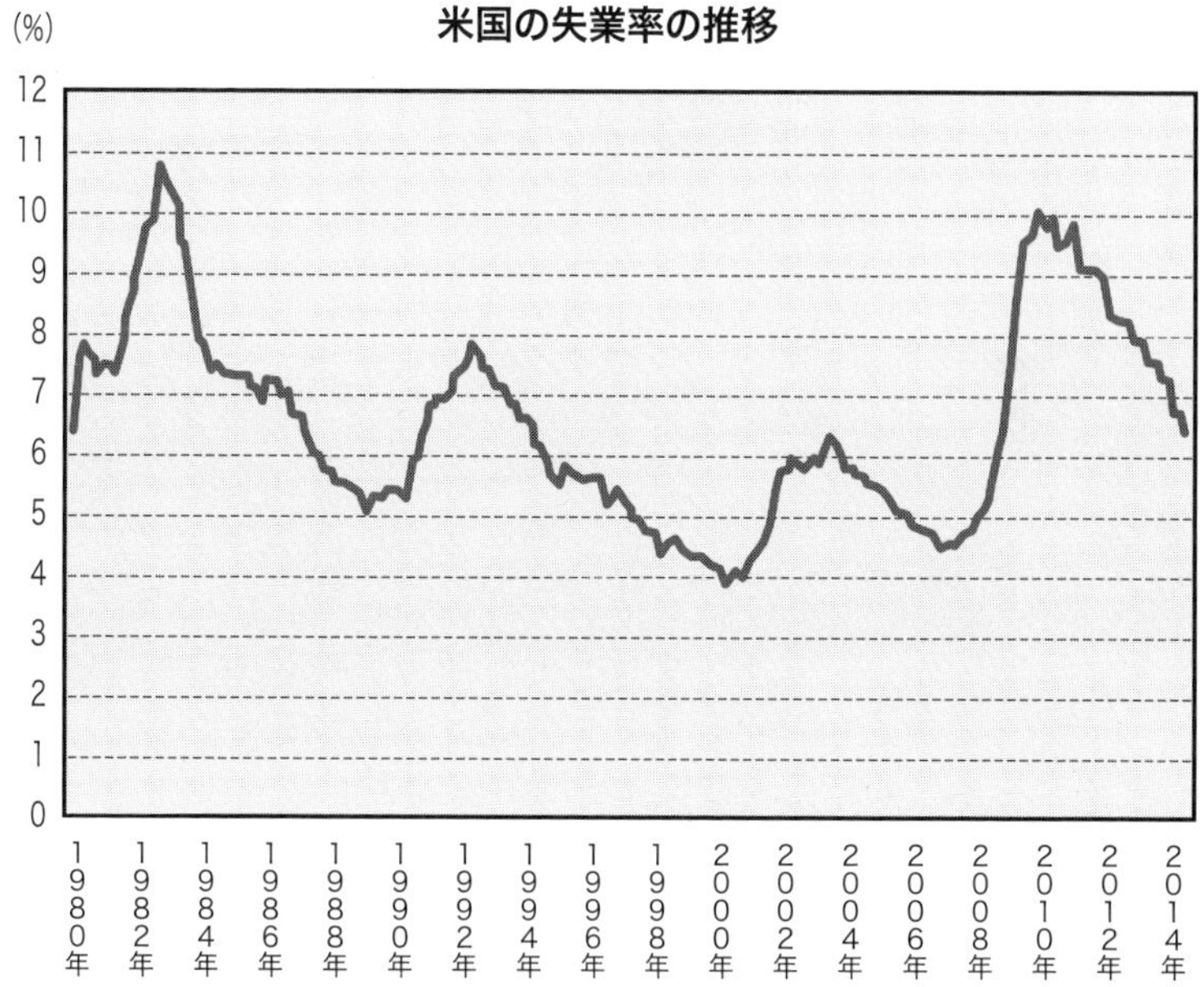

出所: 米国労働省労働統計局

市場で注目される「非農業部門雇用者数」

雇用の傾向がわかる統計の中で、特に注目を集める統計の一つが、労働統計局から毎月公表される「非農業部門雇用者数」だ。労働時間や雇用、賃金に関する情報は、政府関係機関によって**約39万社の非農業部門の民間企業から集められ、「雇用統計（CES）」の基礎データ**となる。これを基に、非農業部門の総雇用や週当たりの平均労働時間、時間当たりの平均賃金などが推計される。調査が行われる週になんらかの仕事をしていれば、フルタイムの正規従業員とパートとの区別はなく、臨時や期間限定の従業員であっても被雇用（就業）者としてカウントされる。総雇用は、景気が後退局面に入ると減少し、景気が回復局面に入るとその少し後に回復するのが常だ。ただし、雇用の回復がさらに遅れる場合もある。

雇用者数の増減は**連邦準備制度理事会（FRB）も注目する**ので、金融政策にも影響を及ぼす。なお、変動が月ごとに大きく、市場の予想と異なる結果が公表されることもあるので注意が必要だ。

雇用統計の予想に影響を与える「ADP雇用統計」

「ADP雇用統計」は、米国で給与計算業務などのアウトソーシングを手がける民間企業、ADP（Automatic Data Processing）社が公表する雇用状況の指標だ。ADP社の**顧客企業約50万社、約2400万人以上の給与計算データを基に非農業部門雇用者数などの値を算出**。

労働統計局は毎月第1金曜日に雇用統計を公表するが、こちらはその2日前の第1水曜日に公表する。そのため、雇用統計の予想に影響を与える点に特徴がある。ADP雇用統計での増減によって、雇用統計の増減を市場があらかじめ織り込む場合があり、雇用統計発表の時点では市場の反応が緩和されることがある。つまり、雇用統計の増減を予想する上で、ADP雇用統計は重要な先行指標となっているわけだ。

毎週公表される「新規失業保険申請件数」

「新規失業保険申請件数」は、失業した人が初めて失業保険の給付を申請した件数を集計したもの。米国労働省の雇用訓練局（ETA）から、季節調整前と調整後のデータが毎週公表される。

失業者の増減と失業保険申請件数は連動するため、「件数増加＝雇用状況悪化」、「件数減少＝改善」を意味する。また、申請件数は、景気の拡大期に減少し、景気縮小が現実味を帯び始める数カ月前に急増する傾向がある。このため、この統計は景気の山と谷を予測する先行指標として利用される。日本では集計されていない統計だが、米国の雇用者数の動きを予測する目安となっている。**40万件が分岐点**といわれて、それを超えると雇用環境が悪化していると判断される。ただし、週単位の申請件数はさまざまな要因により大きく変わりやすい。また、日本に比べ失業保険に加入していない労働者が多いことにも注意が必要だ。

新規失業保険申請件数と非農業部門雇用者数の推移

「新規失業保険申請件数」は、毎週木曜日、労働省雇用訓練局から公表される。週ごとの変化が激しいため、4週間の移動平均が参考にされる。また、非農業部門雇用者数は、米国の「雇用統計」の柱となる指標の一つで、農業部門以外の労働者数の増減を示したもの。調査は毎月行われ、翌月の第１金曜日に公表される。

新規失業保険申請件数と非農業部門雇用者数の推移

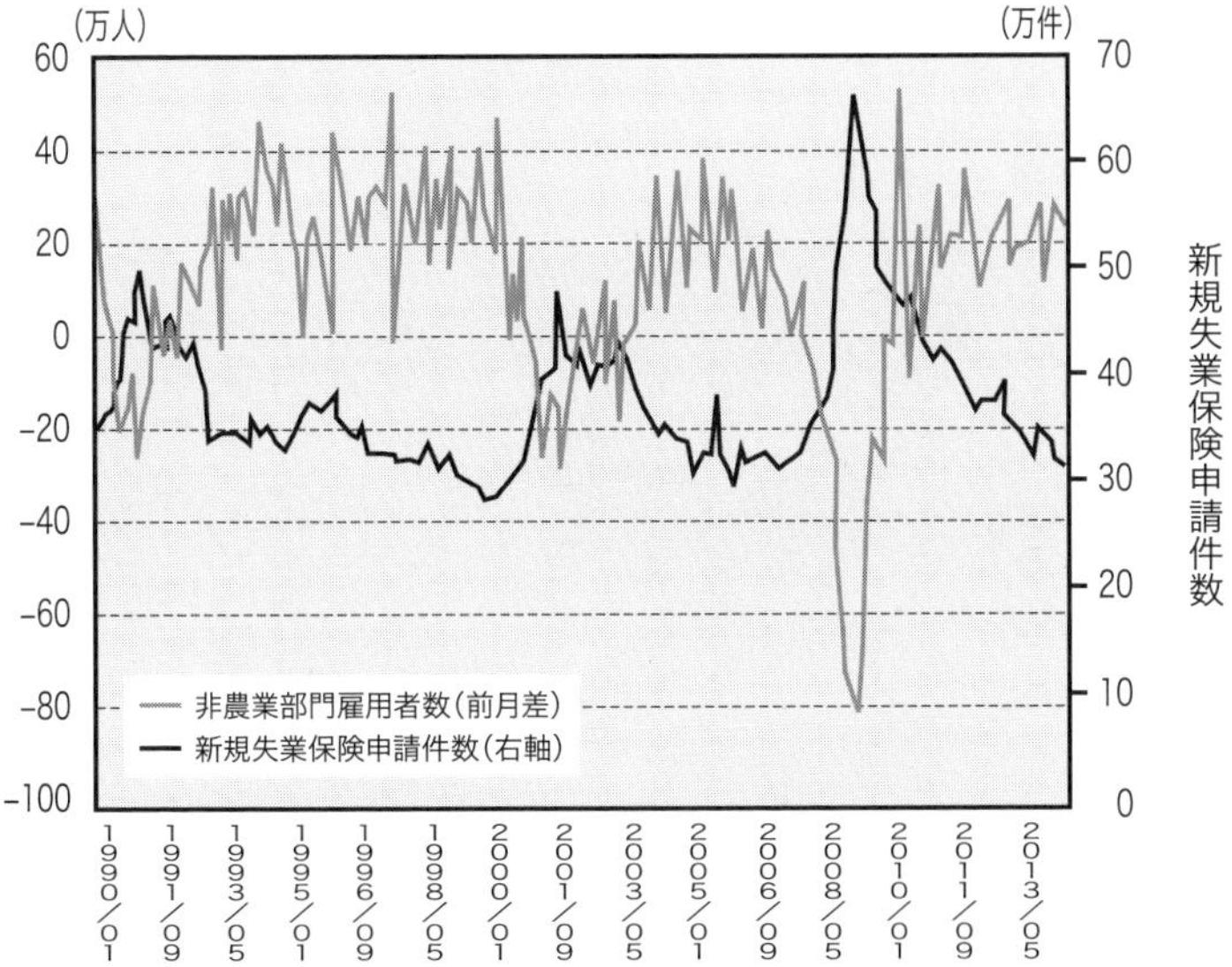

出所: 米国労働省

指標でマーケットを読む!

各指標の関連性にも注目!

「雇用統計」の中の「失業率」と「非農業部門雇用者数」は、景気の動向を占う上で重要視され、実際、外国為替市場や株式市場がその数値で大きく動く。「ADP 雇用統計」と「新規失業保険申請件数」は、「失業率」や「非農業部門雇用者数」の数字を先読みする先行指標としても用いられ、その動きによっても市場は敏感に反応するので、これらの指標を関連づけて見るようにしたい。

ISMが発表する統計から米国の景況感が読み取れるってわけね
うん　注目度が高い指標だよ

企業の購買担当者が答える景気の先行き

ISM製造業景況指数・ISM非製造業景況指数

Economic indicators

全米の製造業、非製造業の企業の景気に対するマインドをまとめた指標。
景気の先行指標として重視される。

アンケート調査から景況感を指数化

「ISM製造業景況指数」と「ISM非製造業景況指数」は、全米の製造業と非製造業の企業に民間団体のISM（Institute for Supply Management：供給管理協会）が景況感についてのアンケート調査を行い、指数化したもの。

景況感に対する3つの選択肢「1カ月前より良い」「変わらない」「1カ月前より悪い」の回答の割合を集計して算出する。値が大きいほど「景気が良い」と感じている企業が多いことを示している。

「ISM製造業景況指数」は、ISMが**400社以上の製造業の購買担当者にアンケートを実施**して作成。調査月の翌月第1営業日に公表される。指標の中でも、生産や新規受注、納入、在庫、雇用の5項目を集計した総合指数のPMI（Purchasing Managers' Index）がもっとも重要視される（P160の「各国の製造業購買担当者景気指数〈PMI〉」を併せて参照）。

「ISM非製造業景況指数」は、ISMが**非製造業の約370社を対象**に、製造業景況指数と同様の調査を実施。調査月の翌月第3営業日に公表される。

ISM製造業景況指数・ISM非製造業景況指数

一般的にPMIが50%を超えれば景気拡大、下回れば景気縮小を示しているとされる。景気転換の先行指標として精度が高く、連邦準備制度理事会(FRB)の政策担当者もその動きを注視している。

ISM景況指数

出所: ISM

指標でマーケットを読む!

景気の先行性に もっとも優れたデータ

ISM景況指数が50%を超えていれば、景気は拡大しているとみる。これは、たとえばISM製造業景況指数が50%超のときは常に製造分野では生産が拡大しており、50%を上回って引き続き上昇しているときは景気の拡大ペースが加速、それを下回り下降傾向にあれば景気の悪化ペースが加速すると考えるからだ。日本でも日本資材管理協会からPMIが公表されているが、あまり知られていない。

USA

米国の景気動向を読む重要指標

鉱工業生産指数

Economic indicators

鉱工業生産指数は300もの個別統計からつくられているんです
速報値の信頼性も高く製造業の状況を知るには有益な指標なんです

企業の生産活動を示す指標。鉱業と製造業の生産量をFRBが毎月取りまとめ公表している。

製造業の動向を反映して景気に連動

「鉱工業生産指数」は、連邦準備制度理事会（ＦＲＢ）によって作成される、産業活動の状況を包括的にとらえた指標だ。前月の生産実績を反映したものが、毎月半ばに公表される。指数自体は３００の個別統計からつくられ、幅広い産業分野を対象に含んでいる。データは、電力やガスなどのユーティリティ業界、鉱山局やセンサス局その他の政府組織、団体などから直接集められる。

極めて多様な統計からなり、データが入手できる時期がバラバラであることから、ＦＲＢは暫定的に見込み数値で公表の後、修正を加えていく。それでも速報値の信頼性が高いとされるのは、発表が遅れがちな確定ＧＤＰに代わって、**製造業の状況を素早く判断するための情報源**の役割を、ＦＲＢが鉱工業生産指数に持たせているからだ。鉱工業生産の総合指数は、現在の経済状況を表す一致指標として動く傾向があるため、指数変化の山と谷が、景気の山と谷にほぼ一致して表れる。ただし、例外もあり、たとえば、２００１年の景気後退が始まった時期は、生産状況の変化に連動しなかった。

鉱工業生産指数

鉱工業生産の実績はさまざまな指標で公表される。その代表格がすべての指数を編集した「総合指数」だ。総合指数は、現在の経済状況を表す一致指標として動く傾向がある。

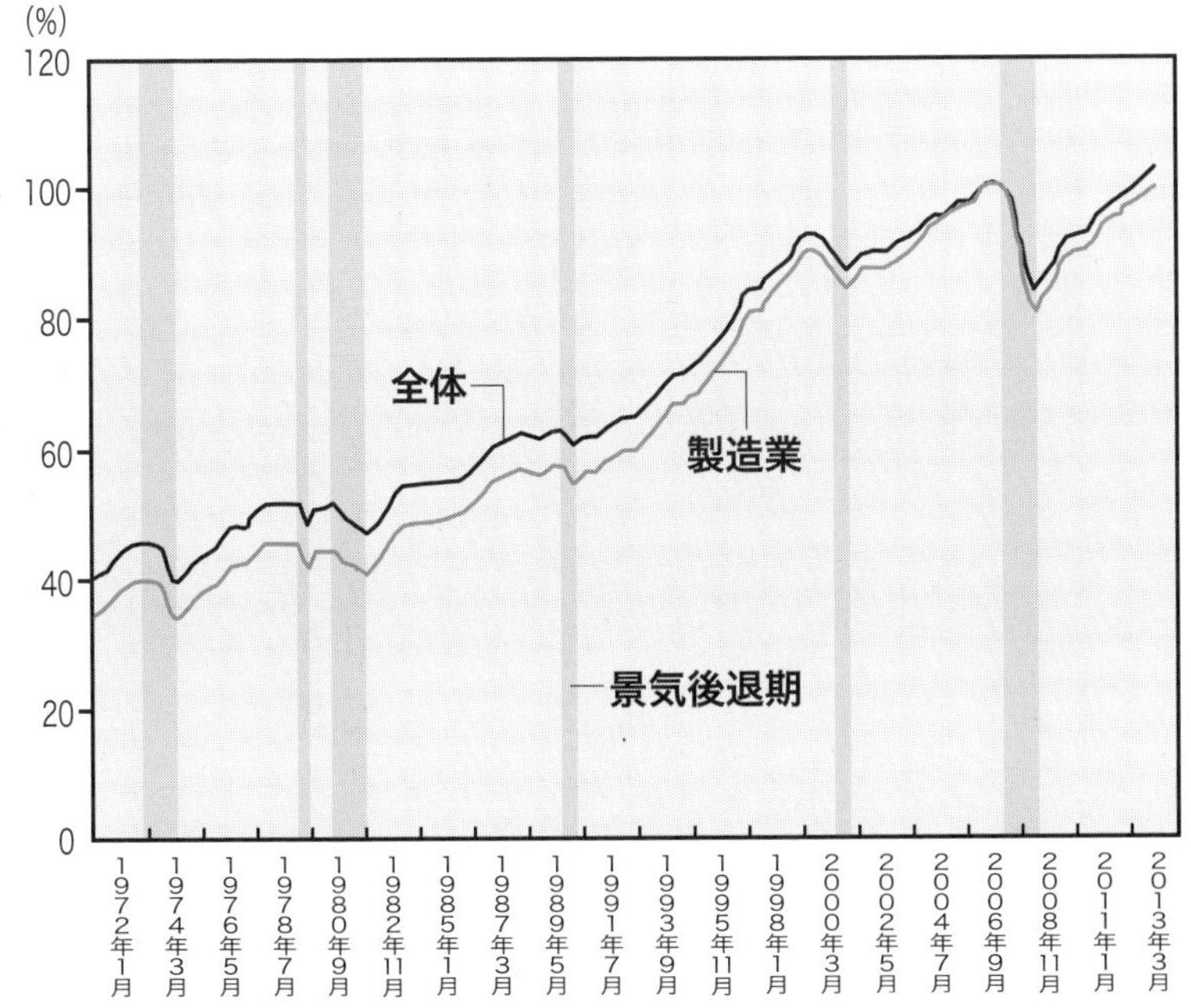

出所:FRB、全米経済研究所(NBER)

指標でマーケットを読む!

日本ではより注目度が高い指標

日本にも「鉱工業生産指数」は存在するが、調査月の翌月下旬に公表されるため、翌月中旬に公表される米国のほうが速報性が高い。また、GDPとの相関関係も日本より明瞭だ。ただし、米国の鉱工業生産指数は、その1週間前に公表される「雇用統計」や「ISM製造業景況指数」から推し量れるため、日本のものほど市場の注目度は高くない。逆に、日本では非常に重視されている指標だ。

米国の設備投資の動向を占う指標

耐久財受注

耐久財受注は
設備投資の
先行指標って
こと？
速報性が
高い指標
ですからね
新規受注は
要注目ですよ
でも変動幅も
大きいので注意です

製造業の耐久財の受注状況を表した指標。
設備投資の回復・後退を占う。
商務省センサス局が毎月公表している。

設備投資や生産に対する先行指標として要注目！

耐久財とは3年以上の使用に耐えうる消費財のこと。「耐久財受注」は、主に**米国の製造業における設備投資の動向を見るための統計**で、商務省センサス局が公表している。GDPの6％相当額の推移を表すもので、約4500件のデータを基に毎月作成。製造業新規受注の公表が調査月の翌々月の月初なのに対し、耐久財受注は毎月下旬に前月分の速報値が公表され、製造業新規受注の全統計発表時に修正される。

耐久財受注は、耐久財の出荷、在庫、新規受注、受注残高から構成されており、中でも注目されるのが新規受注だ。速報性の高さから、設備投資の先行指標とされ、特に非国防資本財の受注は注目度が高い。

しかしながら、月々の変動幅があまりに大きいため、先行指標としての働きは安定したものとはいい難い。景気が頂点に達する前に統計値の山が現れ、景気が谷を抜ける前に統計値が上がり始める傾向を持つものの、月々の値や変化の大きさ、先行期間にバラつきがあるため、指標として見る場合、注意が必要だ。

米国　耐久財受注の推移

「耐久財」とは、実際の製品でいうと「自動車」や「航空機」、「家電製品」「家具」などを指す。「非国防資本財」とは、輸送関連（航空機）を除いた資本財のこと。航空機の受注を含んだ数値は、戦争準備や戦争中などで大きく変動する可能性が高い。

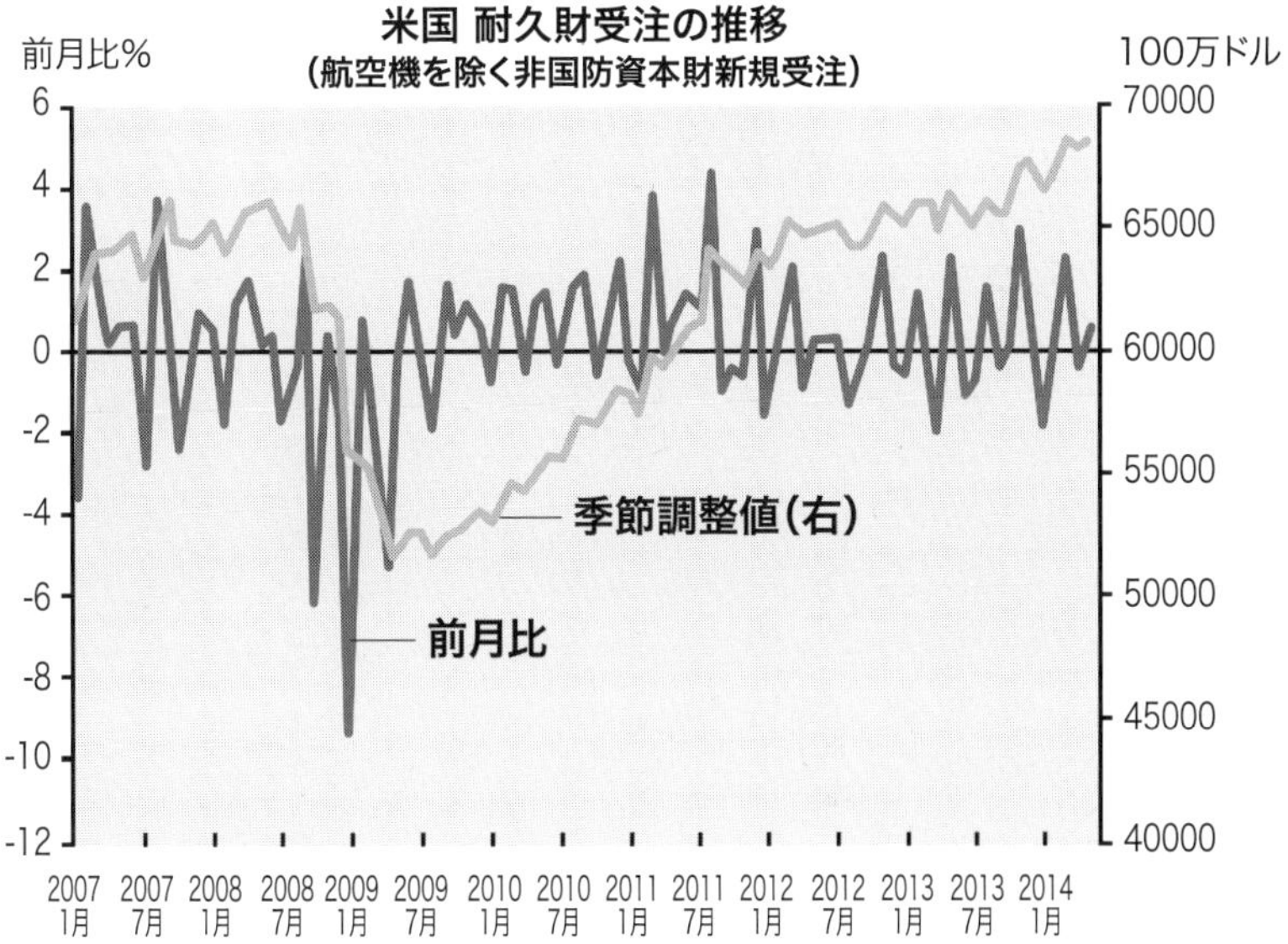

出所：米国商務省

指標でマーケットを読む！

変動の激しい受注関連の指標は移動平均でならして見る

日本では、内閣府の「機械受注」が設備投資の先行指標としてよく知られている。ただし、「機械受注」の公表は調査月の翌々月中旬と遅いため、翌月下旬に公表される米国の「耐久財受注」が速報性で勝る。機械受注では「船舶・電力を除く民需」、耐久財受注では「非国防資本財」がそれぞれ先行指標となるが、単月の変動が激しいため、移動平均をとるなど、短期的な変化をならして見るようにしたい。

USA

家計の側面から景気動向を見る

消費者物価指数・個人消費支出

Economic indicators

「消費者物価指数（CPI）」は、消費者が購入したモノやサービスの価格変動を示す指標。金融政策の転換に影響を与える。「個人消費支出（PCE）」は、米国の家計が購入したモノやサービスの金額を集計したもの。中でもPCEコアデフレーターは、FRBが注目するインフレ指標だ。

経済の大きなウエイトを占める個人消費

「消費者物価指数（CPI）」とは、消費者が購入したモノやサービスの価格の推移を表したもの。1982～1984年の平均を100として算出する。**都市部の消費者を対象にした「CPI―U」**と、都市部の賃金労働者と事務職従事者を対象にした「CPI―W」があり、通常は全人口の約87％をカバーする「CPI―U」を指す。労働統計局（BLS）が毎月15日前後に公表。インフレ率の推計や動向を見る際に用いられることが多い。

一方、「個人消費支出（PCE）」は、**消費者のモノやサービスに対しての支出額を示す指標**だ。米国では、消費支出の変動を商務省が常に監視しており、その額は名目ベースで毎月末に公表される。個人消費支出は、国内総生産（GDP）を構成する要素の一つ。経済の発展にともない、その比重が高くなる傾向にあり、米国では約70％に達している。つまり、米国のような成熟した経済では、個人消費は国内総生産を左右する最大の要素となっているわけだ。この指標は、連邦準備制度理事会（FRB）の金融政策を占う上で、重要な経済指標となっている。

米国消費者物価指数（CPI）が注目される理由

「米国消費者物価指数（CPI）」は、インフレの動向を測る際に用いられる。また、消費者物価指数の変動は、金融政策を通じて為替や株式、債券など金融商品全般へ影響するため、注目度が高い。

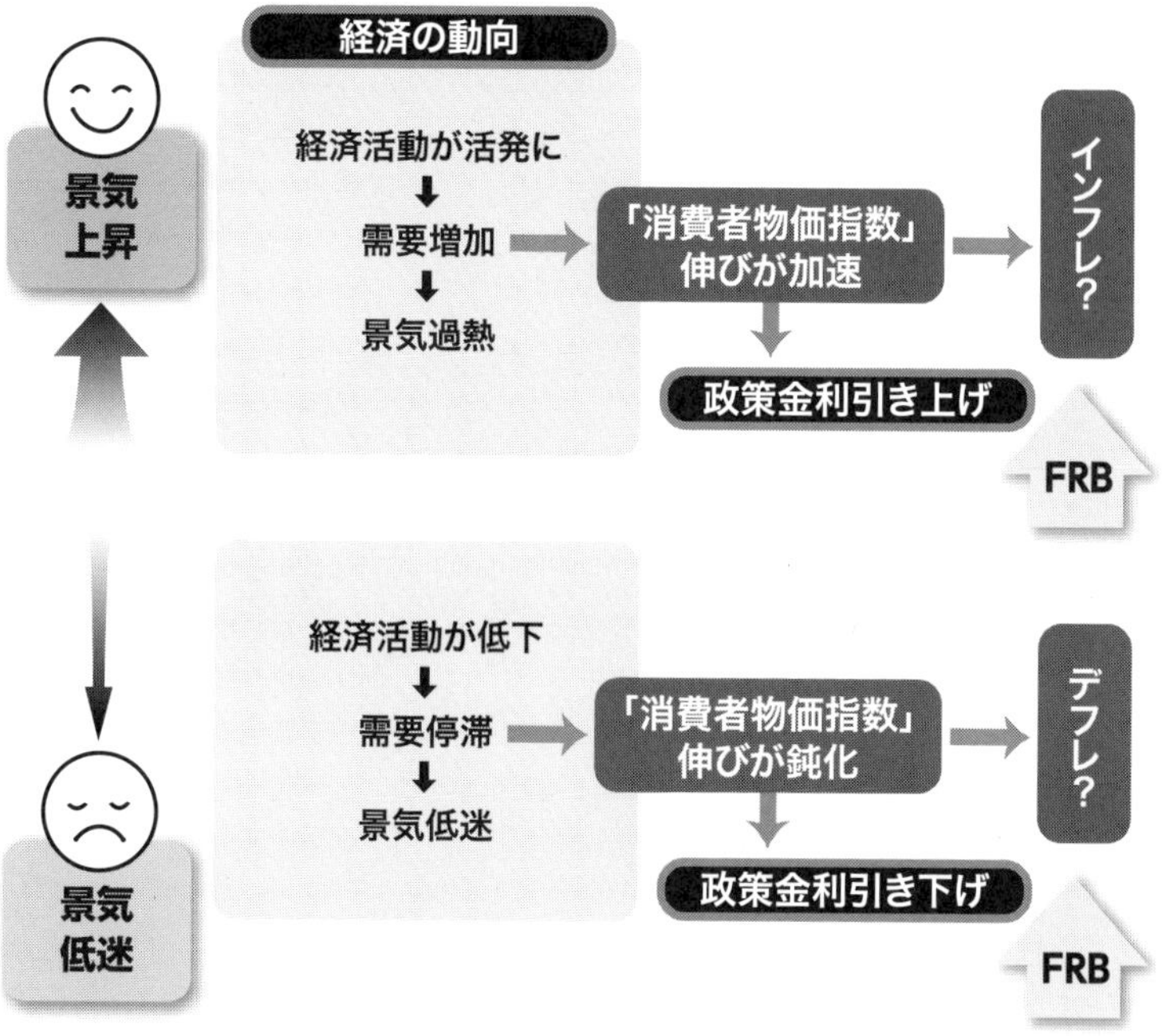
経済の動向
景気上昇
経済活動が活発に
需要増加
景気過熱
「消費者物価指数」伸びが加速
インフレ？
政策金利引き上げ
FRB
経済活動が低下
需要停滞
景気低迷
「消費者物価指数」伸びが鈍化
デフレ？
政策金利引き下げ
FRB
景気低迷

指標でマーケットを読む！

前年比上昇率2%超でインフレが懸念される!?

「個人消費支出」自体は名目的な統計のため、インフレを加味した実質的な消費支出の伸びを把握するには「消費者物価指数」を利用することが多い。エネルギーと食料品を除く部分の「コア」の上昇率が前年比 2%を上回ると、インフレが警戒されるとみる。日本でも「消費者物価指数」を公表しているが、米国のCPIと異なり、日本の場合「生鮮食品を除く総合」を〝コア〟としているので比較の際には注意したい。

USA

生産者物価指数（PPI）

生産過程の製造・生産における販売価格の平均的変化を示す

Economic indicators

最近は米国の物価も上がっているな
米国消費者物価指数と生産者物価指数の
新聞記事を読んでるんでしょ

米国内製造業者の約1万品目の販売価格を調査・平均化したもの。インフレ動向を判断する指標の一つで、毎月中旬に労働統計局から公表される。

出荷段階での物価動向を指数化

「生産者物価指数（ＰＰＩ）」は、モノやサービスの売値の変化を表した指標だ。毎月、米国のあらゆる産業部門から集められた10万品目を超える製品の見積価格を「業種別」「商品別」「製造過程別」に分類し、最終的に約1万品目分の報告書を作成。これを基に、1982年を100として指数化し、毎月中旬に労働統計局が公表している。

インフレを示す指標の中で特に重要なのが、前出の**「消費者物価指数（ＣＰＩ）」**と、この**「生産者物価指数（ＰＰＩ）」**だ。物価の変動は、生産者側から最終的に消費者の購入価格である消費者物価へと波及する。そのため、生産者物価指数は消費者物価指数の動向を占う上で注目が集まるわけだ。市場では、公表された時点でのＰＰＩの水準よりも対前月比の数値を重用する。

また、食品・エネルギーの価格は季節要因の影響を受けやすいため、物価の全体的な動向を見るには、これらを除いた「コア」指数が利用される。ＰＰＩの「総合」指数と「コア」の差が大きい場合には、市場は「コア」を重要視する。

生産者物価指数(PPI)と消費者物価指数(CPI)の推移

日米の物価の変動をPPI(日本はCGPI〈国内企業物価〉)とCPI、2つの指標の年間変化率で見てみると、両国とも2000年前後を境にPPI(CGPI)とCPIの上昇率が逆転。これは、両国の経済の構造変化を表している。

生産者物価指数と消費者物価指数

(1)日本

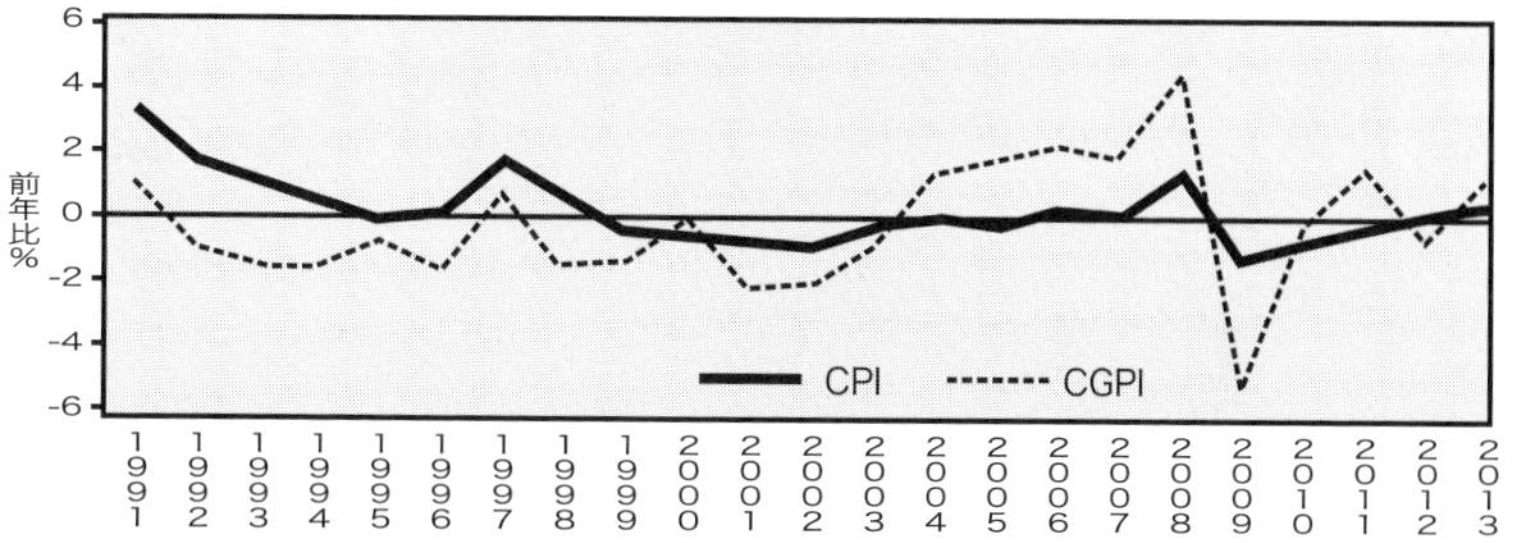

出所: 総務省、日銀

(2)米国

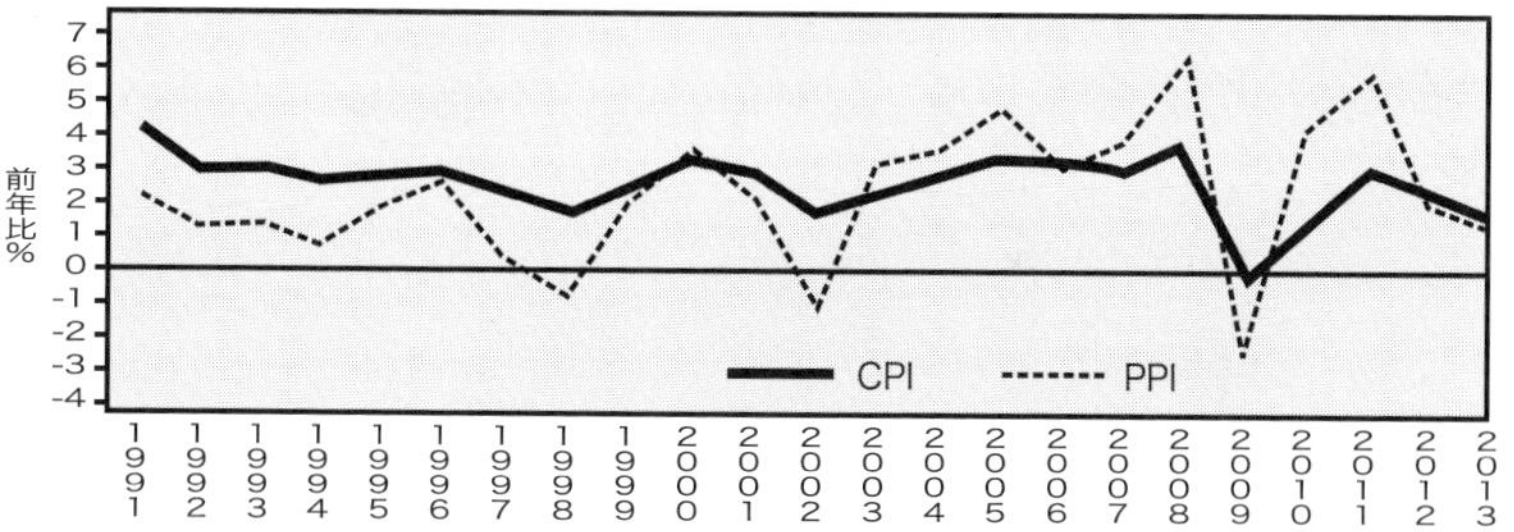

出所: 米国労働省

指標でマーケットを読む!

「原材料」「中間財」「最終財」の3つの動きにも要注意

「生産者物価指数」で注意すべき点は、「総合」指数や「コア」指数のほか、原材料や中間財の変化も市場に影響を与えるところにある。物価は「原材料」→「中間財」→「最終財」の順に変動するため、「原材料」や「中間財」の動きが予想と異なった場合、「最終財も予想と異なるのでは?」との憶測が広がり、市場の動きが激しくなるからだ。

USA

米国内で販売されている商品の売上高を合計

小売売上高

百貨店や総合スーパーのサンプル調査から小売業全体の売上げを推定した指標。商務省センサス局から調査月翌月第2週に公表される速報値に注目が集まる。

米国で注目度の高い消費関連の指標

「小売売上高」は、小売業全体の売上高を表した指標だ。百貨店や総合スーパーなど約5000の小売および飲食サービス業を対象にしたサンプル調査を商務省センサス局が毎月実施。これをベースに小売業全体の月間売上高を推計する。調査月の翌月第2週に速報値を公表。その後、2回の修正を経て確定値となる。

全体の売上高のほか、耐久財・非耐久財別、各商品カテゴリー別、自動車やガスステーション、建設資材の売上げを除いた「コア」指数が公表される。小売売上高の中でも割合が高い自動車などを除いた数値を公表するのは、変動が大きいからだ。なお、小売業者に対して商品を販売する卸売業者の売上げは数値に含まれない。

米国の個人消費は**GDPの約70%**を占めているだけに、消費者の動きは注目されている。小売売上高の数値を見ることによって個人消費の動向が把握できるため、米国の景気の先行きを占う上で重要な指標となる。一般に、**消費支出は景気の回復に連動する**ため、小売売上高は景気拡大の一致指標として重要視される。

Economic indicators

月次の小売売上高と景気の関係

個人消費がGDPの70%を占める米国では、「小売売上高」は消費者の動向を把握するための重要な指標。「小売売上高」は、米商務省経済分析局のGDP推計やFRBの景気動向予測でも利用されており、注目度が高い指標だ。

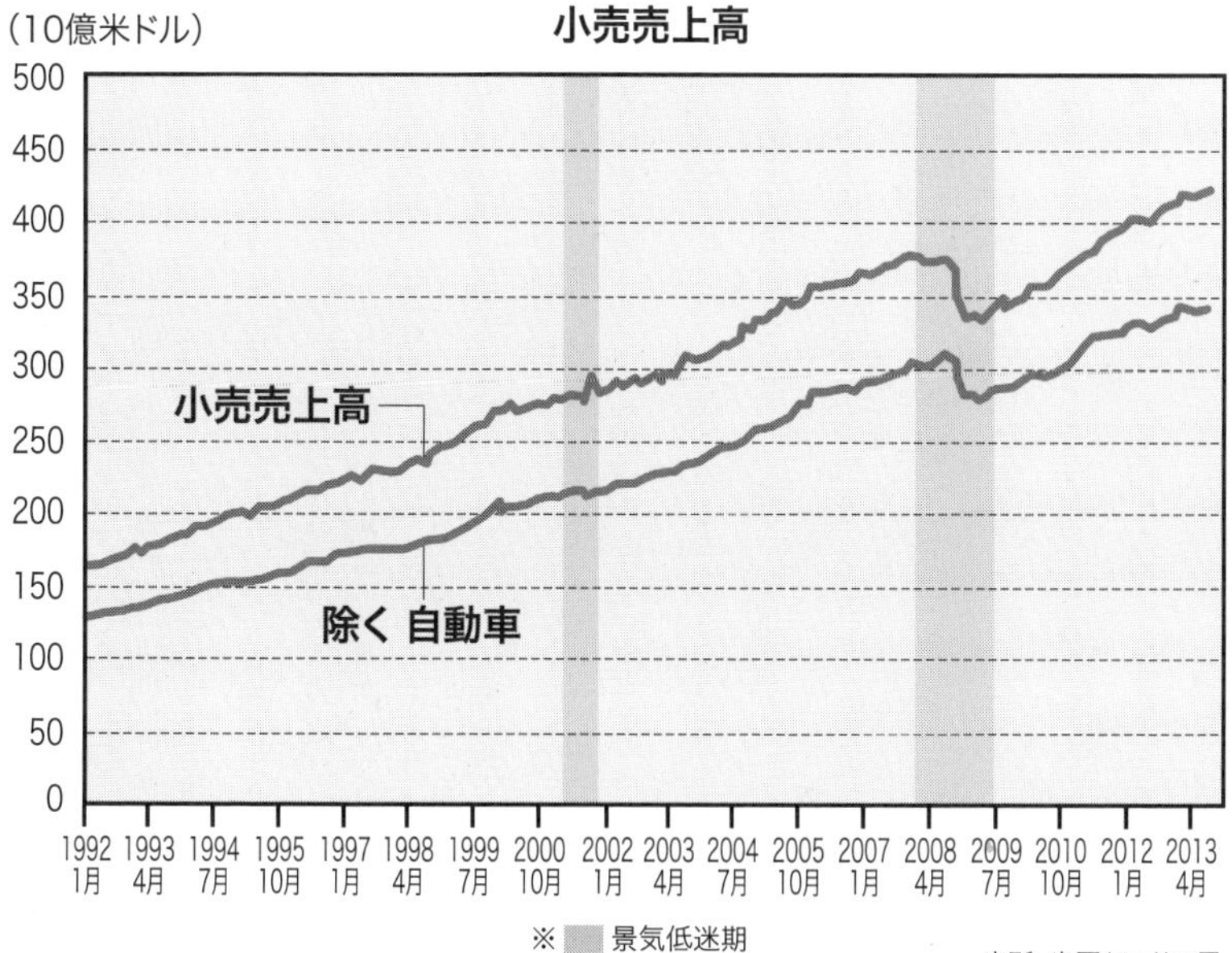

出所: 米国センサス局

指標でマーケットを読む!

「コア」指数の前月比に注目!

速報値は大幅に修正されることがあるため、公表当月だけでなく前月の伸びも併せて見ることが重要だ。項目別では、変動の大きい自動車やガスステーション、建設資材を除いた「コア」指数の前月比に注目。単月では「総合」指数、「コア」指数ともにガソリンの価格に左右される傾向がある。ガソリン価格の上昇は小売売上高の押し上げ要因、ガソリン価格の下落は小売売上高の押し下げ要因といわれている。

消費者の動きや心理から景気の先行きを知る

新車販売台数・ミシガン大学消費者信頼感指数

Economic indicators

米国は新車販売が好調だね
市場規模も世界第2位
俺も昔はアメ車に憧れてたなあ

「新車販売台数」は、速報性から毎月初旬に民間の調査会社・オートデータが公表したものに注目が集まる。消費者の景況感を表す「ミシガン大学消費者信頼感指数」は、速報値が毎月10日前後の金曜、確報値が毎月最終金曜に公表される。

消費者のマインドを知る2つの重要な指標

「新車販売台数」は、自動車（新車）の販売台数を集計したもの。毎月初旬に前月の販売台数が民間調査会社のオートデータから公表され、注目を集める。

米国は**世界第2位の自動車市場**。生産面から見ると、自動車産業は裾野が非常に広いため、GDP、ひいては景気に与える影響は大きい。消費面から見ると、乗用車の購入は米国の個人消費でいちばん変動が大きい耐久財の4割近くを占める。自動車は住宅に次ぐ高額商品なので、収入の先行きに不安があるときは真っ先に買い控えるため、景気の後退を購買行動で示した指標となるわけだ。

一方、消費者から景況感を直接聞き出したものが「ミシガン大学消費者信頼感指数」だ。ミシガン大学のサーベイ・リサーチセンターが「消費者マインド」に関するアンケート調査を速報値は300人、確報値は500人を対象に実施。**景況感や雇用状況、所得に関しての回答**を、1966年を100として指数化。約40％の「現状判断指数」と約60％の「先行き期待指数」で構成され、後者は景気先行指標の一つとなっている。

米国新車販売台数とミシガン大学消費者信頼感指数の推移

「ミシガン大学消費者信頼感指数」は、米国の民間調査会社・コンファレンスボードの「消費者信頼感指数」に先行して公表されるので、注目度が高い。ただし、アンケート対象者の人数が少ないため振れ幅が大きくなる。

ミシガン大学消費者信頼感指数

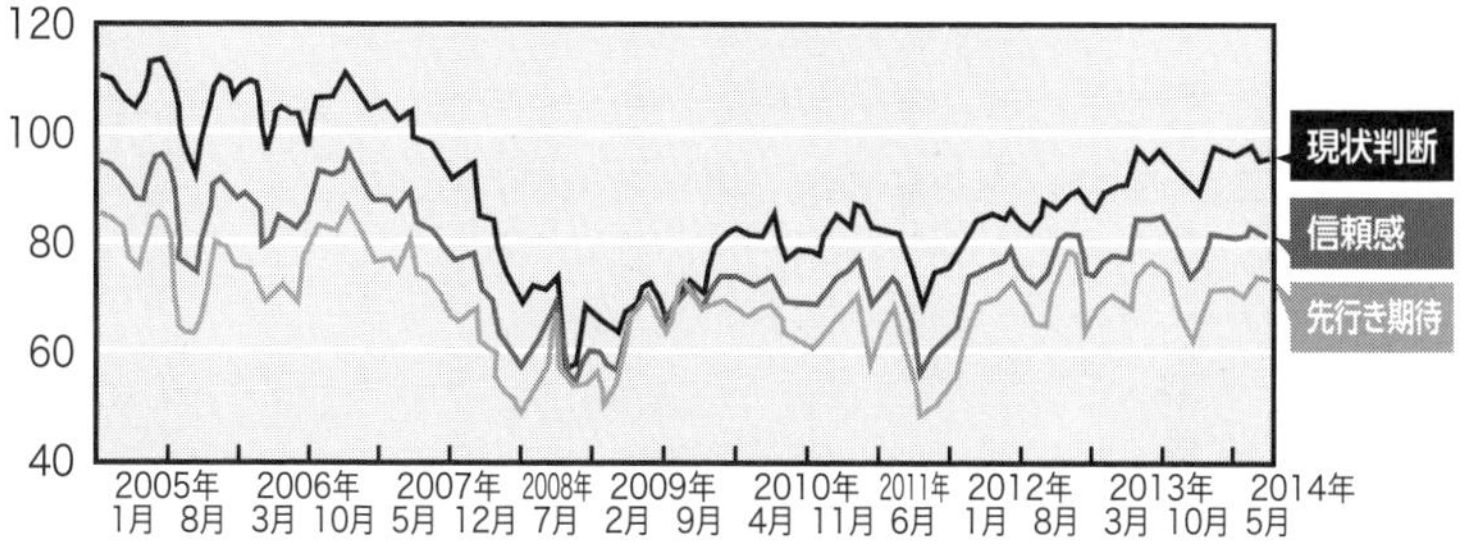

（ポイント）
120
100
80
60
40
2005年 1月
8月
2006年 3月
10月
2007年 5月
12月
2008年 7月
2009年 2月
9月
2010年 4月
11月
2011年 6月
2012年 1月
8月
2013年 3月
10月
2014年 5月
現状判断
信頼感
先行き期待

出所：ミシガン大学

米国新車販売台数

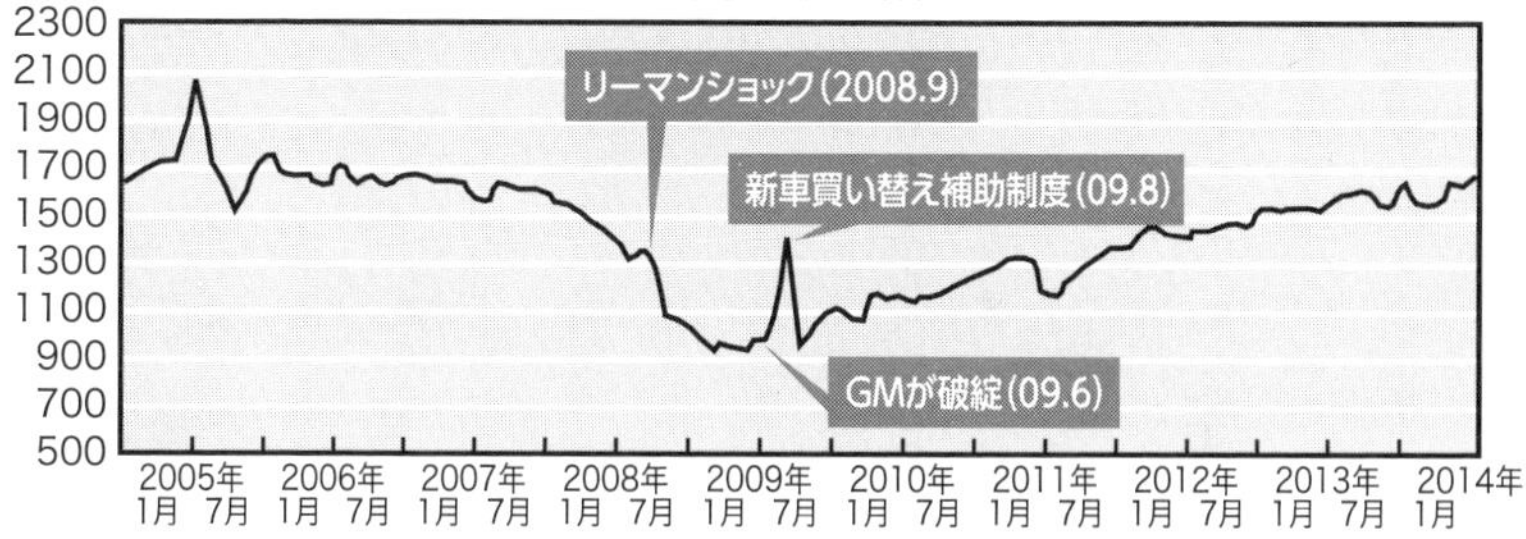

（万台）
2300
2100
1900
1700
1500
1300
1100
900
700
500
リーマンショック（2008.9）
新車買い替え補助制度（09.8）
GMが破綻（09.6）
2005年 1月
7月
2006年 1月
7月
2007年 1月
7月
2008年 1月
7月
2009年 1月
7月
2010年 1月
7月
2011年 1月
7月
2012年 1月
7月
2013年 1月
7月
2014年 1月

出所：米オートデータ

指標でマーケットを読む！

速報性で注目を集める「新車販売台数」

米国商務省の「自動車販売台数」は、民間の情報提供会社のデータに基づき季節調整済みの年率換算値として公表される。個人消費の指標として、「Autos」（ステーションワゴンを含む乗用車）と「Light trucks」（ミニバンやSUVを含む総量10,000ポンドまでのトラック）の合計台数が注目されるが、発表が遅れるため、メディアはオートデータ等が先に発表する「新車販売台数」を引用することが多い。

新築住宅の需給状況から景気の動向を占う

住宅着工件数・新築住宅販売件数（商務省）

Economic indicators

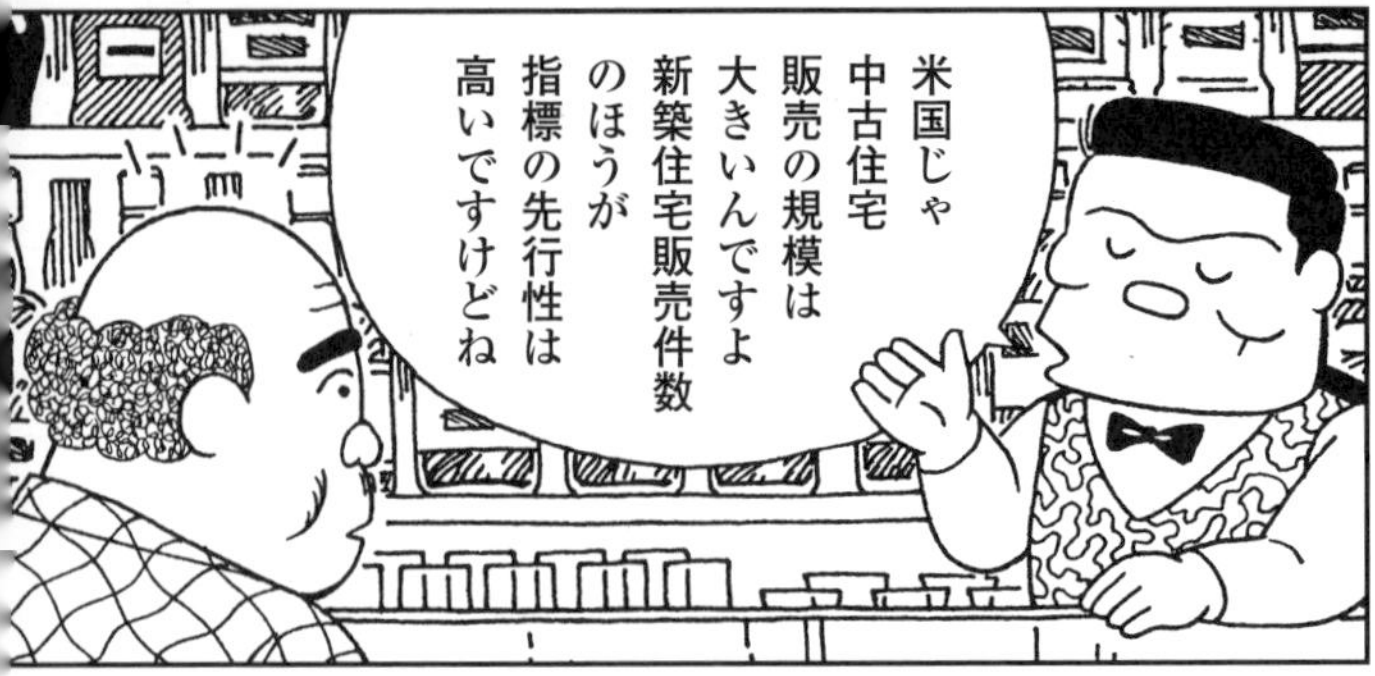
米国じゃ
中古住宅
販売の規模は
大きいんですよ
新築住宅販売件数
のほうが
指標の先行性は
高いですけどね

「住宅着工件数」は建設が始まった住宅の件数を、
「新築住宅販売件数」は新築住宅の販売件数を、
商務省センサス局がまとめたもの。景気動向に敏感で、
先行指標として注目度が高い。

消費者の景気見通しが強く反映される住宅関連指標

「住宅着工件数」は、米国内で着工された新築住宅の件数の動きを表す指標。米国商務省センサス局が月次で公表する。公共住宅は含まれず、**一戸建てと集合住宅について、「全米」「地域別」の数値が示される。**住宅投資は、将来的に家電や家具といった耐久財消費に波及するなど、個人消費に大きな影響を与えるため、景気の先行指標として注目度が高い。天候に左右されやすく月次の変動が大きいため、３カ月の移動平均も利用される。

一方、「新築住宅販売件数」は、米国内で販売された新築住宅の件数の動きを表す指標で、「住宅着工件数」と同じく、米国商務省センサス局が月次で公表している。一戸建てに加え、コンドミニアムや共同住宅を含めた**販売件数、販売価格などが「全米」「地域別」で示される。**新築住宅販売は「土地付き新築住宅」の販売を指す。住宅販売での規模は「中古住宅販売件数」のほうが大きいが、統計のタイミングの違いから先行性は「新築住宅販売件数」のほうが高いといわれている。ただし、こちらも月次の変動が大きいので注意が必要。

新築住宅と景気のサイクル

「住宅着工件数」は新築住宅が売り出される前、「新築住宅販売件数」は売り出された後の数値。先行性は「住宅着工件数」のほうがより高い。

住宅着工件数・新築住宅販売件数

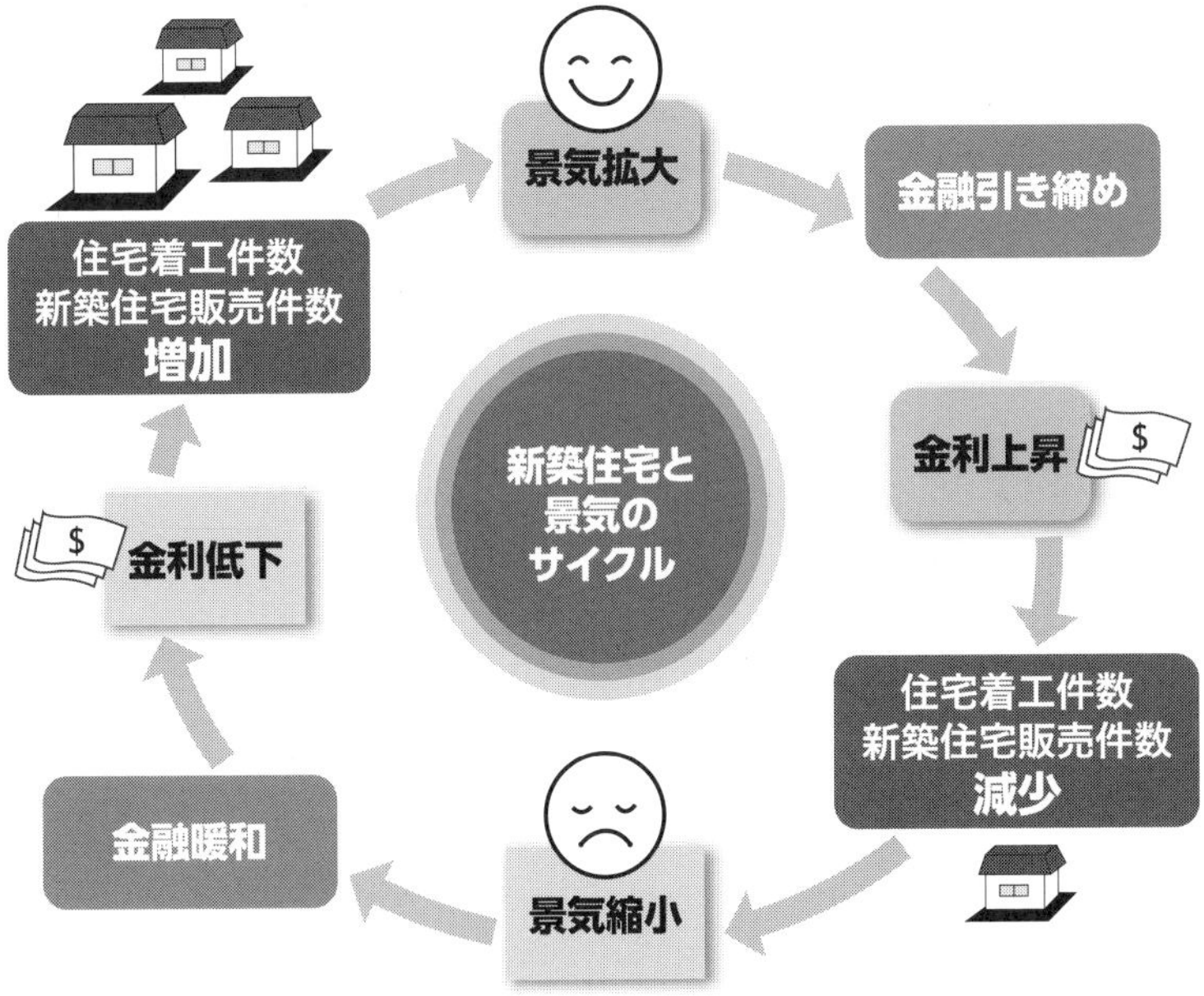
景気拡大
金融引き締め
金利上昇
住宅着工件数
新築住宅販売件数
減少
景気縮小
金融暖和
金利低下
住宅着工件数
新築住宅販売件数
増加
新築住宅と
景気の
サイクル

指標でマーケットを読む!

新築住宅関連の指標は高所得層の動きを反映する

住宅関連の指標は、天候の影響を強く受けるために月次ベースの変動が大きく、トレンドを把握する場合は３カ月移動平均を利用することが多い。アメリカ人は日本人に比べて中古住宅の購入に抵抗は少ないものの、「できることなら新築住宅を購入したいと考えている」という意見も多い。そのため、新築住宅に関連する指標は、比較的収入の高い層の数を把握できるという側面もある。

Economic Indicators

中古住宅の販売状況から景気を予測する

S&Pケース・シラー住宅価格指数・中古住宅販売件数

ケース・シラー？
由来はケース教授とシラー教授
2人の名前ね中古一戸建て住宅価格の有名な指標だよ

「S&Pケース・シラー住宅価格指数」は、全米の主要都市圏での一戸建て住宅の再販価格を基に指数化したもの。「中古住宅販売件数」は、全米と4つの地域での中古住宅の販売件数を集計したものだ。双方とも景気の動向を見る重要な先行指標となっている。

住宅の売れ行きは その後の個人消費を左右する

「S＆Pケース・シラー住宅価格指数」は、米国の民間格付け機関、スタンダード＆プアーズが毎月公表する、米国の住宅価格の動向を示す指標だ。

指標名の由来は、ウェルズリーカレッジのケース教授とエール大学のシラー教授が考案した算出方法を基にしているため。全米の主要都市圏における**中古一戸建て住宅の価格の推移を集計**し、2000年1月を100として指数化。「主要10都市」「主要20都市」の指数を調査月の翌々月最終火曜に、「全米住宅価格指数」を四半期ごとに公表する。

一方、米国不動産業者協会（NAR）が公表するのが「中古住宅販売件数」だ。一戸建てとコンドミニアム、共同住宅の中古物件の販売価格、販売件数、在庫の数値が、「全米」と「地域別」（北東部、南部、中西部、西部）でそれぞれ示される。**中古住宅の販売件数は新築住宅の6倍にのぼる**ため、住宅指標の先行指数として広く活用されている。住宅価格の動向は資産価値の増減に直結するため、その指標は個人消費や景気動向を見る上で注目されている。

住宅価格と景気の関係

住宅価格が上昇すると、保有資産の価値が増大するとともに、消費者心理も改善し、消費の拡大につながる。そのため個人消費や景気動向を見る上で注目される。サブプライムローン問題に端を発したリーマンショック（2008年9月）後、米国の住宅価格は大きく値を下げたが、S&Pケース・シラー住宅価格指数は2012年6月に1年9カ月ぶりに前年比プラスに転じ、上昇トレンドを描いている。

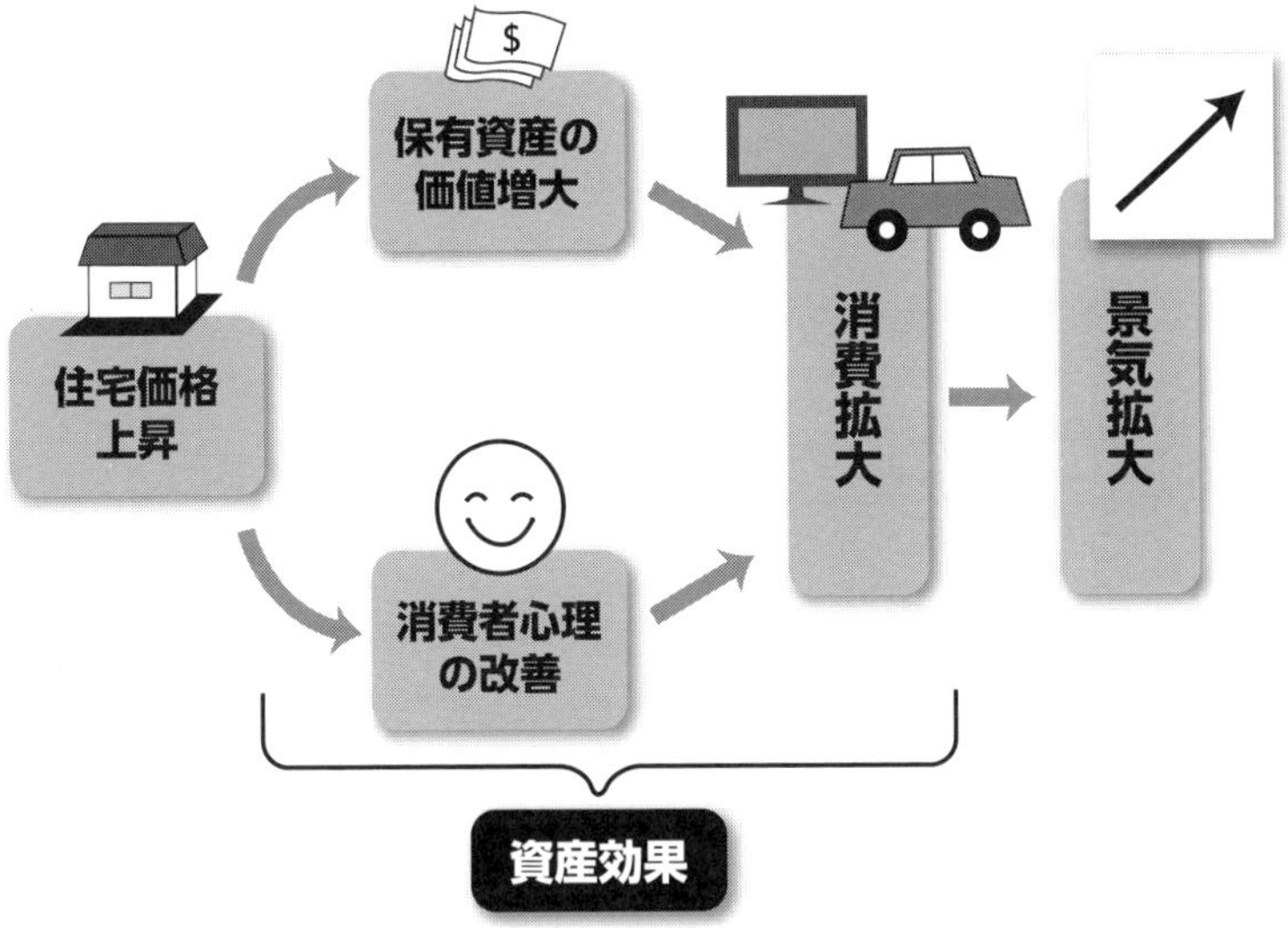
$
保有資産の価値増大
住宅価格上昇
消費者心理の改善
消費拡大
景気拡大
資産効果

指標でマーケットを読む！

住宅価格の上昇で「資産効果」を期待できる!?

資産価格の上昇を背景に消費が拡大することを一般に「資産効果」という。住宅価格が上昇すれば資産価値も上がるため、この「資産効果」が期待できる。住宅を所有する消費者が、値上がりしたその住宅を担保に資金を借り入れ、自動車などの消費財を購入するからだ。住宅価格が下落した場合はこの逆で、消費者は消費を控えるようになる。住宅価格と消費、景気は密接に関わっているといえるだろう。

Column

米国の雇用統計が注目される理由

世界中のマーケットからGDP以上に関心を集める経済指標が、米国の「雇用統計」だ。中でも注目されるのが失業率と非農業部門雇用者数で、毎月第1金曜日に公表される。したがって、毎月この日は世界中のマーケット関係者にとってもっとも多忙な1日となる。

米国の失業率と非農業部門雇用者数が注目される理由は明快だ。世界でもっとも影響力の大きいのが米国経済であり、その需要の部分で個人消費がもっとも大きな割合を占めているから。つまり、**米国の個人消費が世界経済を左右し、米国の個人消費は雇用情勢や収入に左右されるから**だ。

加えて、米国の企業は日本企業と違って、景気が悪くなればすぐに従業員を解雇する。逆に景気が良くなるとみればすぐに雇用を拡大する。このように、**景気との連動性の高さ**も雇用統計が重要視される大きな理由の一つだ。

また、米国は物価の安定と雇用の最大化を政策目標に掲げているため、FRB（連邦準備制度理事会）が金融政策の指針として雇用統計を注視している。

マーケットでは、指標が公表される前に市場の見通しが出され、それを基にあらかじめ売買のポジションを決める。公表された数字が予想を大きく超えるとマーケットが動揺し、株価や為替が大きく変動する。ちなみに、米国の雇用統計に先んじて注目されるのがISM（供給管理協会）景況指数。この中の製造業のデータが、雇用統計よりも少し早く出るからだ。

この章は、
注目度の高いEU各国の経済指標や、
ますます存在感を増している中国の
経済指標について解説しています。

第8章 その他の国の経済指標

others

各国の国内総生産（GDP）

最大規模のEU、日本を引き離す中国

Economic indicators

中国に名目GDPは抜かれたが1人当たりの名目GDPは日本の8分の1か
各国のGDPを比較するといろいろと見えてくるもんだ

GDPは1年間に国内で生み出された儲け（付加価値）の合計。世界経済全体を見る上でもっとも重要な指標といえるだろう。各国とも担当部局から四半期ごとに数値が公表される。

世界経済の動向を総合的に見る

　EUに加盟する28カ国中、共通通貨ユーロ（EURO）を導入している国々をユーロ圏という。2014年からはラトビアがユーロを導入し、現在ユーロ圏は18カ国となった。**GDPでEU全体の約4分の3、人口でも約3分の2を占める**ユーロ圏は、ヨーロッパの中核的な経済圏だ。

　EUではドイツが好調を維持する一方、ユーロを導入していない英国が不調だった。1990年代から16年もの間好景気にあったが、2008年の金融危機で銀行が打撃を受け、さらに2010年からの深刻なユーロ危機で、貿易額の約半分を占める大陸ヨーロッパ向けの輸出が大きく落ち込んだ。2012年のロンドン五輪効果でようやくプラスに転じたGDPが同年10～12月期には再びマイナスとなった。

　一方、中国は、2008年9月のリーマンショックから驚異的な立ち直りを示した。**国別の名目GDPでは日本を抜き、米国に次ぐ世界2位**に。ただし、10%を超えていた経済成長率も、2012年以降は7%台で推移しており、成長鈍化もささやかれている。

各国の名目GDPの推移

各国・地域間でばらつきが見られるようになってきた世界経済。現状と先行きを見通していくために、国内総生産（GDP）は必ず押さえておきたい指標だ。

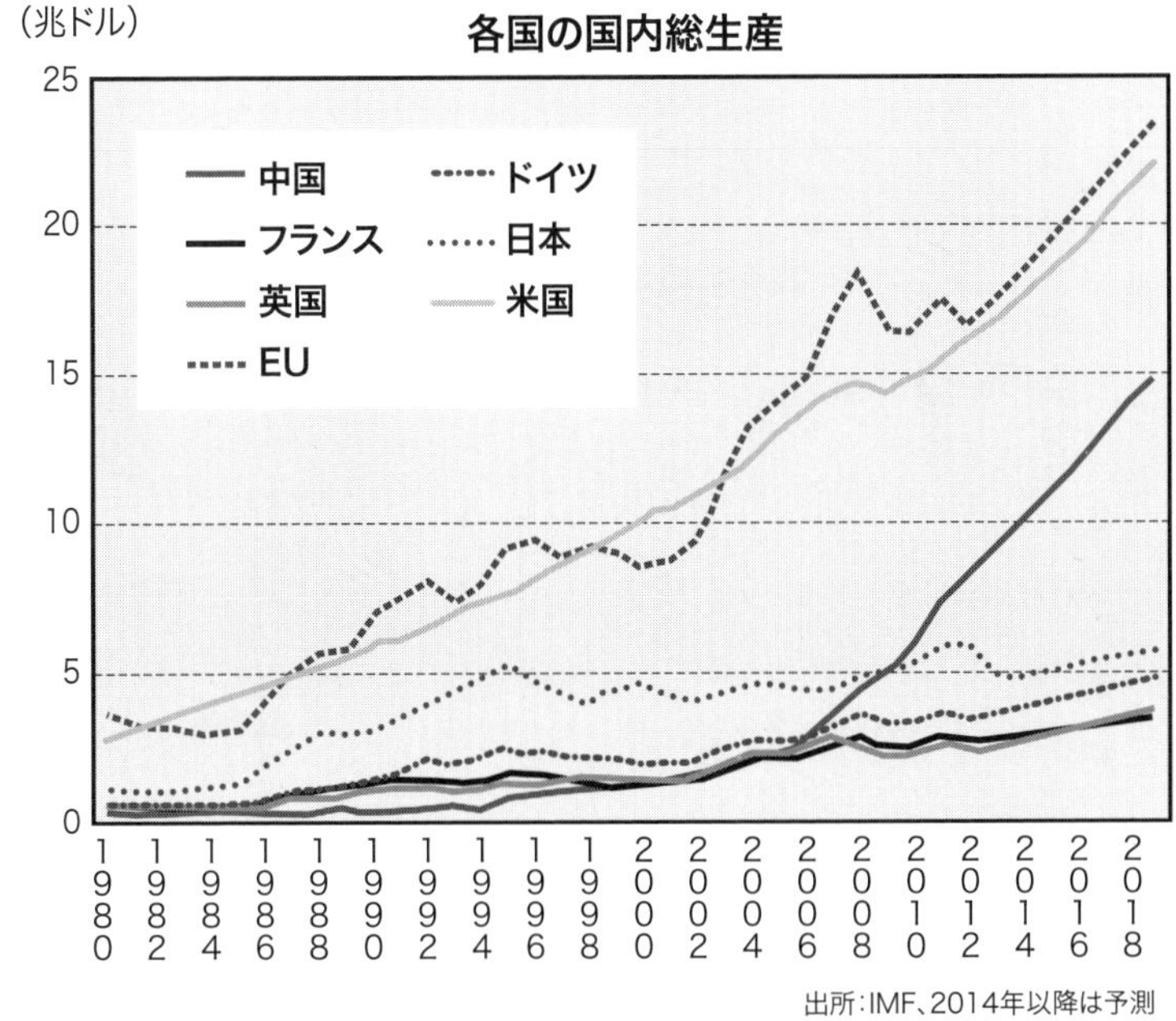

出所：IMF、2014年以降は予測

指標でマーケットを読む!

経済成長は続くのか!?
中国経済は問題山積

2000年代から右肩上がりの経済成長を続けてきた中国も、理財商品（高利回り資産運用商品）の不良債権問題や不動産部門のバブル崩壊懸念など、ここ数年は成長鈍化がささやかれている。中国政府が高い経済成長率を維持するため、大量の資金を経済界に流し込んだ結果、国営企業の膨張や怪しげなインフラ・プロジェクトが横行するなど産業は肥大化。また、周辺国との関係悪化や、ウイグルやチベットにおける民族運動など、さまざまな問題が噴出し、難しい国家運営を余儀なくされている。

ＰＭＩ？
景気が転換するタイミングがわかれば俺も投資で儲けられるのかな？
そう簡単にはいかないだろうね

others

各国の製造業購買担当者景気指数（ＰＭＩ）

景気転換の先行指標として注目が集まる

Economic indicators

製造業購買担当者景気指数（PMI）は、製造業の購買担当者へのアンケート調査を基に指数化したもの。50を上回れば景気拡大、下回れば景気後退を示唆。景気転換の先行指標として市場から注目を集めている。

景況感の改善と悪化の分岐点は50

製造業購買担当者景気指数（ＰＭＩ：Purchasing Managers' Index）は、景気動向を示す代表的な経済指標の一つ。製造業の購買担当者へのアンケート調査を基に指数化。ユーロ圏および英国、ドイツ、フランスの製造業ＰＭＩは英国の民間調査会社のマークイット（Markit）社が、中国ＰＭＩはマークイット社が集計したものをＨＳＢＣ（香港上海銀行）が毎月公表している。

市場では米国の**「ＩＳＭ製造業景況指数」**や**「ＩＳＭ非製造業景況指数」**とともに、ユーロ圏の**「ユーロ圏製造業購買担当者景気指数」**や中国の**「製造業購買担当者景気指数」**などが注目される。指数は、景況感の悪化と改善を表し、分岐点は50。これを上回れば景気拡大、下回れば景気後退を示唆するとみられている。米国はもとより、欧州圏や中国と製造業ＰＭＩの推移を比較することで、どの地域の景気が上向きなのか、下降傾向にあるのか、それぞれの動向分析に有用だ。日本では、日本資材管理協会が「ＪＭＭＡ製造業ＰＭＩ」を毎月公表しているが、注目度はあまり高くない。

ユーロ圏・英国・中国の製造業購買担当者景気指数

各国の製造業PMIを比較して景況感を確認する。ただし、中国の製造業PMIは、HSBCと国家統計局の2つのものが公表されるので注意。後者のPMIの調査対象には大手国営企業が多いのに対し、HSBCが公表するものは中小企業を中心に約400社が調査対象となっている。

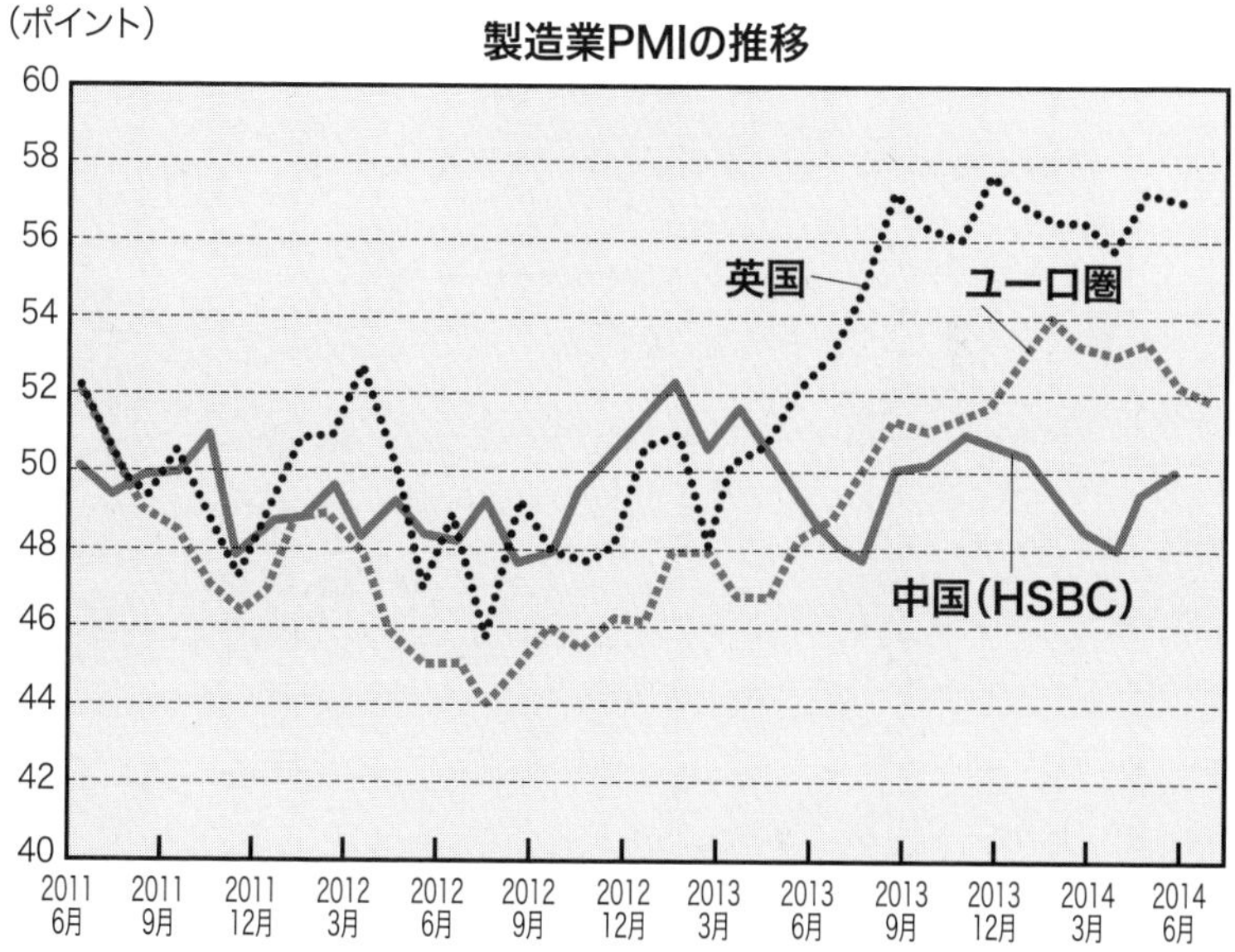

出所: HSBC、マークイット社

指標でマーケットを読む!

分岐点にある欧州と中国

2012年に景気低迷が目立ったユーロ圏と英国は、徐々に回復傾向にある。一方、GDP世界第2位となった中国の景気動向は、米国、欧州、日本などの主要貿易相手国への影響も大きく、製造業PMIは最重要指標の一つと目されている。中国でも2008年秋のリーマンショック後の金融危機の影響を受けたが、短期間でV字回復。しかし、2010年以降、欧州問題の影響拡大や国内の景気減速が緩やかに進み、分岐点の50割れも記録。回復への分岐点にある。

ユーロ圏
サービス部門
PMIは
生産意欲や
景況感を
指数化したものだ
ただし
製造業PMIと
比較しながら
見ることを
おすすめする
がね

others

ユーロ圏のサービス業の景況感を把握する

ユーロ圏サービス部門購買担当者景気指数（PMI）

Economic indicators

ユーロ圏におけるサービス業の景気動向を調査し数値化したもの。この指標の数値が50を上回る場合はサービス業の経済活動の拡大を示し、50を下回る場合は縮小を意味する。

製造業PMIとは反対の動きをすることも

「ユーロ圏サービス部門PMI」は、ユーロ圏のサービス業約2000社の購買担当者に、英国の民間調査会社マークイット（Markit）社が**生産意欲や景況感などをアンケート調査して指数化**したもの。

調査項目は「生産高」「新規受注高」「雇用」「在庫」について。調査は毎月実施、結果は月末までに集計され、翌月の初旬に速報値が、その翌月に確報値が公表される。政府機関が公表する同種のデータに先がけて公表され、速報性が高いことから、先行指数として市場の注目度が高い指標だ。

数値（ポイント）は50が分岐点とされている。50を上回る場合はユーロ圏のサービス業が拡大していると見なされる一方で、50を下回る場合は縮小していると見なされる。

指数は、たとえばサービス業PMIは上昇する一方で製造業PMIは低下するなど、それぞれ異なる動きを見せることもめずらしくない。そのため、サービス業PMI単体での景気判断は難しく、双方を比較しながら複合的に見ることが大切といえる。

PMIの見方と米国ISMとの違い

前出の「製造業購買担当者景気指数」と同様、PMIは欧州各国や中国などでも同じ方法で調査・算出するため、国際的に比較しやすい指標となっている。ただし、米国ISMとアンケート項目に違いがあることも留意しておこう。

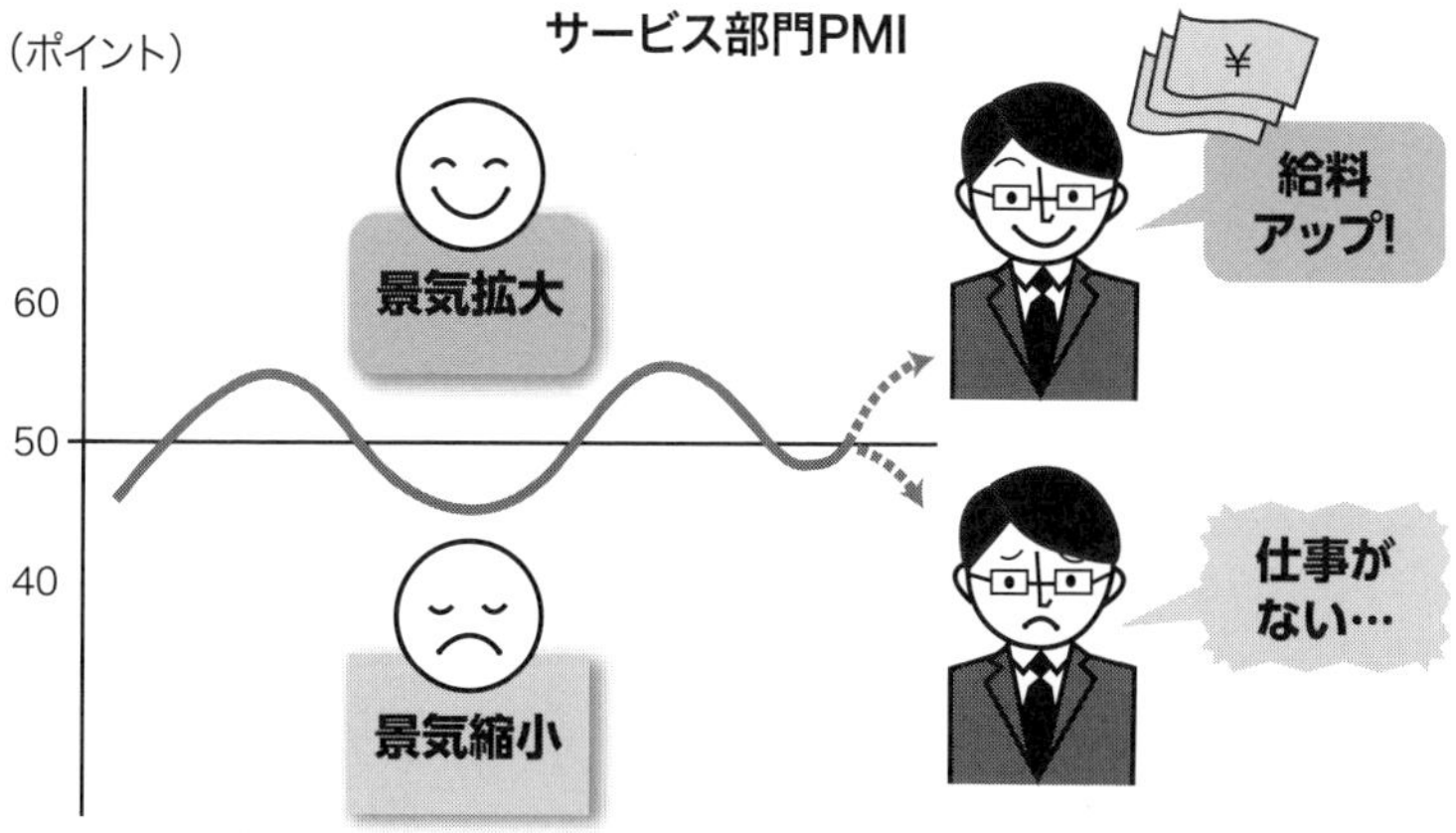

PMIとISMのアンケート項目の主な違い

PMI	・新規受注 ・生産 ・入荷遅延比率	・雇用 ・在庫
ISM	・仕入価格 ・受注残高	・輸出受注 ・輸入受注

指標でマーケットを読む!

国ごとにもバラバラな動きをするPMI

2014年6月のユーロ圏サービス部門購買担当者景気指数（PMI）は、ドイツの製造業以外の景況感が悪化したことを受け、予想を下回る数値となった。国別のPMIについては、ドイツが域内経済を主導する状況に変わりがない一方で、フランスPMIは前月に続き景況感の分岐点となる50を下回り、さらに低下。景気回復の脆弱性を示唆する結果となった。PMIは国ごとでもバラバラな動きをするため、為替に与える影響も大きい点に注意。

欧州版「経済の体温計」

各国の消費者物価指数（CPI）

一般消費者が購入する各種商品やサービスの価格変化を総合して指数化したもの。物価動向はもちろん、金融政策を占う上でも欠かせない指標で、各国担当部局が月次で公表している。

インフレ率＝HICP目標は2％の上昇！

ユーロ圏の消費者物価指数は、一国のCPIではなく、欧州連合（EU）の統一基準でまとめた指数であるため、**EU基準消費者物価指数（HICP）**と呼ばれている。欧州委員会統計局が毎月中旬に前月のデータを公表する。欧州中央銀行（ECB）がHICP2％の物価目標を掲げているため、利上げや利下げといった金融政策の今後を予想する上で重要な指標になっている。

英国の消費者物価指数（CPI）は、英国国家統計局が毎月中旬に前月のデータを公表。英国でも、年2％の物価目標が設定されており、2010年以降は前年比2％以上になっている。

ドイツ消費者物価指数（CPI）は、ドイツ連邦統計局が毎月初旬に前月のデータを公表している。主要5州のデータがそれぞれ発表され、金融市場がインフレに敏感になっている際には、それらの数字が材料視される。フランス消費者物価指数（CPI）は、フランス国立統計経済研究所（INSEE）が毎月中旬に前月のデータを公表。英・独と並ぶ経済大国の数値だけに、市場から注目が集まる。

EU基準消費者物価指数（HICP）の推移

HICPやCPIはインフレと購買傾向の変化を測定するための主要指標。通常、高い数値はユーロやポンドにとって好材料（強気）、低い数値は悪材料（弱気）と見なされる。

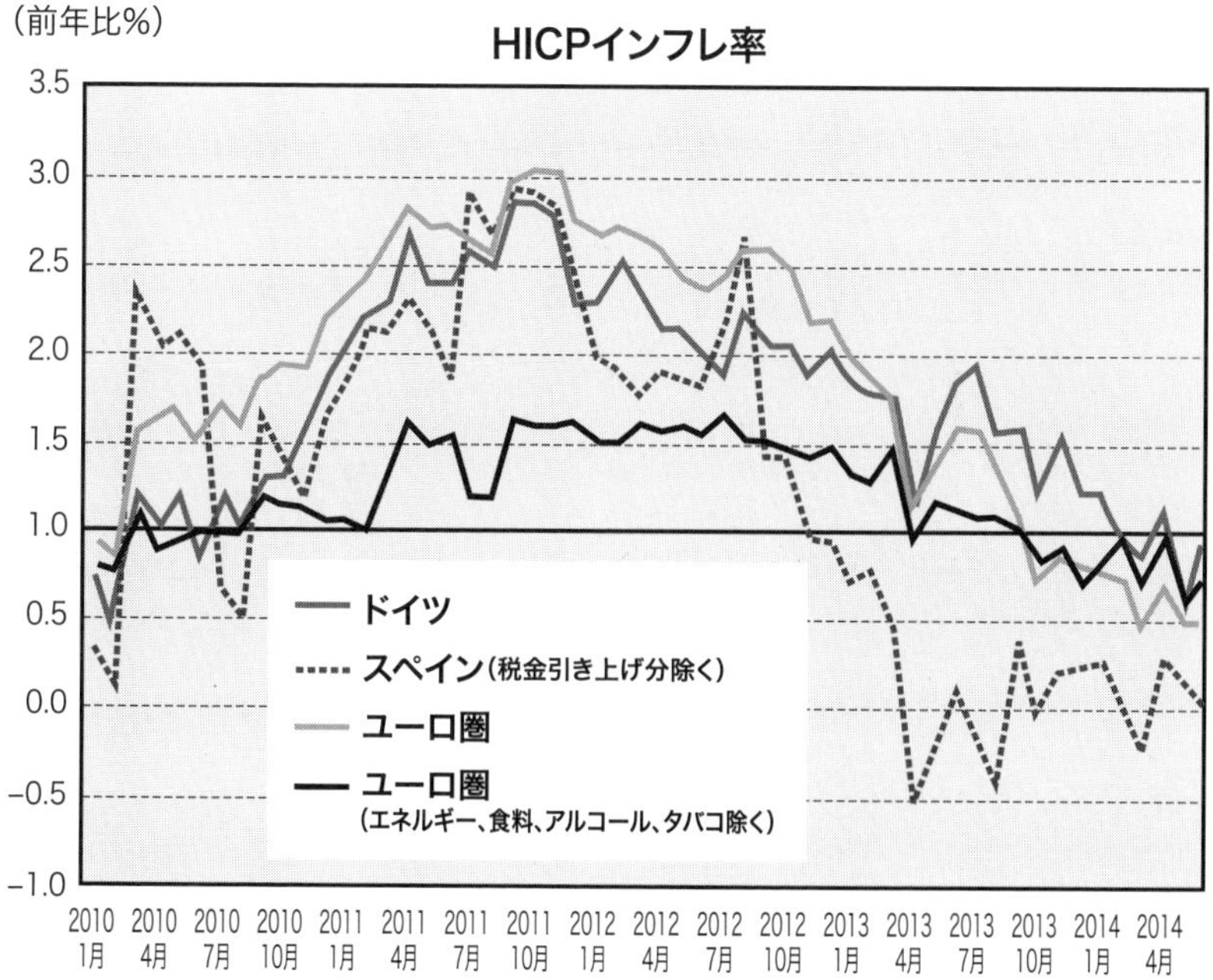
（前年比%）
HICPインフレ率
3.5
3.0
2.5
2.0
1.5
1.0
0.5
0.0
−0.5
−1.0
ドイツ
スペイン（税金引き上げ分除く）
ユーロ圏
ユーロ圏（エネルギー、食料、アルコール、タバコ除く）
2010 1月
2010 4月
2010 7月
2010 10月
2011 1月
2011 4月
2011 7月
2011 10月
2012 1月
2012 4月
2012 7月
2012 10月
2013 1月
2013 4月
2013 7月
2013 10月
2014 1月
2014 4月

出所：Eurostat

指標でマーケットを読む！

ユーロ圏GDPの30％を占めるドイツの数値に注目

CPIはインフレ率を測る指標として注目されている。欧州中央銀行（ECB）では、物価安定の数値的定義として２％の物価上昇率が設定されており、これが実質的なインフレ目標となっている。そのため、ユーロ圏のGDP全体の30％を占める経済大国・ドイツの物価指数が特に注目される。また、英ポンドはCPI公表後為替が大きく動くことがあるので注意が必要だ。

ユーロ圏のインフレ動向を見る先行指標

生産者物価指数（ＰＰＩ）

英国はポンドですよね
EU加盟国でもユーロを導入していない国がけっこうありますね
そうなんですよ

物価水準を表す指標の一つで、ユーロ圏と各国の生産者の出荷時点での価格変動を表す。物価動向や金融政策を占う上で重要な指標で、各国担当部局が月次で公表している。

為替と金融政策の先行きを占う

商品やサービスが消費者の手に渡るときの価格の変動を示すのが前項の「消費者物価指数（ＣＰＩ）」であるのに対し、「生産者物価指数（ＰＰＩ）」は**メーカーなどの生産者が商品を売るときの価格変動を表した指標**だ。ユーロ圏のＰＰＩは、欧州委員会が毎月上旬に公表している。

ＰＰＩの上昇はインフレを意味し、「インフレ＝通貨価値の下落」を表す。このため、インフレ傾向がある場合、ユーロが売られ、為替相場では「ユーロ安」となる可能性が高まる。しかし、インフレに対する金融政策として「利上げ」が行われることがあることから、「ユーロ高」も考えられる。日本の「企業物価指数」に似ているが、ＰＰＩは輸送費やマージンは含まれない。

英国のＰＰＩは英国国家統計局が毎月中旬に公表している。英国の動向は世界経済において影響力が大きく、英ポンドは為替の変動が激しいため、ＰＰＩはその動きを予測する指標として重要視されている。また、ユーロ圏の中心的存在であるドイツとフランス両国のＰＰＩも注目度が高い。

生産者物価指数（PPI）とユーロ圏

PPIはCPI同様、インフレ動向を見る先行指標。物価のトレンドを把握する上では、季節要因などの影響を受けやすい「食品」や「エネルギー」を除いた「コア指数」に注目する必要がある。また、EU加盟国でもイギリスのようにユーロを導入していない国もある。ユーロ圏といっても、EU加盟国とイコールではないので注意（EU加盟国28カ国のうち、ユーロ導入国は18カ国）。

中国版ＰＭＩも注目だけど
旧正月の時期は要注意従業員が田舎に帰っちゃって工場が稼働しないこともあるからね

others

中国の大企業の景況感を推し量る

製造業購買担当者景気指数（中国）

Economic indicators

中国国家統計局と中国物流購買連合会が公表する製造業PMIは、中国全土の製造業約3000社の購買担当者を対象に実施するアンケート調査を指数化したもの。中国の景気の先行指標だ。

中国の景気の先行きを占う〝公式〟ＰＭＩをチェック

「製造業購買担当者景気指数」とは中国版ＰＭＩのことで、中国国家統計局と中国物流購買連合会（ＣＦＬＰ：China Federation of Logistics & Purchasing）が毎月1日に公表する、いわゆる**政府系の〝公式〟な製造業ＰＭＩ**だ。企業の購買担当者へのアンケート結果を指数化し、50を上回れば「景気拡大」、下回れば「景気縮小」を表している。ＨＳＢＣが公表している製造業ＰＭＩの調査対象が、中小企業など約４００社なのに対し、こちらの〝公式〟製造業ＰＭＩは大企業を中心に３０００社が対象となっている点に留意しておこう。

製造業ＰＭＩは、中国で特に市場の注目度が高いといわれている。中国の製造業ＰＭＩは鉱工業生産と似た動きをするのに加え、**鉱工業生産より2週間ほど先に公表される**。

そのため、鉱工業生産の動向が早めに予想できる。ただし、1～2月は中国の旧正月「春節」による休暇で、従業員が帰省したり、工場の稼働を止めたりするため、製造業ＰＭＩは低下する傾向がある点に注意しよう。

製造業購買担当者景気指数の推移（中国国家統計局とHSBCの値）

指標では「生産指数」「新規受注指数」「原材料購入量指数」「サプライヤー納期指数」、輸出の先行きを占う「輸出向け新規受注指数」と、その内訳の動きにも注目したい。

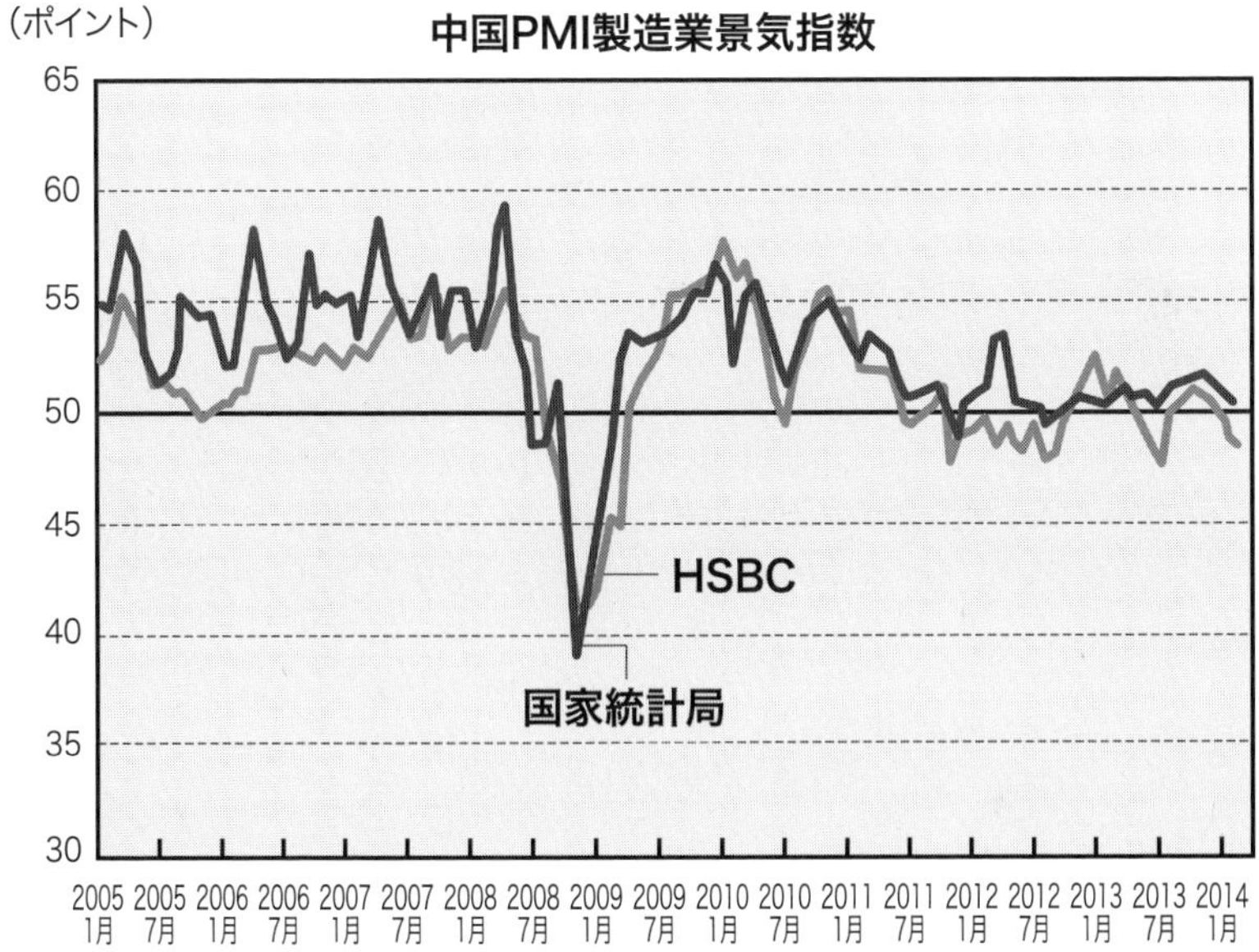

出所:中国国家統計局、HSBC

指標でマーケットを読む！

“公式”とHSBC、双方を比較してみよう

たとえば、2014年2月の“公式”製造業PMIは市場の予想数値「50.1」をやや上回ったものの、2013年6月の「50.1」以来8カ月ぶりの低水準となった。その前月の20日発表のHSBCの製造業PMI速報値はさらに低く「48.3」で、7カ月ぶりの低水準。このように双方の数値を比較することで、中小企業に比べ堅調ではあるものの、大企業の景況感も悪化していることが鮮明になるわけだ。

others

中国の経済成長の先行きを占う重要な指標

鉱工業生産（中国）

Economic indicators

中国のものづくり産業は
いまや日本の
強力なライバルだ
しかし日本の
ものづくりは技術の
高さなら
どこにも負けんよ

鉱工業生産指数とは、鉱業と製造業の生産高を示す指標のこと。中国の鉱工業生産指数は、国家統計局が毎月10日前後に公表している。

GDPに占める割合が高く中国経済への影響も大きい

「鉱工業生産」は、鉱業または製造業に属する企業の生産活動状況を示す指標。いわゆる**「ものづくり」に関わる企業がどれだけの製品を生産したかの物差し**で、中国国家統計局が毎月10日頃に公表している。日本や米国では、「鉱工業生産指数」として指数化されたものが公表されているが、中国では前年同月比のみが示される（ただし、年間ベースの金額は公表される）。

中国は、鉱工業の国内総生産（GDP）に占める割合が高いことに加え、鉱工業の活動そのものが、運輸業や卸・小売業といった関連サービス業などにも幅広く波及するため、経済全体に及ぼす影響も大きい。加えて、鉱工業生産は**GDPの動きと連動性が高く、景気の変動に対しても敏感**であることからも、市場の注目度は極めて高い。

毎月の生産実績が翌月に公表されることから、GDP統計に比べて速報性が高く、景況感を測る先行指標として重視されている。また、「小売売上高」や「固定資産投資」も同じタイミングで公表されるので、３つの指標の予想と結果によって市場が大きく動くこともある。

鉱工業生産指数対前年比の推移

中国は鉱工業の国内総生産に占める割合が高いことから注目度が極めて高い。グラフは中国国家統計局、日本の経済産業省、米国FRBのデータを基に、対前年比の推移をまとめている。

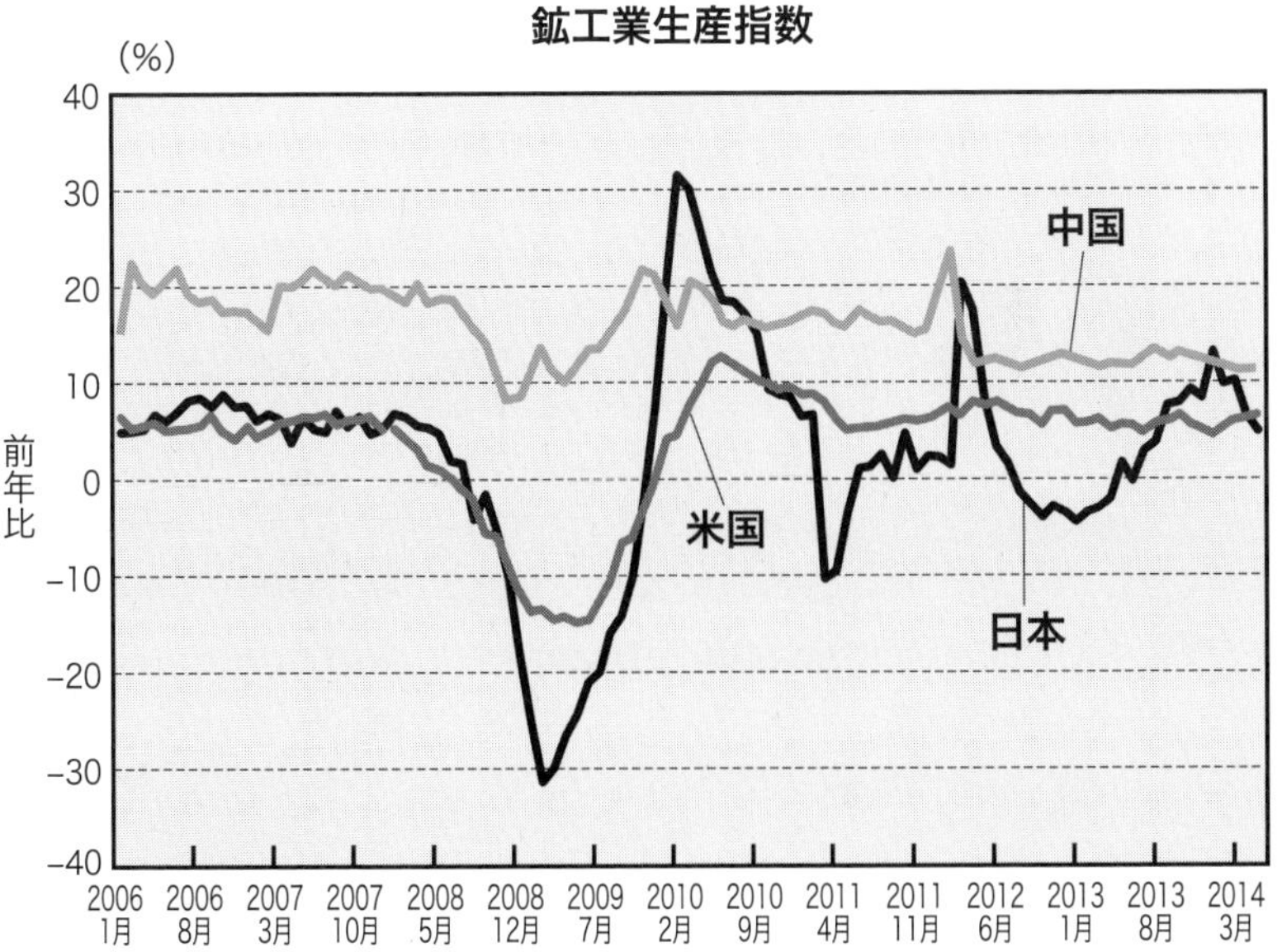

出所: FRB、経済産業省、中国国家統計局

指標でマーケットを読む!

他の業種の状況も推し量れるため注目度大

鉱工業生産は、その結果からサービス業の景況や個人消費の状況も推測できる。たとえば、家電製品の生産高が増えた場合、その売れ行きが良いということで個人消費が伸びていることが、また、オフィス機器の生産量が増えれば、企業の設備投資が盛んになっていることが推し量れるからだ。

散らばり度合い …… 20
定点観測 …… 25
ディフュージョン・インデックス …… 78・96
デフレ …… 130
投資環境指数（製造業） …… 76
投資財出荷指数（除く輸送機械） …… 44
東証株価指数 …… 21・74・115
ドル円 …… 106
トレンド …… 16

【な行】
内閣府 …… 10
日銀短観 …… 29・96
日経商品指数 …… 70
日経商品指数17種 …… 70
日経商品指数42種 …… 70
日経平均株価 …… 21・75・114
日本政策金融公庫 …… 78
日本百貨店協会 …… 126

【は行】
ハイパワードマネー …… 104
バブル崩壊 …… 130
バラツキ …… 20
ハローワーク …… 54・62
非農業部門雇用者数 …… 31・135・137
標準偏差 …… 20
不規則変動 …… 16
物価 …… 28
米国雇用統計 …… 31・134
ベースマネー …… 104
貿易収支 …… 100
貿易統計 …… 26
法人企業統計 …… 86
法人企業統計調査 …… 50・86
法人税収入 …… 90
法定準備預金 …… 110

【ま行】
マークイット社 …… 160・162
毎月勤労統計調査 …… 42・84・128
マネーサプライ …… 103
マネーストック …… 102・104
マネタリーベース …… 104
マンション市場動向 …… 27・124
ミシガン大学消費者信頼感指数 …… 150
無担保コール・オーバーナイト（O/N物）・レート …… 110
無担保コール翌日物 …… 72・110
無担保コール翌日物金利 …… 110
無担保コールレート（オーバーナイト物） …… 110
名目GDP …… 108・158
ものづくり …… 170

【や行】
有効求人倍率 …… 54・62
有効求人倍率（学卒を除く） …… 54
誘導目標金利 …… 104
ユーロ円 …… 106
ユーロ圏 …… 158・167
ユーロ圏サービス部門PMI …… 162
ユーロ圏サービス部門購買担当者景気指数 …… 162
ユーロ圏製造業購買担当者景気指数 …… 160

【ら行】
ラチェット効果 …… 88
量的・質的金融緩和 …… 104・110
連邦準備制度理事会 …… 136
労働力調査 …… 92
路線価 …… 80

【わ行】
我が国経済の基調判断 …… 98

住宅金利 …… 124
住宅着工件数 …… 152
住宅投資関連 …… 27
住宅ローン …… 124
出荷指数 …… 35・52
主婦 …… 28
循環変動 …… 16
商業販売額(卸売業) …… 48
商業販売額(小売業) …… 46
消費関連 …… 27
消費者心理 …… 128
消費者態度指数 …… 68
消費者物価指数 …… 118・144・146・164・166
消費動向調査 …… 27・30・68
商品 …… 24
常用雇用指数 …… 84
常用雇用指数(調査産業計) …… 84
職業安定業務統計 …… 54・62
職業安定所 …… 54・62
所定外労働時間指数 …… 42
新規求人数 …… 62
新規求人数(学卒を除く) …… 62
新規失業保険申請件数 …… 136
新車販売台数 …… 150
人生設計 …… 9
新設住宅着工統計 …… 66
新設住宅着工床面積 …… 27・66
新卒者採用状況 …… 29
新築住宅販売件数 …… 152
新築住宅販売件数(商務省) …… 152
新発10年国債利回り …… 72・76・112
新聞の経済面 …… 22
正規分布 …… 21
政策金利 …… 104
生産財 …… 59・61
生産指数 …… 35・52
生産者物価指数 …… 146・166
生産能力指数 …… 35
製造業購買担当者景気指数 …… 160・168
製造業購買担当者景気指数(中国) …… 160・168
設備投資 …… 76
設備投資関連 …… 27
前期比 …… 18
先行系列 …… 12
全国企業短期経済観測調査 …… 96
全国新車販売台数 …… 128
全国スーパー売上高 …… 126
全国百貨店売上高 …… 126
全数調査 …… 14
前年比 …… 18
全米住宅価格指数 …… 154
総資本営業利益率 …… 76
租税及び印紙収入決算額調 …… 90
外回り営業担当 …… 27

【た行】

第3次産業活動指数 …… 82
第3次産業活動指数(対事業所サービス業) …… 82
耐久財受注 …… 142
耐久消費財出荷指数 …… 40
短期金利 …… 72・104
チェーンストア販売統計 …… 126
地価 …… 25
遅行系列 …… 12
中間財 …… 147
中国国家統計局 …… 168
中国物流購買連合会 …… 168
中古住宅販売件数 …… 152・154
中小企業売上げ見通しDI …… 53・78
中小企業景況調査 …… 78
中小企業出荷指数 …… 52
中小企業出荷指数(製造業) …… 52
長期金利 …… 72・112
長期国債利回り …… 76
調査方法 …… 14
長短金利差 …… 72・76

金融収支 …… 100
金融政策 …… 25
金利 …… 25・28
景気ウォッチャー調査 …… 30・122
景気動向指数 …… 12
景気の谷 …… 13・55・85・96
景気の山 …… 13・55・85・96
傾向変動 …… 16
経済産業省生産動態統計 …… 52
経済指標 …… 8・24
経済指標の入手方法 …… 32
経済予測 …… 11
経常収支 …… 100
経常利益 …… 51
携帯電話契約数 …… 128
契約電力量 …… 39
欠損法人 …… 91
月例経済報告 …… 98
現金給与総額 …… 128
原材料 …… 147
原指数 …… 17
コア …… 119・145・146・148
コアコア …… 119
公開市場操作 …… 104
公共機関からの受注工事 …… 27
公共投資関連 …… 27
鉱工業生産 …… 59・61
鉱工業生産財在庫率指数 …… 60
鉱工業生産財出荷指数 …… 36
鉱工業生産指数 …… 34・82・140・170
鉱工業生産(中国) …… 170
公示地価 …… 80
小売売上高 …… 148・170
小売・サービス業の店長 …… 30
コール市場 …… 110
コールマネー …… 110
コールローン …… 110
国際収支 …… 100
国際収支状況 …… 100
国際収支統計 …… 26・100
国際商品市況 …… 26
国際派ビジネスパーソン …… 26
国内総生産 …… 10・94・108・132・144・158・170
国民経済計算 …… 10・108
国民総所得 …… 94
国民総生産 …… 94・132
個人消費支出 …… 144
個人投資家 …… 31
固定資産投資 …… 170
雇用統計 …… 135・156
コンビニエンスストア売上高 …… 126

【さ行】

サイクル …… 16
在庫指数 …… 35・52
在庫率指数 …… 35・52
最終財 …… 147
最終需要財 …… 59・61
最終需要財在庫率指数 …… 58
サンプル調査 …… 14
資産効果 …… 155
失業率 …… 31・134
実質GDP …… 108
実質GDP成長率 …… 133
実質機械受注 …… 27・64
実質金利格差 …… 106
実質法人企業設備投資 …… 27・86
実収入 …… 89
実測データ …… 14
実体経済 …… 25
自動車販売台数 …… 151
四半期実質国内総生産 …… 108・132
四半期別調査 …… 86
資本移転等収支 …… 100
就活学生 …… 29

索引

【英字】

ADP雇用統計 …… 136
CES …… 135
CGPI …… 70・147
CI …… 12
CPI …… 144・146・164・166
CPI-U …… 144
CPI-W …… 144
DI …… 78・96
EU基準消費者物価指数 …… 164
FRB …… 136
GDP …… 10・56・94・108・132・158・165・170
GNI …… 94
GNP …… 94・132
HICP …… 164
HSBC …… 160・168
ISM製造業景況指数 …… 138・160
ISM非製造業景況指数 …… 138・160
JFAコンビニエンスストア統計調査月報 …… 126
JMMA製造業PMI …… 160
M2 …… 102
PCE …… 144
PMI …… 138・160・162・168
PPI …… 146・166
S&Pケース・シラー住宅価格指数 …… 154
TIBOR …… 111
TOPIX …… 21・74・115
σ(シグマ) …… 20

【あ行】

赤字会社 …… 91
新しい国民経済計算 …… 94
アベノミクス …… 94
アンケート調査 …… 14
一致系列 …… 12
インターバンク市場 …… 110
インフレ …… 145
インフレ率格差 …… 106
売場責任者 …… 30
営業外損益 …… 50
営業利益 …… 50・76
営業利益(全産業) …… 50
円高 …… 106
円安 …… 106
大型小売店販売額 …… 46
大口電力使用量 …… 38
オフィス空室率 …… 84

【か行】

外貨建純資産の変動 …… 106
家計消費支出 …… 88
家計消費支出(全国勤労者世帯、名目) …… 88
家計消費状況調査 …… 121
家計調査 …… 27・88・120
家計調査(二人以上の世帯・消費支出) …… 120
加重平均 …… 20
可処分所得 …… 89
各国の国内総生産 …… 158
各国の消費者物価指数 …… 164
各国の製造業購買担当者景気指数 …… 31・160
稼働率指数 …… 35
株価 …… 25
為替 …… 24
為替の仕組み …… 106
為替への介入 …… 104
為替レート …… 106
完全失業率 …… 92
機械受注 …… 143
企業物価指数 …… 70
季節調整値 …… 16
季節変動 …… 16
規模別製造工業生産指数 …… 52
旧政策金利 …… 110
業況判断DI …… 96
強権通貨 …… 104

永濱利廣（ながはま としひろ）

1971年生まれ。95年早稲田大学理工学部卒業、大学在学時代は金融工学の研究に従事する。同年、第一生命保険相互会社に入社。日本経済研究センター、東京大学大学院経済学研究科修士課程等を経て、2008年4月から第一生命経済研究所経済調査部主席エコノミスト。経済統計、マクロ経済の実証分析を専門とし、社内的には内外経済の長期予測を担当する。また、一橋大学大学院商学研究科非常勤講師や景気循環学会理事も務める。著書に『図解90分でわかる！日本で一番やさしい「アベノミクス」超入門』『男性不況 ―― 「男の職場」崩壊が日本を変える』（ともに東洋経済新報社）、『スクリューフレーション・ショック 日本から中流家庭が消える日』（朝日新聞出版）などがある。

装幀　石川直美（カメガイ デザイン オフィス）
装画　古谷三敏
本文漫画　『BAR レモン・ハート』（双葉社）
本文デザイン　高橋デザイン事務所（高橋秀哉）
本文イラスト　高橋デザイン事務所（高橋芳枝　高橋枝里）
協力　長北健嗣
編集協力　ヴュー企画（山本大輔）
編集　鈴木恵美（幻冬舎）

知識ゼロからの経済指標

2014 年 11 月 10 日　第 1 刷発行

著　者　永濱利廣
発行人　見城 徹
編集人　福島広司

発行所　株式会社　幻冬舎
〒 151-0051　東京都渋谷区千駄ヶ谷 4-9-7
電話　03-5411-6211（編集）　03-5411-6222（営業）
振替　00120-8-767643
印刷・製本所　株式会社　光邦

検印廃止

ISBN978-4-344-90286-2 C2095
Printed in Japan
幻冬舎ホームページアドレス　http://www.gentosha.co.jp/
この本に関するご意見・ご感想をメールでお寄せいただく場合は、comment@gentosha.co.jp まで。